智慧社区 精细化治理丛书

智慧社区大数据

周晓芳 叶伙荣 等 编著

上海科学技术出版社

内 容 提 要

“智慧社区精细化治理丛书”是对城市智慧社区的精细化、标准化、规范化建设与治理进行系统阐述的专业书籍。本书紧密围绕大数据时代我国社区建设及社区治理的变化，根据我国多年来建设智慧社区的成果及经验，结合我国大数据技术应用和国外智慧社区服务系统的建设现状，分析了大数据在智慧社区建设及智慧城市规划中的价值，并从社区管理、物业管理及社区居民角度优化我国智慧社区服务信息化需求，进而提出了大数据时代智慧社区的建设策略。全书共分 6 章，内容包括智慧社区与大数据、智慧社区大数据的商业价值分析、智慧社区大数据的关键技术、智慧社区大数据的建设与运营、智慧社区安全与隐私保护，以及智慧社区大数据实践案例和发展趋势。

本书适用于政府相关管理部门、社区工作者、智慧社区研究者和相关企业技术人员，也可作为高等院校智慧城市、社区治理、公共管理、电子政务等相关专业学生的参考书。

图书在版编目（CIP）数据

智慧社区大数据 / 周晓芳等编著. -- 上海 : 上海科学技术出版社, 2022.1（2025.1 重印）
（智慧社区精细化治理丛书）
ISBN 978-7-5478-3251-6

Ⅰ. ①智… Ⅱ. ①周… Ⅲ. ①数据处理－应用－社区管理－研究－中国 Ⅳ. ①D669.3

中国版本图书馆CIP数据核字(2021)第178943号

智慧社区大数据
周晓芳 叶伙荣 等 编著

上海世纪出版(集团)有限公司
上 海 科 学 技 术 出 版 社 出版、发行
(上海市闵行区号景路 159 弄 A 座 9F－10F
邮政编码 201101 www.sstp.cn)
上海新华印刷有限公司印刷
开本 787×1092 1/16 印张 13
字数 290 千字
2022 年 1 月第 1 版 2025 年 1 月第 3 次印刷
ISBN 978－7－5478－3251－6/D・7
定价：88.00 元

智慧社区精细化治理丛书

编撰委员会

主　编

韩　新

副主编

丛北华　周晓芳　王维莉

编　委

（以姓氏笔画为序）

马梦菲　叶伙荣　冯冰洋　齐　力　孙少华　李子铨　李晓恋
吴松洋　吴轶轩　时　宇　张　旺　张红忠　张美璟　范勤勤
林　翔　周昌志　房彦锋　秦春磊　徐会军　徐韵如　黄凤彬
谢启苗　雷　琰　鲍　亮

丛书前言

城市社区是城市的基本单元，是人民群众赖以生存的生活和精神家园。大力推进城市社区建设，充分发挥社区在发展经济、繁荣城市、稳定社会、服务群众中的重要作用，不仅是提升城市竞争力、增强城市亲和力、塑造城市个性魅力、提高城市综合实力的重要途径，也是新形势下实现城市现代化的必然要求。

近年来，我国普遍开展智慧城市建设。发展智慧城市的核心理念是以人为本，提供智能化便民服务，让数据多跑路，让办事群众少跑腿，将"智慧"概念渗透到城市的各个领域，如智慧交通、智慧城管、智慧医疗、智慧环保、智慧社区等，使公共服务完备化、公共治理系统化、人民生活便利化，不断提高城市居民的幸福感。社区作为智慧城市的基本构成模块，各级政府都在积极加快推进"智慧社区"建设，以切实解决社区信息收集渠道相对落后、缺少综合服务方式、缺乏现代科技支撑力度等问题，最大程度发挥城市社区自身所具有的服务于民的基础管理作用。

当前，全面推进城市数字化转型已成为我国各大城市主动服务新发展格局的重要战略。从"城市是生命体、有机体"的全局出发，用数字化方式创造性解决智慧社区建设和发展难题的需求日益加大。但目前人们对智慧社区的理解和认识尚不统一，社区精细化治理的技术仍不成熟，规划和建设数字化转型背景下智慧社区的系统方法一直在探索研究中。特别是，面对 2020 年年初突如其来的新冠肺炎疫情，以人工智能、大数据、云计算等为核心制定的一系列精细化科学应对方案，积极助力社区的疫情防控，成为此次严重公共卫生危机事件阻击战中的亮点。为了满足和促进社区全方位发展需要，在上海市科委科研项目"人工智能赋能智慧社区综合管理平台关键技术研究及示范(项目编号：19dz1209600)"支持下，我们策划出版了这套"智慧社区精细化治理丛书"，旨在总结国内外智慧社区的建设经验，顺应智慧城市发展规律，积极探索智慧社区“整体性转变、全方位赋能、革命性重塑”的创新理念，回应人们对美好生活的新期待。

本丛书系统介绍了智慧社区的基本概念，国内外智慧社区基本情况和发展趋势，物联网、大数据、人工智能在智慧社区构建过程中的技术体系和技术要点，并通过应用场景和具体案例进行了展示和说明。丛书体现了智慧社区建设理念的更新和转变，探讨了精细化治理在智慧社区中的创新应用模式，展望了未来智慧社区的发展策略和愿景，相信对积极推进我国智慧城市健康发展、全面提升城市治理体系和治理能力现代化水平、创造人民城市数字化美好生活体验，具有很好的参考价值和借鉴作用。

本丛书包括5分册：由同济大学韩新等编著的《智慧社区导论》《智慧社区应用场景与典型案例》为综合性的内容，前者为智慧社区的一般性论述，后者着重介绍智慧社区的主要应用场景和相关案例；由同济大学丛北华编著的《智慧社区物联网系统》、公安部第三研究所周晓芳等编著的《智慧社区大数据》和上海海事大学王维莉等编著的《人工智能赋能智慧社区》则分别围绕物联网、大数据和人工智能赋能应用展开。

对于本丛书，读者可以阅读全套5分册，进行综合、系统的学习，从而对智慧社区有一个全方位的了解；也可以根据工作需要和专业背景只选择某一分册阅读，掌握智慧社区规划和建设的某一专项内容和某一种专业技术方法。本丛书阅读对象主要是从事社区治理和人工智能相关工作的技术人员，高等院校、科研院所相关专业和领域的教师、学生、研究者也可以将其作为参考书；本丛书对政府管理人员了解智慧社区基本知识及其管理工作也会有一定帮助。

在本丛书编写过程中，作者收集了国内外相关领域的大量资料，参考了新加坡、日本、美国和欧洲一些国家以及我国台湾和香港地区的先进经验，总结了我国智慧社区建设的丰富实践，采纳了人工智能领域和城市治理领域的最新研究成果。同时得到了林伟教授、丁健青教授、曹先艳博士等专家以及融创中国控股有限公司等单位的大力帮助，他们提供了相关领域的研究成果和案例、审阅了文稿，并提出了宝贵的意见和建议，在此一并致谢。

由于本丛书篇幅较大，跨越多个学科和门类，且人工智能相关前沿技术还在探索发展中，加之作者水平有限，不足及疏漏的地方在所难免，敬请读者批评指正。

韩　新　同济大学

2021年8月

前言

经过多年的高速发展，中国社会可能迎来了真正的升级，在城市化、智慧化的驱使下，智慧城市的建设已然发展起来。智慧城市贯穿以人为本的前提，解决城市治理与群众迫切需求的矛盾，提升城市综合治理水平，让企业生产效率更高、让行业更具创造力，从而提升了广大市民的安全感、幸福感和获得感，给百姓带来实实在在的政务服务上的改善，这是当下智慧城市建设的核心诉求。

如果把智慧城市比作一个人，那么智慧社区就是它的细胞，因此智慧社区是智慧城市的重要组成部分，也是对智慧城市概念的继承与发展。社区是社会治理体系的基础，是人民安居的家园。提升社区治理水准，完善社区治理体系，强化社区治理能力，共建新时代智慧社区，对于全面建设社会主义现代化强国具有重要意义。

智慧社区的建设与大数据紧紧相关。大数据技术是根据具体使用需求，对诸如用户行为、环境、资源等方面的各类数据进行收集、整理、加工和分析，在海量的各类数据中提炼有效信息的过程。在社区信息化、数字化、智慧化的路径中，大数据的应用至关重要，在以下几个方面对社区产生作用：科学规划，通过数据支撑、住户参与、住户监督和客观评价这4个过程中对大数据的应用，使社区的规划方方面面都有更合理的依据；大数据的引入，使社区可以实现智慧收集、智慧服务、智慧管理等多种功能，为社区居民提供家政、养老、医疗等服务，最大限度地方便居民，等等。当然，在大数据助力智慧社区的同时，也需要注意数据的安全与隐私保护问题。

本书紧密围绕大数据时代我国社区建设及社区治理的变化，展开了深入的研究。全书根据我国多年来建设智慧社区的成果及经验，结合我国大数据技术应用和国外智慧社区服务系统的建设现状，分析大数据在智慧社区建设及智慧城市规划中的价值，从社区管理、物业管理及社区居民的角度优化我国智慧社区服务信息化需求，提出了大数据时代智慧社区的建设策略。

本书的主要内容包括以下6章：第1章智慧社区与大数据，阐述智慧社区与大数据的概念和国内外现状、智慧社区大数据的功能框架，以及在大数据技术推动下智慧社区未来的发展路线；第2章智慧社区大数据的商业价值分析，从商业角度，介绍了智慧社区大数据在社区服务平台的应用和价值；第3章智慧社区大数据的关键技术，从技术角度，介绍了智慧社区大数据的技术架构和核心技术原理；第4章智慧社区大数据的建设与运营，介绍了社区大数据系统，提出建设策略及运营模式；第5章智慧社区安全与隐私保护，介绍了大数据隐私风险的成因、重要性、现状与挑战；第6章智慧社区大数据实践案例和发展趋势，阐述了对于未来智慧城市与智慧社会的构想，未来智慧社区向城市型大社区发展，不仅规模扩大，而且功能更加齐全。

大数据已经从单纯的技术上升为一种经济形态——大数据经济、大数据产业，当前相关人士必须抓住科学技术发展机遇，正确认识大数据，借助大数据的技术，推动现代社区服务领域的迅速发展。希望本书的出版可以帮助行业人士或即将踏入该行业的读者，更积极地参与到智慧社区大数据化新趋势的探讨中。

本书由周晓芳、叶伙荣担任书稿统筹和书稿联络。具体编写分工如下：周晓芳编写第1、第6章，秦春磊编写第2章，周昌志编写第3章3.1～3.4节，叶伙荣编写第3章3.5节及第4章，林翔编写第5章5.1～5.3节，徐会军编写第5章5.4节，张美璟编写第5章5.5节。

限于作者水平，加之智慧社区在科学技术的推动下在迅速发展，社区管理理念也在不断更新，书中难免有疏漏和不足之处，敬请专家和读者批评指正。

作 者

2021年7月

目 录

第1章

智慧社区与大数据

社区是城市的基础单元，智慧社区是智慧城市建设不可或缺的组成部分。当前，以物联网、大数据、人工智能等新技术为代表的数字浪潮席卷全球，物理世界和与之对应的数字世界正形成两大体系平行发展、相互作用。新技术的加持，促使社区向智慧化方向转型发展，也重新定义了智慧社区。智慧社区是在城市、社区所累积数据从量变到质变，在感知建模、人工智能等信息技术取得重大突破背景下的一条新兴技术路径，是社区智能化、运营可持续化的先进模式，也是一个吸引高端智力资源共同参与、从局部应用到全局优化、持续迭代更新的社区创新平台。

本章分别介绍智慧社区与大数据的基本概念、由来，大数据产生的原因和发展现状，以及大数据技术对现代社会的影响；并结合大数据技术的发展进程描述智慧社区的发展路径。

1.1 智慧社区的由来和发展

1.1.1 智慧社区的由来

1）概念的提出背景

社区作为城市组成的基本单元，是城市建设的重要部分。智慧社区随着智慧城市概念提出应运而生，在智慧城市的大目标下，智慧社区建设是智慧城市建设的基础，也是智慧城市建设的“最后一公里”。

智慧城市并非凭空出现，而是时代发展的产物：一方面，信息技术迅速发展，人类生产生活方式随之改变，同时城市居民的利益主体意识需求日益凸显，传统城市模式受到挑战；另一方面，后工业时代资源紧缺、交通拥堵、环境污染、人口激增和社会两极分化等层出不穷的城市问题，需要针对各类城市问题提出一个顺应时代发展的解决方案，从而推动城市信息化进程，打造现代化、以人为核心的智慧化城市。

在这样的时代背景之下，“智慧城市”作为一种城市解决方案和战略手段，于 1990 年在美国旧金山举行的以“智慧城市（smart cities），快速系统（fast systems），全球网络（global networks）”为主题的国际会议上首次被提出，此次会议初步展开了通过信息技术推进城市可持续竞争力的探索，指出以信息技术为代表的高新技术正逐渐成为全球社会、经济、文化的主要推动力。

早期智慧城市的建设强调物联网、大数据、云计算等信息技术在城市基础设施建设中的应用。1992 年，新加坡作为全球最先将智慧城市计划投入建设的国家，计划在 7 年内完成城市信息通信基础建设，将高速宽带、多媒体网络覆盖全国范围。2006 年，意识到信息化建设将是国家未来发展的重要竞争力，新加坡再一次提出“智慧国2015计划”，制定了一系列战略，推进城市各领域全方位的信息通信技术。而真正引发世界各国智慧城市建设热潮的，是国际商业机器公司(IBM)于2008年11月在美国纽约召开的外国关系理事会上正式提出的智慧城市战略，它将新一代信息技术充分应用于全行业中，将传感设备布置于城市的每个角落，通过互联网形成城市物联网，从而更加高效地进行城市管理，改善并进而解决现存的城市弊病，加强城市可持续发展的竞争力。

随着智慧城市范围的不断扩大，越来越多的学者专家意识到，技术是“智慧”的源头，但“智慧”不单单体现在技术应用的层面上，更是社区治理、民生服务、公共服务等各层次的“智慧”。

2）国内外投入建设

美国、日本、新加坡以及欧洲部分国家最早提出智慧城市和社区计划，并先后在国家战略下确定智慧社区标准化建设方向，采取标准化措施作为管理支撑和管理手段，推动落实智慧社区的建设。例如，美国弗吉尼亚州政府成立电子社区工作组，制定电子社区建设模板，为自愿建设电子社区、接入互联网的社区提供指导；日本由政府制定总体规划，由企业等私人机构具体推进和实施，于2010年成立日本智慧社区联盟(Japan Smart Community Alliance，JSCA)，联合推动智慧社区的发展；新加坡构建电子政务协同工作框架——政府服务技术框架(Service-Wide Technical Architecture，SWTA)；英国通过开展社区标准化工作，已发布《电子化住房供给服务》《在线规划和监管建设控制服务标准》《电子公共财产服务》等标准。

中国智慧社区建设2011年5月起步于北京市西城区广内街道，其后续发展有政府主导和市场主导两种模式，前者以北京为代表，由政府主导总体规划与实施，后者以上海为代表，由政府主导、社会企业协同建设。2014年国家出台《智慧社区建设指南(试行)》，将智慧社区列为智慧城市试点内容之一，上海、江苏等省市响应国家政策陆续积极投入智慧社区的建设中。

1.1.2 智慧+社区=智慧社区

1）智慧社区的定义

社区是由小区、家庭、社区居委会、业主委员会、物业公司、公共和商业服务公司等构成的社会共同体，是城市的基础单元。

智慧社区是指利用物联网、云计算、大数据、人工智能等新一代信息技术，融合社区场景下的人、事、地、物、情、组织等多种数据资源，提供面向政府、物业、居民和企业的社区管理与服务类应用，提升社区管理与服务的科学化、智能化、精细化水平，实现共建、共治、共享管理模式的一种社区。

智慧社区是一个动态发展的概念，是技术革命的结果。在大力发展信息通信技术的时代背景下，“技术”赋予了社区“智慧”。“智慧”是在数字化和智能化的基础上形成的，数字化是基础，智能化是手段。在通过搭建各种系统的基础上，完成社区关键要素数字化，人们可以接受扑面而来的海量信息;智能化实现社区场景与人的连接,打破物理空间的制约;智慧则打通人与场景的全连接,实现物理空间与数字空间的融合协同。

2) 智慧社区的意义

智慧社区的意义在于满足并提升社区居民安全、服务和价值的三个层次需求。最基础的,社区需要满足居民居住的最基本需求,通过安防系统为居民居住环境提供安全保障,起到一个庇护所的作用;在此基础上,智慧社区通过集成多种业务系统,为社区居民提供全方位的服务,比如生活服务、出入、物业管理等;而随着我国城市化进程和社会转型加快,居民的利益主体意识需求日益凸显,权利意识空前高涨,传统的政府单一、单向的社区公共服务模式的定位(安全、稳定的庇护所)已不能满足居民需求。因此,最终智慧社区需要满足居民的价值需求,实现以人为本的智慧社区,提升居民幸福感,满足个性化的居民需求。

从长期愿景看,智慧社区终极目标是打造社区级智慧赋能体系,通过数据全域标识、状态精准感知、数据实时分析、模型科学决策、智能精准执行,实现社区的模拟、监控、诊断、预测和控制,解决社区管理、服务过程中的复杂性和不确定性问题,全面提高社区物质资源、智力资源、信息资源的配置效率和运转状态,实现智慧社区的内生发展动力。通过形成支撑新型智慧社区建设的复杂综合技术体系,实现社区智能运行持续创新的前沿先进模式,构建物理维度上的实体社区和信息维度上的虚拟社区同生共存、虚实交融的社区未来发展形态。

3) 智慧社区的业务模型

智慧社区主要服务对象是社区居民和社区企业。面向社区居民的服务应用包括智慧家庭、家政服务、出行服务、居家养老、社区医疗、社保服务和报事报修等;面向社区企业的服务应用包括无人超市、设施维修、快递服务、汽车养护、教育培训、房产租售和货运服务等。

1.1.3 智慧社区的发展原因

国家相关政策、传统社区的局限性、城镇化建设和高科技推动是智慧社区发展的四大因素。

1) 国家相关政策

2013—2020 年期间,我国出台了至少 19 份与智慧社区相关的政策文件,其中《智慧社区建设指南(试行)》与国家标准《智慧城市 建筑及居住区 第 1 部分: 智慧社区建设规范(征求意见稿)》的发布对我国智慧社区的建设具有指导性意义。

住房和城乡建设部 2014 年出台《智慧社区建设指南(试行)》,提出了我国智慧社区建设的总体规划,细化了智慧社区建设的具体内容,制定了智慧社区建设量化的科学评价指标体系,为智慧社区建设的实施指明了方向。

2020 年 7 月,国家标准《智慧城市 建筑及居住区 第 1 部分: 智慧社区建设规范》正式由国家标准委员会批准立项。该标准的编制与出台,明确给出智慧社区的定义与建设标准，促进全国范围内智慧社区的规范化建设与发展，吸引更多人才加入智慧社区的建设。

2) 传统社区的局限性

自我国完成计划经济到市场经济的转型后，原本由单位承担的教育、医疗、养老等公共服务和社会管理职能转移到社区，由社区取代单位成为与公众利益密切相关的组织。随着我国社会转型的加快，现代社会格局发生转变，传统社区面临严峻挑战。其局限性如下：

(1) 价值定位。公众开始逐渐意识到主体权益，单一社区的价值定位已无法满足社会成员在生活中的价值需求，追求心灵上的精神家园这一传统社区建设的核心价值也随着人们的快节奏生活消失。在如今的生活背景下，迫切需要一种新型社区定位，增加居民的归属感和价值认同。

(2) 管理模式。传统社区的管理模式缺乏一致性，各部门疲于完成各自的工作标准和具体任务，部门间缺乏有效合作，信息难以共享。

(3) 服务内容。随着城镇化水平的提高，社区公共服务的范围越来越大，传统政府主导的社区难以满足居民多元化的需求和个性化偏好，需要以人为本的多元化社会供给模式。

3) 城镇化建设

2011 年中国城镇人口占总人口的比重首次超过 50%，这意味着我国城市化进程已经步入正轨。2011—2021 年这 10 年间，我国城镇化率不断上涨，城市化建设极大程度上改变了人们的生产方式和生活方式，生活方式的变革使得社区结构发生变化，居民需求日益复杂，对智慧社区建设提出了更高要求。

4) 高科技推动

智慧社区的另一重要推动力是现代信息化技术，如物联网、大数据、云计算和人工智能等，其奠定了智慧社区在我国发展的基础。通过各种类型物联网的感知技术，如摄像头、门禁、传感器、机器人和手机等智能化感知终端，获取社区数据资源，比如小区卡口实现人脸和车辆抓拍、摄像头采集小区视频、物联网传感器可以采集水质、温度等环境数据；海量数据资源通过有线或 WiFi、NB、Lora、4G/5G 等无线通信技术上传至后台；数据上传后，部分数据会在边缘侧进行轻量化的前置计算分析，比如视频流在前端进行人脸或车辆的抓拍和比对，再进行上传，以减轻后台的压力；大部分数据是汇聚到后台之后再进行人工智能算法的分析和处理；社区业务平台基于数据可提供多种类型的应用，比如安防，可在后台直接识别出人员、车辆的身份，并进行预警；河道环境管理可通过水质传感器监测河水质量；还有老人健康管理、垃圾分类等。通过建立一整套完整的智慧社区服务平台，实现智慧社区的预期效能。

1.1.4 智慧社区的发展现状

智慧社区是智慧城市建设的基础，也是智慧城市建设的“最后一公里”。智慧城市建设都应当落实到社区，通过智慧社区的建设为社区内居民提供便利，加快社区的和谐共建，推动小范围区域化社会进步，使人们的工作和生活更加便捷、舒适、高效。

1）总体发展现状

从发展历程来看，自20世纪90年代初起，智慧社区就已经从“非可视楼宇对讲”起步，但受限于当时的技术，只能局限于单个家庭的呼叫通话和遥控开锁；到20世纪90年代末，智慧社区已经形成了以可视楼宇对讲为基础的概念雏形。进入2000年后，随着技术的飞跃发展，视频监控、周界报警、电子门禁及各类型社区服务系统逐渐形成社区建设的标准配置；2010年以后，信息技术的发展突飞猛进，智慧社区也向着数字化、信息化和集成化的方向发展；特别是2015年后，智慧社区中移动互联、网络通信、物联网、人工智能和O2O等技术越发普及应用，从而使得智慧社区进入全面的推广建设时期。

2）建设原则

根据2020年7月发布的《智慧城市 建筑及居住区 第1部分：智慧社区建设规范》，当前智慧社区建设要求和原则如下：

（1）以人为本，需求导向。把实现社区居民的利益作为智慧社区建设的根本出发点和落脚点，以居民最迫切的现实需求为导向，把社区居民满意程度作为重要考核标准，确保智慧社区建设不偏离服务于民的根本目标。

（2）统筹规划，资源整合。要充分结合社区现有资源，统筹规划，合理布局，最大限度地降低社会成本，避免资源浪费。鼓励以智慧城市公共信息平台和基础数据库为依托，搭建市级或区级统一的智慧社区综合信息服务平台，整合社区治理、小区管理及公共便民服务等专项应用，促进社区管理和服务向集约化方向发展。

（3）政府引导，社会参与。在各级党委政府领导下，充分发挥政府在规划、政策、法规及标准制定、资金投入和监督管理等方面的引导作用，鼓励和支持社会组织、企事业单位、社区居民共同参与智慧社区建设、管理和运行，充分发挥市场在资源配置中的决定性作用，探索低成本、高实效的智慧社区发展模式。

（4）因地制宜，分类指导。坚持从实际出发，充分结合当地经济社会发展现状和趋势，在把握智慧社区建设基本要求的前提下，分类指导、突出重点、分步实施，避免脱离实际的“摊大饼式”建设。

3）疫情下的智慧社区现状

2020年年初新冠肺炎疫情在全球范围蔓延，社区成为我国疫情防控工作的主要阵地，也成为抗击疫情的最前线。依据百度关键词搜索指数，新冠肺炎疫情暴发的同时，“智慧城市”和“智慧社区”等关键词的搜索热度持续升温，人们对于社区“智慧化”管理的需求和关注度大大提升。此外，为减少病毒传播及外出感染风险，尽量少出门成为不少社区的倡议，大量的人口也让社区的管理运作更为忙碌。

在此背景下，智慧社区在疫情防控工作中也逐步发挥其效用，构建起疫情防控的“第一张”网。通过在传统疫情防控工作的基础上，引入智慧社区中人工智能、大数据分析等多项举措，展开疫情时期的社区防控及服务工作。结合中安网等相关网站和文章的观点，总结智慧社区在此次疫情防控工作的表现，主要从社区人员统计管控、红外热成像测温、无接触式智慧通行、智慧居家办公、社区信息联动等五大方面发挥效用，具体如下：

(1) 社区人员统计管控。通过比对卫生健康委员会等部门的人员通报，以及公安机关人口流动数据，对社区居民划分风险类别，实现对出入社区的不同类别人员采用不同方式的防控、追踪，有效提升社区人员排查效率，能够第一时间将风险控制在最小范围。

面对疫情的来势汹汹，很多社区进行了封闭式管理，对社区生活人员的摸底排查及对外来人员尤其是涉疫人员的严格管控，可有效实现社区防疫的严管严控。除了将社区住户进行网格化管理外，还积极运用大数据等技术对小区内业主户籍地和外来人员进行分类统计，实现高效精准排查。

根据中安网提供的案例，以西安市公安高新分局高新路派出所枫林绿洲社区为例，该社区民警通过枫林绿洲"智慧社区"安防平台，对区域内 5 510 户住户及 247 名涉及疫区的人员进行摸底排查工作，根据后台推送信息，能够实时了解社区人员情况。此外，针对有过疫情暴发区域接触史家庭的居家观察情况，有的智慧社区还能通过对按照要求进行居家观察的家庭此前 14 天内的访客和社区内出行轨迹等有效信息进行智能分析，作为重要数据依据留存。一旦该户居民在居家观察期间出现发热或疫情相关病症，平台会第一时间推送信息到责任街道干部，并在街道干部核实管理后，将信息推送给相关密切接触人员进行告知。

(2) 红外热成像测温。因早期临床表现为发热，人体体温高低成为判断是否感染疾病的重要依据，也让红外热成像技术得到了大范围的应用。在当前社区的疫情防控中，红外体温探测仪、热成像摄像机、测温系统等多种红外热成像产品已成为标配。

(3) 无接触式智慧通行。在此次疫情中，因病毒在空气中仍有较强的生存能力，也使得社区中的门禁、电梯成为易感染高危区。为避免人与门禁把手、电梯按钮的直接接触，当前很多智慧社区的解决方案中引入了手机 APP 开/关门、一键呼梯等功能。在实际应用中，用户可通过手机 APP、微信小程序、手机蓝牙，实现室内可视化预约呼梯，快速识别用户身份并调度就近电梯前往用户所在楼层。用户乘坐已到电梯，电梯自动点亮并将用户送达目的楼层，全程无需手动操作，从而实现无感通行。

(4) 智慧居家办公。依托互联网实现智慧办公，通过云会议、云教学开展的在线会议、线上教学在疫情中发挥了极大作用，很大程度上保障了人民工作、生活、教育的正常运转，提高了突发公共事件全社会的应对能力。

(5) 社区信息联动。实时动态的信息更新与传播对于消除恐慌具有重要作用。在此次抗击疫情的过程中，各地智慧社区除了多项智慧方案快速响应外，还能通过部署于社区中的智能化设备和云端，向住户整合传播疫情相关信息。如青岛市李沧区李村街道通过其智慧社区平台，开发了疫情防控专题功能，让居民能够在手机上随时随地了解全市疫情数据、社区疫情防控动态、网络辟谣和周边服务等信息，随时随地反映身边疫情。

4) 智慧社区中大数据应用现状

根据 2015 年年底中央网信办、国家互联网信息办提出的"新型智慧城市"概念，新型智慧城市的目标在于集中数据资源，通过高效统一的城市运行调度，实现精准细致的城市治理。智慧城市建设从信息化、智能化迈向智慧化，大数据是其中的重要战略资源。国务院

《促进大数据发展行动纲要》指出,“要结合信息惠民工程实施智慧城市建设,实现公共服务的多方数据共享、制度对接和协同配合”。因此,数据驱动已成为新型智慧城市建设的核心特征,作为智慧城市的“最后一公里”,大数据在智慧社区中的核心作用日渐凸显。具体如下:

(1) 智慧社区建设必然产生大数据。随着智慧社区的建设推广和业务丰富,居民的数据应用意识不断增强,居民生活和社区管理所产生的数据呈暴发式增长,形成智慧社区大数据。智慧社区因其涉及面广,涵盖了社区治理和服务的各行业数据,其大数据结构异构特征明显,数据类型丰富、数据量大、增速快。

(2) 大数据为智慧社区建设提供必要支持。智慧社区建设需要对海量的数据资源进行收集、整合、存储与分析,并使用智能感知、分布式存储、数据挖掘及实时动态可视化等大数据技术实现资源的合理配置。政策方面,可通过数据分析和决策,助力资源配置、强化决策能力、提高政务效率;服务方面,可通过动态分析、实时响应,为居民提供方便、精准和快捷的服务。

(3) 智慧社区建设中大数据应用仍存在诸多问题。虽然全国各地已经在积极探索大数据在智慧社区建设中的应用,但仍存在特色不明、体验不佳、共享不足等问题,并未能实现大数据与业务的良好融合,原因在于:① 智慧社区大数据价值并未充分发挥。智慧社区运营模式尚未成熟,停留在资源归集的层面,缺乏质量管理意识,而城市大数据来源广泛且结构各异,由于缺乏有效的数据治理,导致数据质量参差不齐,出现了数据不一致、数据缺失、数据失真等诸多问题,大大降低了数据的应用价值。大多数应用仅将收集到的数据用于查验或简单的统计分析,缺少深层次的挖掘分析,数据并未真正得到利用,因此需要专业的团队打造全域智慧化的运营模型。② 大数据的成功应用还依赖于多部门的互联互通、融合共享。社区的业务繁杂,其智能化建设也需要不同职能部门的协同合作,而目前“数据烟囱”的现象仍十分严重,因此很难形成具有“大数据智能化”特征的智能应用。③ 社区大数据涉及大量的公民个人隐私数据,同时还会与不同政府部门的数据库打通和对接,所涉及的信息安全及隐私保护问题也面临极大的挑战。

1.2 大数据的产生和发展现状

1.2.1 大数据介绍

1) 时代背景

“大数据”这个概念的提出来源于美国,1980 年著名未来学家阿尔文·托夫勒在其所著的《第三次浪潮》一书中指出,“大数据”可以称作“第三次浪潮的华彩乐章”。1998 年,*Science* 杂志刊登了一篇中文名为《大数据的处理程序》的文章,“大数据”正式作为一个专用名词出现在世人眼前。那时大数据只是作为一种假设或构想,并且只被很少一部分学者进行研究和讨论。此后，大数据浪潮以一种人们始料未及的速度和规模向人类社会袭来，到现在短短 20 多年间，大数据已经深深扎根于人类社会的方方面面。

2011 年，知名咨询公司麦肯锡研究统计了全世界大数据的分布情况，公布了一份让人惊叹的数字报告，中国 2010 年新增的数据量约为 250 PB，而欧洲约为 2 000 PB，美国约为 3 500 PB。麦肯锡在《大数据：创新、竞争和生产力的下一个前沿领域》报告中指出，“数据已经渗透到每一个行业和业务职能领域，逐渐成为重要的生产因素”，人们即将迎来一个全新的数字时代。随着互联网、物联网、云计算的兴起，数据规模发生了质的飞跃，这种全球数据存储量的爆炸式增长成为大数据产业的发展基础，标志着大数据时代的到来。

有资料显示，近年来中国正在加速从数据大国向着数据强国迈进。国际数据公司(International Data Corporation，IDC)和数据存储公司希捷的报告中提到，随着中国物联网等新技术的持续推进，中国产生的数据量将从 2018 年的约 7.6 ZB 增至 2025 年的 48.6 ZB，产生的数据量将超过美国。

2) *大数据特点*

迄今为止，尚未出现对大数据的明确定义。在普遍认知下的大数据是指超出传统数据库管理软件获取、存储、管理及分析能力的海量数据组成的数据集合，具有以下四点特征：

(1) 数据体量巨大。随着信息技术的高速发展，数据集合的规模爆炸式增长。存储单位从过去的 GB 级到 TB 级，发展到现在的 PB 级、EB 级；近年来，数据量更是出现以 EB 级和 ZB 级来计量的趋势(1 ZB＝1 024 EB，1 EB＝1 024 PB，1 PB＝1 024 TB，1 TB＝1 024 GB)。单说数字可能难以想象这是多么庞大的数据量，如果将 1 ZB 数据刻录到只读光盘上，紧密排列在一起可以绕地球 10 圈。

(2) 数据产生和处理的速度快。加速的原因是数据创建的实时性特点，以及将流数据结合到业务流程和决策过程中的需求。数据处理速度快，处理模式已经开始从批处理转向流处理。比如，2020 年天猫“双十一”当天，订单创建峰值达 58.3 万笔/秒。

(3) 数据类型繁多。广泛的数据来源，决定了大数据形式的多样性。数据被分为结构化数据和非结构化数据。相比以往便于存储的以文本为主的结构化数据，非结构化数据越来越多，包括音频、视频、图片和地理位置信息等，而且每天都会产生新的数据格式和数据源。

(4) 数据价值密度低。由于大数据总体量不断加大，单位数据的价值密度逐渐降低，然而数据的整体价值不断提高。相比传统的“小数据”，大数据最大的价值在于通过从大量不相关的各种类型数据中，挖掘出对未来趋势与模式预测分析有价值的数据，并通过机器学习方法、人工智能方法或数据挖掘方法深度分析，发现新规律和新知识，从而达到改善社区治理、推进科学管理的效果。

1.2.2　大数据产生的原因

1) *数据产生方式的变化*

伴随着计算能力、网络宽带、存储空间等不断的发展成熟，物联网技术、云计算、社交网络不断渗入，人类在互联网、金融、通信、医疗、商业各领域积累的数据增长，社会当中的数据类型不断变多，例如，人和人之间产生的社交网络数据、即时通信数据，全球通信网的主干网上一天就会产生数万 TB 级字节数据在传输；人与机器之间产生的电子商务数据、网络浏览数据等，互联网技术中的搜索引擎，可以支持每天处理数万 TB 级字节数据；以及机器与机器之间产生的全球定位系统(global positioning system，GPS)数据、监控摄像数据等。再如现代的医疗行业，医院每天产生的医疗记录、医疗图像及患者资料等这些巨大的数据量。数据的量级不断升级、应用的不断深入和大数据不可忽视的价值，让人类开始思索如何才能从这些数据中获取实际价值并受益于这些数据。

2）数据存储方式的变化

过去数据的产生伴随一定的运营活动，并且需要单独进行存储过程。在那个阶段，数据的产生是被动的，这些数据也被称作运营式的传统数据。

在大数据时代，随着云计算存储技术、计算机技术及自媒体技术等的发展，巨量的信息数据通过网络终端和移动终端及时存储，这个阶段的数据表现出主动性、自发性。数据在发展过程中一步一步地脱离了人类主动存储的活动，打破了原来的时间限制，可以不间断、自发地产生数据。

在过去，数据的存储成本很高，为了保证数据的传输畅通性和存储安全性，很多大型互联网公司各自为政，需要部署专门的人力资源和物资进行数据清理及定期维护，成本十分高昂。云计算存储服务出现后，衍生了很多新的商业模式，通过集中建设数据中心，大大降低了单位计算和存储的成本。现在建造网站已经不需要购买服务器，也不需要聘用管理人员，通过大数据云计算的商业模式即可获得资源，而存储成本的下降，使得企业愿意将久远的历史数据保存下来，实现并提升了数据的价值，直接推动了大数据产业的商业价值。这是大数据这种产业实现盈利的关键，也是大数据产生的真正原因之一。

3）运行、计算速度的提升

在过去，计算机性能的提升一直遵循着摩尔定律。被称为计算机第一定律的摩尔定律是指集成电路(integrated circuit，IC)上可容纳的晶体管数目约每隔 18 个月便会增加 1 倍，其性能也提升 1 倍。另外，随着云计算技术的成熟，可以通过这项技术，在很短的时间内(几秒钟)完成对数以万计数据的处理，从而达到强大的网络服务。

分布式系统基础架构 Hadoop 和并行运行机制 Hadoop 分布式文件系统(Hadoop Distributed File System，HDFS)、MapReduce 的出现，为大数据提供了新的可能。HDFS 为海量的数据提供了存储，而 MapReduce 为海量的数据提供了并行运算，从而大大提高了计算效率。这些加快了原始数据经过存储、清洗、挖掘和分析等多个数据处理环节，到产生价值的速度。

计算机硬件和系统框架的改变，大大提升了对这些海量数据进行专业存储和处理的速度。20 世纪 90 年代，传输一个 20 MB 的文件需要花费约一天的时间，如今仅需数秒即可完成传输。速度的提升也同时提高了从数据中挖掘和提取所需要的知识、信息的效率和可能性。

1.2.3　大数据发展现状

1）技术层面

近年来，数据规模呈几何级数增长，IDC发布报告称，到2030年全球数据存储量将达到2 500 ZB，人类在过去3年间产生的数据总量超过了之前几千年产生的数据总量。尽管大数据获取、存储、管理、处理和分析等相关技术已有显著进展，然而在如此规模庞大的数据中，仍有大量数据无法或来不及处理，处于未被利用、价值不明的状态。实际上，现在需要处理的数据量远超处理能力的上限。据IBM的研究报告估计，大多数企业仅对其所拥有数据的1%进行了分析应用。

对于大数据定义虽已有初步共识，但对于大数据技术的研究尚未形成理论体系，导致在应用过程中，应用超前于理论和技术发展，使得数据分析的结论缺乏坚实的理论支撑，在实际应用中对于其结论仍须保持谨慎态度。

在现象倒逼技术变革的背景下，促使信息技术体系进行一次重构和技术飞跃，其中量子计算是一个机遇。据估计，量子信息技术在大数据方面的应用所带来的指数量级加速，将远远超越现有经典计算机的运算速度。理论估计，计算两个亿亿亿维向量的距离，用目前最快的、每秒钟亿亿次运算速度的经典计算机大概需要10年，而用吉赫（GHz）时钟频率的量子计算机则仅需要不到1 s的时间。

总体来说，数据规模高速增长，现有技术体系难以满足大数据应用的需求，大数据理论与技术远未成熟，未来信息技术体系需要颠覆式创新和变革。

2）应用层面

按照数据开发应用深入程度，目前对大数据的应用分为以下三个层次：

第一层，描述性分析应用，是指从大数据中总结、抽取相关的信息和知识，从数字的角度分析，并呈现事物过去的发展规律。

第二层，预测性分析应用，是指通过大数据分析事物之间的关联、发展模式等，挖掘数字背后隐藏的信息，并据此对事物发展的趋势进行预测。

第三层，指导性分析应用，是指在前两个层次的基础上，分析不同决策将导致的后果，并对决策进行指导和优化。

在目前大数据应用较为成功的实践中，如城镇化智慧城市、金融、互联网电子商务和制造业等领域，所采用的描述性分析应用和预测性分析应用较多，指导性分析应用等更深层次的偏少，其效果和深度仍处于初级阶段。目前，指导性分析应用虽然已经在人机博弈等特定领域取得了较好的应用效果，但是在一些应用价值更高且与人类生命、财产、发展和安全紧密关联的领域，如自动驾驶、政府决策、军事指挥和健康医疗等，要真正获得有效应用，仍须解决其根本的基础理论和核心技术的问题。这也意味着，虽然已有很多成功的大数据应用案例，但还远未达到人们的预期，大数据应用仍处于初级阶段。未来，随着应用领域的拓展、技术的提升、数据共享开放机制的完善，以及产业生态的成熟，具有更大潜在价值的决策性、预测性和指导性的应用将是大数据发展的重点。

1.2.4 大数据价值的两面性

大数据作为当前时代的一把“利器”，具有双面性。人类社会正被大数据悄然改变着，毫不夸张地说，大数据的创新将会带动人类的每个领域实现巨大的进步。

大数据技术带来了全方位的社会变革，同时也带来了新的安全挑战，包括数据泄露、数据滥用和隐私安全等问题。例如，随着大数据的不断成熟，很多商家动起了歪心思，使用大数据技术进行“杀熟”。

1.2.4.1 大数据作为利器的正面影响

1）政府

大数据帮助政府实现市场公共卫生安全防范、灾难预警、经济调控、社会舆论监督，帮助城市预防犯罪、实现智慧交通、提升紧急应急能力。国家还可以借助大数据，以更短的时间和更低的成本完成信用体系的建立。

2）行业

大数据对各行各业的影响列举如下：

(1) 帮助改善物流行业的预测，随着该行业数据收集更加容易，更有价值的数据还可能帮助该行业解决供应链中的障碍。

(2) 在电子商务领域中，行为数据、销售数据和营销分析可以结合在一起，以便更好地了解客户的需求。

(3) 农业领域中的许多组织都在寻求应对农业生产不确定性的方法，通过收集大量的数据，可以帮助减少农业生产的不可预测性。由算法驱动的农业机器和数字农场工具可以使用这些数据来自动调整种子位置或识别杂草，并选择性地喷洒农药。

(4) 帮助文化娱乐行业预测歌手、歌曲、电影和电视剧的受欢迎程度，并为投资者分析评估拍一部电影需要投资多少才最合适，否则就有可能收不回成本。

(5) 帮助医疗机构建立患者的疾病风险跟踪机制，配合或协助医药企业提升药品的临床使用效果。

3）科学研究

对于大数据，人类科学研究在经历了实验、理论、计算三种形式之后，将迎来第四种范式——数据密集型科学。虽然第三种和第四种都是通过计算机的使用来实现的，但是两者有着本质的区别。第三种范式为“提出理论—搜集数据—计算”模式，而第四种范式为“使用掌握的已有数据—计算—得到未知结论”模式。在大数据环境下，一切将以数据为中心，从数据中发现问题、解决问题，真正体现数据的价值。数据科学家从数据中可以挖掘未知模式和有价值的信息，服务于生产和生活，推动科技创新和社会进步。

4）思维方式

随着大数据收集、储存、分析技术越来越成熟，人们可以更加快捷、方便、动态地获取研究对象相关的所有数据，不再受到数据存储和处理能力的限制。在过去，人们通过抽样分析来提高算法的准确性。在大数据时代，追求高精确性已经不是其首要目标，“秒级响应”能力成为重要指标，要求在几秒内就迅速给出针对海量数据的实时分析结果，否则就会丧失数据的价值。所以思维方式也应该从样本思维转变为总体思维，从而可以更加全面、系统、立体地认识总体情况。

5）教育

大数据的应用，无疑是为个性化的教学提供了条件。教育工作者通过对学生进行一段时间的观察，得到关于学生这段时间中有价值的所有学习信息数据。对这些学生的学习数据进行分析和处理，针对学生的个体数据差异，制定最佳的教学方案。为学生实施个性化的教育，培养学生全面发展的能力。

1.2.4.2　大数据作为利器的负面影响

1）大数据的隐私问题

在数据收集和使用过程中，个人数据中涉及隐私的信息往往包括健康状况、教育水平等。关于这些数据采集后的存储，无疑提高了隐私侵权的风险。另外在数据的使用过程中，隐私信息有意或无意的传播甚至倒卖，使得受害者不堪其扰。隐私意识淡薄也增加了泄漏和侵权风险。

2）关于大数据信息的法律制度问题

众所周知，信息数据财产是大数据时代的核心生产要素，那么大数据到底是谁的财产，应该受到什么样的保护呢？就目前的情况，大部分学者会认为大数据具有财产权客体，还有一部分学者倾向于大数据是信息财产权客体。信息财产权认为，独立存在和具有财产价值的，且可交换的信息为客体的新型财产权。有学者特别强调将企业数据和公共数据进行区分，认为：企业数据，鉴于其得以经济资源化的特点，对其应采取财产权的方式进行保护，这样合乎经济原理；非企业数据特别是公共数据，虽然也应当确立法律保护，但不宜采取财产权路径，根据其性质适于采取管理化路径。

总之，国家层面的政策法规和法律制定等被纳入大数据治理视角的目前仍较少；信息数据作为一种资产的地位仍未通过法律法规予以确立，难以进行有效的管理和应用；大数据管理已有不少可用技术与产品，但还缺乏完善的多层级管理体制和高效管理机制；如何有机结合技术与标准，建立良好的大数据共享与开放环境，仍需要进一步探索。

3）大数据的不正当使用问题

例如大数据技术的“杀熟”，这个行为表现得十分隐秘，一般情况下难以发现，因为消费者之间通常不太进行价格等数据的交流，由此为不良的企业大数据“杀熟”行为提供了足够的空间。利用大数据频繁“杀熟”的使用方法已经违背了大数据技术的最初目的。通常情况下，关于用户的经济能力、使用习惯、行为偏好和使用轨迹等信息数据成为企业的“杀熟突破口”，就像同样的商品或服务，给老客户的价格往往会比新客户更高，相关部门必须给这些不良企业警告和惩罚。

总的来说，大数据给人们带来的好处远远比坏处要多，想要解决目前存在的这些问题，面对目前的困境，也只有更发达的技术手段和相关法律的完善才能彻底解决。比如，区块链技术的诞生便是解决大数据相关问题的有效手段之一，让每个人都可以有效地掌握着自己的数据。希望大数据能够得到更为有益、广泛、安全的使用。

1.3 智慧社区大数据应用发展路径

本书前两节对智慧社区和大数据进行了阐述分析，在此基础上，本节将针对智慧社区信息化、数字化和智慧化的三个阶段，分析大数据在各阶段的应用发展情况。

1.3.1 社区信息化

社区信息化坚持"以人为本"，为社区管理和服务提供现代化手段，实现居委会电子化、基层政府工作电子化，着重解决政府与居民、企业和居民、居民与居民之间的关系，关注民生和服务，贴近居民的需求，从社区居民的根本利益出发，提高社区服务和管理能力。

社区信息化的目标是要集领先的社区管理和服务理念于一体，利用先进的信息技术手段，打造"统一标准、整合资源、共享信息、注重应用"的信息化社区管理和服务体系。

这个阶段的大数据仍处于初期阶段，以线下数据为主，线上数据多数是一些文本数据，所能提供的服务也以记录、存储、统计分析为主。

1.3.1.1 社会服务信息化

1）社区服务信息资源整合

依托互联网技术开通社区服务网站，整合分散在各个信息网站、线下社区居委会中与社区居民息息相关的政策法规、社区信息等资源，为社区居民提供更全面的信息服务。通过对社区服务信息资源的整合，减少居民、居委会、商家之间服务信息不对称、不透明的情况。

开通居民网上论坛，通过网络发表意见，增加居民之间的沟通，形成良性、友好的生活圈子，甚至可以通过网络投票的方式选举社区居委会，实现民主决策，提高社区居民对社区建设的参与度。

2）信息整合平台

在已有资源的基础上，打通政府、街道、社区的信息资源：一方面，社区用户简化办事流程，不再出现多个地方递交材料的情况，方便办事人员，让办事的居民或单位少跑腿，工作人员多分担；另一方面，通过电话、传真等多种手段与市民和服务加盟商进行联系，获取各种信息，根据居民的现实需求提供社区家政服务、社区文化教育及社区卫生医疗服务等。从而将传统意义上的社区服务变为一个咨询中心、服务中心、投诉中心，满足社区居民方方面面的需求，提升社区居民的居住满意度和幸福度。

1.3.1.2 社会治理信息化

社区与通信公司联合，利用通信公司现有的网络资源和具有记录数据的能力，建立社区基础信息数据库，实现物业管理信息化，形成社区管理共享平台。政府部门以统一管理平台的方式进行日常办公，共享社区信息资源。对于社区及居民的基础数据建立共享数据库，有效减少重复的信息录入工作，提高基础人员工作效率。

此外，可实现街道针对各种基础数据的分级查询统计，所有数据通过多种方式进行上报，集中存储在区政府或市政府数据中心。社区管理共享平台系统可作为基础数据管理分析平台，包含社区的人员组织、安防、文化、服务、救援体系、医疗及日常工作等业务处理，利用计算机精准快速地记录和处理社区运作过程中产生的各种信息并自动加入社区已有系统中，规范社区管理工作。

1.3.2 社区数字化

社区数字化是指使用各种信息技术和手段来整合社区资源，并在社区范围内，为政府职能部门、社区基层管理机构、社区居民之间的信息沟通搭建平台。数字化社区，即通过数字化信息将管理(通过社区社会组织自治管理)、服务的提供者(一方面是政府通过向社会力量购买的、为老百姓提供的公共服务，另一方面是企业和个人承接的、通过数字化信息反馈的、老百姓需要的个性化服务)与每个住户实现有机连接的社区。

在本阶段，"大数据"已初具规模，涌现出一批以数字化综合服务平台为代表的平台系统，加快了社区相关数据的收集和应用。

1.3.2.1 社区服务数字化

数字化综合服务平台的建设是助力社区服务的基础，该平台可以最真实地提供人民生产生活的资料信息，为政府决策提供翔实的民生数据，同时搭建政府和群众沟通的桥梁，能够更好地倾听民意，并且通过这座桥梁可以丰富各级政府的基本公共产品和提升公共服务的供给能力和水平。社区服务数字化内容如下：

(1) 让基本的公共服务平等。每个社区居民以自己身份证作为自己的账号，通过手机、政务大厅、固定电话、电脑和数字服务网点等享受不分区域、平等的社区基本公共服务。

(2) 搭建平台。对于政府一些由于自身原因"不能干"或"想干不好干"的民生保障任务有很好的解决，使政府施政任期内，可以可靠地实现"五位一体"，全面建成小康社会，建设公共服务体系，完成地域、城乡、行业全部人口和国土资源范围内的基础信息全覆盖，基本公共服务均等化及社会城乡保障一体化目标。

(3) 制定社区服务业数字化标准。让社区所涉及的各个方面进行服务功能、数据接口标准定义，并为公共安全、政务、第三方运营平台、各种物联网子系统与智慧社区相关的应用提供标准接口；将各方资源融合在一起形成产业生态，共建数字化社区服务。

(4) 构建数字化综合服务平台。让居民享受全方位的社区公共服务，还可以保障环境、食品和财产安全，提高社区服务窗口的办事效率和便捷性，共享政府政策、改革红利和社会主义发展成果。

1.3.2.2 社区治理数字化

完善社区治理体系是民生服务和基层治理协同运作的需求，将分散的治理系统整合起来管理，形成社区统一的业务综合治理体系。政府职能部门为社区提供更多的数字化治理工具，为居民提供便捷化参与渠道，真正做到“数据通用、基层好用、群众受用”。社区治理数字化内容如下：

(1) 围绕核心任务进行社区精细化治理。围绕社区政务、社区安全、社区服务、社区管理等核心任务，为社区治理提供精细化管理手段，真正使数据资源下沉到社区，以解决社区工作人员各类日常重复性劳动，提高工作效率。

(2) 建立政府、社会、市场互动的多元化治理机制。将数字化管理融入社区治理方方面面，实现社区问题的及时发现和处理；实现社区服务主动贴心、精准送达；实现基层治理减负增效；尊重基层创新精神，鼓励多维实践。

(3) 构建立体化的社区数字治理评价体系。在综合已有评价指标体系的基础上，逐步再建立起一套社会公认的、有内涵的社区数字治理评价指标体系，这对未来我国的社区治理现代化必将产生重要的引领作用。

(4) 通过提升数字治理能力，来加快社区治理的数字化转型。全国一体化政务服务平台未来能够普遍实现跨部门、跨层级、跨区域的服务，将是我国政府数字化转型的重要标志，也是城市数字治理水平提升的重要象征。

1.3.3 社区智慧化

社区的智慧化不等于社区的智能化，社区智能化是社区智慧化其中的一环，社区智慧化须将物联网、大数据、移动智能、人工智能和云平台等新一代信息技术结合在一起，在最大程度内去实现功能的智能化、系统的优化配置、资源互享等。从安全、便捷、节能、舒适四个角度打造社区，实现社区的信息化、智慧化、系统化，对小区各系统进行有机联动，将信息数据进行有效融合，为社区的居民提供方便实用、功能丰富的安全防范、物业服务、信息服务等多方面应用。

十三届全国人大四次会议表决通过了关于《中华人民共和国国民经济和社会发展第十四个五年规划和2035年远景目标纲要》(简称“《规划纲要》”)的决议。针对当前热议的社区智慧化建设，《规划纲要》全文25次提及，从多个维度勾勒了智慧社区建设的理念、目标和重要作用。这个阶段正式进入智慧社区大数据的建立和发展阶段。

1) 社区服务智慧化

在当前的产业互联网时代背景下，社区智慧化是指将社区慢慢向服务型社区转型，实现社区服务延伸到“最后100米”。社区服务智慧化涵盖如下内容：

(1) 大数据、物联网、5G等技术的应用，使智慧社区的建设内容更加广泛，除了传统的智能家居范围外，借助技术提升，社区建设基于5G的智能终端，运营速度将更快、效率更高，将提升社区管理的服务效率与服务水平，物联网、云计算、大数据等技术的运用，也会指导物业及时监测、响应、处理社区事务，助力社区服务升级。社区的新技术应用和智慧化建设都是为社区民众的生活服务，目前已经延伸到居民的照明、家电、娱乐和电（水）表等方面。各项智能硬件如智能安防、智能门禁等，确保了社区的安全运行。此外，社区智慧化对医疗、教育、养老等的建设有推进作用，促进了城市发展。从保障特殊人群的层面，由于疾病或年龄等诸多原因，导致社区中这部分居民生活难以自理。融入新技术后，综合一站式服务、远程遥控等模式，降低了特殊人群生活的危险性，可确保其生活安全。

（2）社区智慧化不单单是科技的叠加，更是以人为本的细致体贴服务。建筑设计、社区物业及网络运营企业之间的相互协作必定是以后的发展趋势，将智慧社区的建设理念在建筑项目的初始设计阶段便规划实施，将不同功能需求的建设结构设置、网络信息线路设置等进行综合评估，实现一体化和系统化的建设模式，智慧社区的功能能够得到有效的应用。这不仅给小区民众的生活带来便利，还能够实现建筑企业、物业企业及通信网络企业的共赢建设应用模式。

2）社区治理智慧化

社区治理智慧化是指将信息技术与社区治理深度融合。以人民群众需求为出发点和落脚点，提高社区治理智能化水平，有助于提升基层治理效能。以科技为支撑，以人民为中心，不断提高社区治理智慧化水平，提升基层治理效能，打造共建、共治、共享的社会治理新格局，必将带给人们更多获得感、幸福感、安全感。社区治理智慧化涵盖如下内容：

（1）物联网与大数据技术相结合。可以实时收集、管理、分析、运行社区传感器数据信息，解决社区管理中“人力所不能及、人力所无法及、人力所没有及”的实际问题，提高社区管理的精准度，破解社区治理难题。

（2）安全管理是社区治理的基础。社区智慧化安防建设是运用科技手段，将现场信息采集工作交给智能化设备，如周界报警系统、视频监控系统、出入口控制系统、电子巡查系统和可视对讲系统，将这些系统的终端设备接入安防管理系统之中，除了能实现现场报警之外，还能将所有数据上传到系统中，进行在线远程管理。每个安防子系统的应用无不渗透着智能化的理念，通过安防子系统的建设，对进入社区的人、车、物实现智能管控，将“事后打击”向“事前预防”延伸，全面提高社区的安全防范能力。

（3）结构优化。智慧治理嵌入社区治理规则之后，能够深化“党委领导、政府负责”的指挥体系，重塑公共部门组织间性质；形成“聚焦服务、着力治理”的履职体系；建立“智慧集中、高度理性”的决策体系；搭建“网络极大、节点极小”的技术体系。

第2章

智　慧　社　区　大　数　据

智慧社区大数据的商业价值分析

大数据打通“信息孤岛”,整合“沉睡”数据及分散数据,进行抽取、整理、转换和加载等处理和价值挖掘。在社区的应用场景中,大数据可以很好地服务于社会,将数据资源转化为服务于基层管理的产品,从而形成一个更加“智慧”的社区管理模式。

引入大数据,社区不仅可以最大限度地方便居民,而且可以实现智慧收集、智慧服务、智慧管理等多种功能,为社区居民提供家政、养老、医疗等服务,例如根据数据,通过智慧社区的大型数据库,为房地产商和社区居民建立沟通渠道。智慧社区还包括社区居民消费服务等具有巨大商业价值的大型消费数据,这对于服务型产业来说也是不可估量的。简单地说,针对居民的潜在需求,在未开始消费服务之前,商家会在适当的时间为居民做好准备;整合社区地理信息与人口数据、社区内企业法人信息数据,并结合线下线上、物联网、互联网采集的信息数据输入模式,在智慧社区平台上建立实时数据库。有了这样一个完整的数据库,社区管理的准确性、实用性、组织性和统计能力将大大提高。利用智慧社区大数据建立紧急呼叫平台,为社区空巢、孤寡老人等群体提供最及时贴心的便捷服务。通过为社区中的老年人建立健康数据,可以对社区的老年护理服务进行监管,可追溯查询和分析。同时社区健康数据也是城市人口健康大数据的重要来源,丰富的数据收集优势和极高的覆盖率,具有其他系统数据库所没有的优势。

本章从智慧社区大数据建设的重点、困难与挑战讲起,然后为智慧社区建设给出参考运营模型,最后从若干个和智慧社区大数据相关的主题入手深入分析,以供读者参考。

2.1 智慧社区大数据建设的重点、困难与挑战

随着社会经济高速发展,社会分工逐步细化,城市管理趋于社区化,大量社会事务回归社区。人们对社区服务、社区安防、物业管理、居住环境和医疗卫生等方面提出多样化、多层次的要求,传统的社区服务模式已难以满足人们的新需求。

依托云计算与大数据技术建设的智慧社区可以让社区管理更加科学有效,让服务更加便利智能,可以打通传统信息系统的交流壁垒,让社区数据和政府各部门数据有效交融。通过智慧治理,能够在社区、政府、社会之间建立起高效的联动机制,通过对社区大数据的深度分析和发掘,能够及时发现、预警并且协作处理城市管理中方方面面的问题。

近年来,各地政府也认识到了社区建设的重要性,以改善民生、提高居民生活质量为导向积极推动社区信息化建设。但传统的信息化系统往往是独立的、局部的、无法交融的,这不利于社区的整体科学管理,同时也是信息资源的一种浪费。智慧社区借助云计算和大数据技术,实现社区内信息系统间的交流与融合,使智慧社区与政府各部门间实现数据共享

与交流，在社区、政府、社会之间建立起高效的联动机制，通过大数据分析与挖掘，及时发现和处理问题。

2.1.1　大数据下智慧社区建设的重点

每个城市规划设计不同，各地风土人情不同，智慧社区建设的侧重点会存在差异，但大数据下智慧社区构建的框架与技术基本一致。通过互联网信息技术将多个传统的社区应用服务系统统一接入一个平台，每一个传统服务对应于平台的一个独立模块，采用统一的数据标准与协议，以数据共享的方式增强平台的服务能力。智慧社区建设侧重点是居民、基建、安全三方面，智慧社区服务平台框架也主要从这三方面搭建。

1）*居民方面*

利用移动互联网技术资源，完成社区居民人口的动态收集更新。智慧社区能够提供多种人口数据收集方法，社区居委会干部、物业工作人员、楼组长都能够随时通过手机APP或PC端录入人口信息；与小区智能门禁体系、小区常住人口库、二维码扫码信息库和运营商活动人口等体系进行对接，实时接入这些数据，形成社区居民人口信息库，并对居民所在小区进行人口信息画像。向居民的移动互联网终端提供统一的信息发布通道，实现信息的点对点传送。

2）*基建方面*

利用物联网技术的设备感知资源，将小区门禁传感器系统、车库车牌射频识别系统、安防传感器、二维码识别系统、智能卡感知系统和水电气缴费系统等升级，使硬件设备接入统一的云平台和大数据底层资源。在社区里面安装各类对现实世界的探测器和设备，这些系统与设备收集的社区各类信息构成智慧社区所依赖的基础数据。

3）*安全方面*

智慧社区整合了安监数据、网格数据、天网数据，还为居民提供手机应用、微信公众号等快捷的事件上报渠道，形成小区、街道、上级监管部门联动保障机制，完成各类安全隐患的统筹处理。只要社区处理好这些数据，就可对保障社区安全发挥重大作用。

智慧社区的框架建设，需要政府统一规范，只有打通管理与服务的各个环节、打通各个系统壁垒，才能让平台更加科学有效、信息更加交融有效。

2.1.2　大数据下智慧社区的服务提升

1）*基础性服务提升*

如代缴水电气费用、房屋维修、房屋租赁、家电维修、洗衣、保洁和老人健康照料等，这些是非常常规的居民日常生活所需。

2）*增值性服务提升*

如居民的体检、健康档案和病历等个人身体健康状况等信息可以帮助社区医院，为居民预防疾病，尽早发现、尽早治疗。老年人身体健康状况的数据可以为政府、养老机构和企业等决策布局提供精准服务指导，居民学习的大数据可以提高对教育的改革。

3）服务效能提升

如居民可以随时随地把社区里的问题反馈给物业或居委会。目前已经有机构对辖区内的座椅、垃圾桶及每一项公共设施都贴上一个二维码。居民只需专门的APP扫描二维码，填写设备损坏状况，服务机构就能够在后台及时给出反馈，维修人员也能够第一时间赶到现场进行修理，同时物业人员也可以方便地进行设备巡查。

4）定制服务提升

居民生活服务中产生出各类数据，比如选择哪家服务商提供什么服务、服务的时间，以及交易的金额、对服务的满意度评价，这些数据可以帮助社区为居民提供更加个性化的生活定制服务。

2.1.3 大数据下智慧社区的数据沉淀

大数据的飞速发展是互联网发展的大势所趋，但也应该清晰地看到，当前社区大数据建设还处于浅层应用的初级阶段。只有经过处理、分析、挖掘后的数据才能从中找到规律、形成价值，从而更好地对政府、社区、居民提供个性化的信息服务，形成真正的智慧社区。

智慧社区平台依靠云计算与大数据技术具备了强大的基础数据管理与分析能力。智慧社区的数据沉淀是指通过充分利用统一平台上所有的社区基础数据进行综合性的处理、分析与挖掘，再将深度处理分析挖掘后的结论及时提供给智慧社区日常运行管理使用。智慧社区平台沉淀后的阶段性数据也是智慧社区、智慧城市在建设过程中完善与优化的重要依据与手段。不断提高和完善管理功能，是智慧社区平台发展与运行的核心任务。

在快速发展的云计算与大数据技术驱动下，社区智慧建设是必然趋势，智慧社区是社会服务的落脚点，是社会管理的基本单位，也是智慧城市的重要组成部分。智慧社区通过智慧服务理念，将传统服务智慧化，为社区居民提供更舒适、更便利、更安全的社区生活环境，改变居民的生活方式。现阶段智慧社区的建设和管理还处于初级阶段，智慧社区的建设应结合自身具体情况，逐步推开、循序渐进。随着云计算与大数据技术的发展，智慧社区建设的经验积累与管理理念的进步，智慧社区才会更加成熟。

2.1.4 大数据下智慧社区建设面临的困难与挑战

新型智慧社区建设将依托“互联网＋物联网＋大数据”，围绕惠及民生、科学管理、产业升级、创新运营四个核心目标，着力解决交通拥堵、环境污染、社会治安及邻里关系等社会高度关注的问题。当然在智慧社区建设中既存在机遇，同时也面临困难与挑战。

2.1.4.1 困难

1）相关部门之间的数据孤岛问题依然严峻

由于行业、部门和区域的分割，数据很难跨部门共享。有的部门将数据视为内部资产，由于部门利益、资源控制等因素导致其数据开放意愿较低。以部门为中心的政务信息发展模式形成许多“信息孤岛”，大量纸质数据尚未导入数据平台。

2）数据标准尚未制定，阻碍了数据的交换

国家有关规划和标准文件需要公布实施。与政府数据相关的法律、法规、政策和技术标准的缺失，间接导致政府部门由于权责不明，无法方便地公开和共享数据。

3）数据治理工作不完善，数据安全管理环节薄弱，部门责任职能模糊

相关单位数据安全责任的内容不明确，所有权关系、职能分工和职责模糊，数据分类和分类标准尚未建立，数据公开目录需要改进，数据开放共享模型尚未充分形成。缺乏这些安全能力也使得相关部门难以轻松地共享数据。

相关部门的大数据困难也在于人才方面，人难招和留用难，缺乏行业专家。大数据领域通常需要很长的实践与经验积累，由于人才薪酬和互联网企业相比没有竞争性，人才很难吸引和留住的问题比较严重。技术积累和行业竞争力的差距这些问题长期存在，导致行业资深从业人员稀缺。

4）集中式数据中心尚待建设

集中化的数据资源将成为未来的发展趋势。数据资源的集中化将加快社区数据的收集，促进社区数据的横向打通，数据落地开放共享和高效管理，为后续的各种应用提供统一、可靠的数据接口。

5）社区数据的综合管理有待加强

数据治理在安全、流量、舆情等场景中的应用将是未来研究的重点。公共安全防控、舆情监测、应急管理、社会信用数字化、环境监测、食品药品监管和交通管理等数字化工程将不断迭代。通过加强这些领域核心数据的安全保护，构建“大监管”的整体环境，推进数据治理。

6）加快将新技术融入社区商业

结合人工智能、5G等新一代信息通信技术，将引导政府推出一批新的项目。以人工智能为例，利用自然语言处理技术，对来访信件进行自动分类和汇总，大大提高了办公效率。

7）信息安全问题

在互联网发达的当下，信息当中所涉及的安全问题也是目前亟须解决的重要问题。智慧社区当中存在的各种信息数据大部分与居民的财产和隐私有直接关系，并且所含信息的价值比较高，但同时安全问题也会存在。这也使社区的推广应用服务受到严重的阻碍。

8）社区资源、服务整合困难

智慧社区的理想状态是让社区内的闲置资源、劳动力均能有效地被利用，但是现实执行却有一定难度，原因有二：① 社区内的闲散人员可能经常居家不外出，或者不经常接触社区的信息，要统计这类人群的信息比较有难度；② 社区居民基数庞大，有技术、有服务能力的人群隐藏在社区居民中，挖掘起来比较困难，将其整合起来更是一项复杂的工作。

9) 智慧社区推广有阻力

有很多智慧社区及试点也分散实施到各个不同行业的信息化系统中去。因为相互之间规则和业务的流程都是有一定区别的,因此不同行业的信息系统难以共享集成。而信息化水平的差异也会产生一定的信息误导。这就使得阻力也会因此而变大,从而成为智慧社区建设当中一个非常复杂的障碍。

10) 公共安全问题

在维护社区公共安全时,主要利用智能感知、智能采集的功能,实时收集社区的相关数据,如社区建筑数量、标准地址、实住人口等内容。同时要收集事件、状态、感知设备等数据,做好数据的分析和处理。智能感知采集主要包含智能监控、智能门禁、人脸识别和车辆通行等,同时还包括公共安全方面水压、消防、用电和防盗等感知设备的应用。在公共安全防护中,要体现5G技术的有效应用,做好无感采集、预警和布控,切实提升社区公共安全保护效果。

11) 公共管理问题

在进行公共管理时,主要对社区的管理资源开展统计和数据关联,分析和总结相关的数据信息,并开展市场监管、网络巡查、社区绿化和第三方服务等工作。同时,公共管理过程中还要加大对企业和商铺的统计,为智慧社区建设提供参考资料。当然,也包括通过感知设备对社区管理方面的内容综合识别和分析。通过这种方式能够有效挖掘数据信息,对异常的数据进行排查和检测。人工智能技术还可以解决社区中的其他问题,如高空抛物、偷盗、不规范行为等。以智慧社区平台为前提,切实发挥大数据精准管理的功效,推动社区管理各项工作有条不紊地进行。

2.1.4.2 挑战

最新网络技术赋能智慧社区,促进社区治理模式创新,推动社区服务升级,给社区智能化建设插上了翅膀,但是也因诸多技术性问题需要解决而面临诸多挑战:

(1) 智慧社区需要的物联网感知设备品类繁多,设备厂商多,没有行业统一标准,通信协议和接口多种多样;平台的复杂度高,管理难度高;在用系统存在"信息孤岛",缺乏统一标准,数据采集困难;弱电、物业、家居都有各自分散独立智能子系统,既需要打通"信息孤岛",又要保护既有投资;数据格式多样,数据量大,特别是多媒体数据的存储和处理;某些应用场景的数据处理实时性要求高,比如应急处置、消防、急救等场景。

(2) 我国大多数社区5G覆盖网络存在盲区甚至没有5G基础网,制约了社区的智能化建设;同时,5G智慧社区的价值还未得到充分应用,如何建设让居民有幸福感、获得感的新型社区还需要进一步加深理论研究和实践。

(3) 我国社区建设在突发性自然灾害的防灾、减灾上普遍比较脆弱,如何建设智慧的、有韧性的社区,值得进一步研究。比如,在社区住房建设规划设计上,未来社区需要规划通风廊道;两居室及以上房屋设计能否考虑疫情、消防等灾害发生时的隔离户型,单独的供水、供气、供暖和通风设计,隔离期独立的生活必需物品供应通道,危险发生时专用的逃生管廊等。

2.2 建设全域智慧化的智慧社区运营模型

智慧社区是社区管理的一种理念，是新形势下社会管理创新的一种新模式。它需要充分利用物联网、云计算、移动互联网等新一代信息技术的集成应用，为社区居民提供一个安全、舒适、便利、现代化及智慧化的生活环境，从而形成基于信息化、智能化社会管理与服务的一种新管理形态的社区。社区作为城市居民生存和发展的载体，其智慧化是城市智慧水平的集中体现。

2.2.1 智慧社区运营解决方案

2.2.1.1 技术支持和运营支持服务涵盖范围

智慧社区运营解决方案，运用物联网、云计算、大数据等技术，整合社区手机开门、可视对讲等社区应用系统及社区周边商家、服务商，为合作运营商提供安防服务运营、社区大数据运营、社区电商运营、智能硬件运营、手机APP运营、社区金融运营、社区健康运营等技术支持和运营支持服务。

1) 安防服务运营

(1) 家庭安防运营。将业主的家庭安防系统接入运营平台，安防信息中心和物业服务中心、业主形成互动，物业服务中心接到服务请求，第一时间到达现场及时处理报警信息。

(2) 安防巡查服务。为业主提供安防巡查服务，预防安全事故的发生，发现问题第一时间到达现场处理。

(3) 家庭安防保险服务。物业服务中心为业主提供家庭安防和财产保险的咨询、销售、办理和售后服务，发生安防和财产损失后协同保险公司勘察和理赔服务。

(4) 与城市报警服务联动。实现110、120联动报警服务，当居民需要以上报警时一键拨通，系统自动上传报警位置信息、周边环境信息，方便警务人员了解相关信息，从而快速准确地处理报警信息。

2) 社区大数据运营

社区大数据数据汇聚及分析功能，将社区安防数据、物业服务数据、居民消费数据、居民健康数据及居民生活轨迹数据进行处理分析和提炼，为周边商业、社区电商、物业服务及治安管理提供有价值的数据支持和服务。

3) 社区电商运营

面向社区及周边的O2O(online to offline，在线离线/线上到线下)消费服务，整合周边餐饮、美容、服务等衣食住行商家，以社区为中心的专属“互联网+生活圈”，整合本地名优特产的社区商城，以大数据为依据组织季节性和日常必需品的社区团购。以上述方式面向社区平台的招商和增值运营。

4）智能硬件运营

通过智能硬件，实现各种智能化场景，包括远程控制、监控告警和远程报警等。手机远程控制功能除了能够实现灯光、电视、插座等插件的单独控制外，还能实现观影模式、聚会模式等多种场景一键控制。监控告警功能能够实现门窗红外幕帘闯入自动告警，防火、煤气泄漏、溢水监控和告警功能。远程报警功能能够实现手机远程视频监控、取证抓拍远程报警功能。

5）手机 APP 运营

手机开门和远程控制，使手机 APP 具有较高的使用黏性。手机 APP 的广告运营和互动营销价值远超传统媒体渠道。

6）社区金融运营

安全快捷的移动支付体系可对接微信、支付宝、银联支付平台，提供 PC 端、手机端多种支付终端。形成社区健康保险、财产保险和理财保险等多种保险金融产品。

7）社区健康运营

包括家居环境监测服务；智能水净化设备、智能空气净化器等健康相关的智能设备销售和服务，如血糖仪、血脂仪、血压计销售；养老相关的服务，如养老监护、健康餐饮配送等。

2.2.1.2 可持续运营模式下智慧社区与各行业关系体现

一直以来智慧社区往往关注于与小区物业相关的数字化建设以及家电等设备的智能化建设，并没有形成一个可持续运营的智慧社区商业模式。随着近年来城镇化的进一步发展，与智慧社区相关的各行业和各类人群对智慧社区提供的信息化服务要求变得越来越广泛和具体。目前中国智慧社区的发展和各行业的发展紧密相连，具体体现在以下几个方面：

(1) 智慧城市、宽带中国、信息消费等成为国家发展战略。

(2) 互联网、移动互联网开始渗透到国民经济的各个角落。

(3) 房地产行业对于商业地产和住宅地产的溢价增值的要求也来越强烈。

(4) 居民对生活环境的要求已经从满足于基本居住条件，开始向生活更便捷、更安全、更健康、更丰富多彩的娱乐生活发展。

2.2.1.3 按功能模块划分的智慧社区服务类别

可见，智慧社区作为连接智慧城市和智能家居的一个重要纽带，已成为社会生活发展的一个重要趋势。同时，智慧社区的业务范围也得到了极大的扩展，既涵盖了家居生活、物业管理、社区周边等行业的传统服务内容，也扩展到提供信息服务等新的业务内容。

可以尝试来定义一下智慧社区：以宽带网络为基础，通过信息化和电子商务手段，连接家庭、物业和周边商圈资源，为以家庭为主的社区居民提供各种生活服务和公共服务。

按功能模块划分，智慧社区提供的服务或业务一般可以分为以下四类：

(1) 基础网络服务。包括有线无线通信网、宽带网络接入、弱电强电等。

(2) 物业管理服务。包括安防报警、电子巡更、门禁、照明、背景音乐等。

(3) 智能家居服务。包括家庭监控、远程控制、通信娱乐等，向智慧家庭发展等。

(4) 便民生活服务。包括电子政务、电子商务、收费交易、医疗健康、邻里社交等。

2.2.2 智慧社区发展现状

智慧社区的发展是一个持续过程，从20世纪80年代末开始，经过了智能化、数字化、智慧化几个阶段，产品与技术从非可视楼宇对讲开始逐步向网络化、信息化、社区服务化方向发展，服务范围也从楼宇、家居扩展到周边商圈。

根据赛迪顾问的研究，2012年中国智能家居市场规模已达到31.2亿元，增长率高达30.42%，呈现持续高增长态势。作为新兴的物联网应用之一，智能家居以其前瞻性、跨越性和对生活品质的巨大提升，吸引了企业的参与。在物联网、云计算、三网融合的发展环境下，智能家居控制系统充分利用电脑、网络、电信三方面的综合布线技术，通过家庭管理平台将与家居生活有关的各种子系统有机地结合起来。可以预见，智能家居会从高端的用户群慢慢地渗透到中低端用户群，未来3～5年内智能家居会有一个比较大的发展。而智能家居是智慧社区的重要组成部分，从智能家居规模来看，智慧社区市场更将是一个新的“蓝海”。

2.2.2.1 我国城市化进程将持续推动智慧社区建设

城镇化是当前中国经济社会发展的热点，未来若干年，中国的城镇化进程将持续高速发展。城镇化趋势最直接的影响将是商品住宅的规模建设，体现如下：

(1) 国务院发展研究中心副主任韩俊2013年7月发文称，近年来我国城镇化水平稳步提高，城镇化率从1990年的22%上升至2012年的52.57%，城镇化率2020年将达到60%左右，2030年将进一步达到66%左右。

(2) 住建部：每年城镇新增城镇住宅约6亿～8亿 m^2。

(3) 2012武汉市商品住宅累计新增成交13.53万套，成交面积1 336万 m^2。

(4) 全国截至2012年城市500户以上小区超过5万家，武汉市区每年新增楼盘100～150个。

从以上数据可以看到，商品住宅、新增小区/楼盘的规模及其可预期性，将是智慧社区的最大目标市场，为智慧社区的规模发展奠定了基础。

2.2.2.2 我国信息产业和通信产业的发展将助力智慧社区的发展

自2011年以来，我国三大运营商相继开启了以光纤到户(fiber to the home，FTTH)为主导模式的大规模接入网建设。2012年“宽带中国”战略提上议程，宽带普及提速工程全面启动。2013年工信部与相关部委共同推动出台了《关于印发“宽带中国”战略及实施方案的通知》，首次将宽带网络作为新时期我国经济社会发展的战略性公共基础设施，同时，由住建部、工信部等联合发布两项国家标准，对光纤入户的实施情况做出了强制性规定(2013年4月1日起，所有新建住宅均须实现光纤接入)，FTTH迎来了又一轮的建设高潮。

在“宽带中国”“三网融合”等政策的推动下，FTTH 市场迅速增长，预测未来几年，FTTH 的市场规模将持续保持较快速的上升趋势。而以 FTTH 为代表的宽带接入的规模建设，为以网络连接、信息服务为基础的智慧社区的普及提供了有力的保障。

互联网、移动互联网的高速发展为传统经济、传统产业带来新的活力，商业形态和商业模式都随之发生了巨大变化。互联网思维不仅改变了世界，也改变了人们的生活。在新的环境下，当前社区周边商业的发展出现了以下新的趋势：

(1) 社区商业发展偏向于多功能综合体。

(2) 连锁式经营将成为社区商业的主导方式。

(3) 单一功能的零售业态将逐渐淡出。

(4) 社区商业朝着电子商务方向发展。

对于上述变化，从智慧社区的发展历程来看，关注的内容已经从设备、系统相关的数字化、智能化，演变为对生活舒适性、便捷性等服务意识的层面。根据市场调研，社区服务的提供方式逐渐向着以下新的模式发展：

(1) 线上综合服务平台，聚合周边商圈，提高生活便捷性。

(2) 线下实体运营，打造复合型社区服务。

(3) 用信息技术打通线上线下，以人为本，实现服务一体化。

(4) 产业链的逐步完善，智慧社区合作共赢。

2.2.2.3 智慧社区将发展成一个复杂业态

在新的市场环境下，智慧社区已经从单纯的设备制造商、系统集成商主导，变为各方参与、互利共赢的局面，产业链上下游涉及房产开发商、物业/社区运营商、业务提供商、设备提供商、系统集成商和电信运营商等多个角色。

随着社会与经济的进步，人们对改善生活质量的要求越来越迫切，技术的不断进步，也促进了市场的逐步成熟，在智慧城市、宽带中国等政策及城镇化进程如火如荼、互联网经济大行其道的新环境下，智慧社区在几十年的发展中已经进入一个全新的时代。如今，各大型房产商、物业服务公司、家电厂家、网络设备提供商、电信运营商，以及若干新兴互联网运营公司，都开始涉足甚至已经着手布局智慧社区，“便民、惠民、利民、以人为本”的服务模式，“跨界合作、多方共赢”的产业链形态，为智慧社区产业的健康发展点亮了一个值得憧憬的未来。

智慧社区是社区管理的一种新理念，是新形势下社会管理创新的一种新模式，从功能上讲，是以社区居民为服务核心，为居民提供安全、高效、便捷的智慧化服务。而人工智能、物联网等信息技术及安防等领域中起到重要的作用。

2.2.2.4 智慧社区是智慧城市的重要组成部分

随着社会经济和科学技术的发展，人们对于生活环境及生活质量的要求越来越高。除了满足基本的居住需求之外，还要给居民带来安全感和满意度，辅助政府部门做好基层社会治理工作，这些给社区管理服务提出了新的挑战，深化社区安防措施已成为社会治安防控体系建设的一项重要任务。

如果说智慧城市是基本“面”，那么智慧社区就是构成这些面的“点”，没有“点”也就没有“面”，智慧社区是发展智慧城市的关键内容之一。社区是城市的“细胞”，因此是智慧城市的重要组成部分，也是对智慧城市概念的继承、发展和实施。

智慧社区作为城市发展过程中最火热的项目，无疑是受到外界普遍关注的。智慧社区是运用当下火热的大数据、物联网、人工智能等高科技，致力于把传统社区进行转型，建设成服务高效、服务便捷、管理睿智的智慧社区。

智慧社区要得到长远发展，该与谁来合作实现共赢呢？

1）与政府公安部门合作

智慧社区是智慧城市的组成部分，2017年智慧社区正式在政府工作报告中被提出，该项目已经得到政府的支持与回应。目前，各地政府正在大力推动智慧城市，许多城市的公安政府部门都非常重视智慧社区的建设。零壹1号社区推出的公安综合管控平台，零壹1号社区公安综合管控平台拥有智能采集、智能预警、人脸识别及大数据分析四大优势，将为整个公共安全领域带来一次巨大的变革。目前已在多个城市投入使用，在投入使用以来，受到了各方好评，公安综合管控平台的出现，就是为了建设零案发智慧城市，辅助公安部门维护社会治安。

2）与物业或房地产商合作

智慧社区想要进入社区，物业成为不容忽视的一环。对小区来说，智慧社区第一个就是做门禁，这是每个小区的刚需。智慧社区的目标定位应该放在正在修建的楼盘或是修建时间较长的小区上。因为已经装上传统刷卡门禁的小区，让他们拆掉现有门禁的可能性比较小，一般是不会考虑装上智慧社区的人脸识别或手机开门。而许多“年事已高”的小区门禁早已失灵，这时候和他们谈智能门禁，谈人脸识别，物业会更容易地接受。政府的项目很多时候没有资源会感觉切入很难，作为智慧社区来说，和房地产开发商才是明智之举。房地产商会预先选购许多硬件产品，例如门禁、车场、梯控等。如果一开始与一线城市的房地产公司的合作意愿不强，就先与二、三线的城市的房地产公司合作，打响品牌知名度。现在的房地产商也很愿意迎接和拥抱智能化的时代，对智慧项目还是很有兴趣的。

3）社区居民使用率提高

目前许多智慧社区的相关控制功能集成在一个应用内来实现，保证居民用户使用便捷的同时，提升应用的使用率，避免多应用切换，对于应用服务商来讲，可以更好地保证品牌推广和固定的用户群体。

2.3 智慧社区的大数据专题分析

智慧社区大数据，集成物联网数据、运营商数据，融合3D建模技术，可以为社区管理人员提供社区人口洞察、视频监控、设备巡检、垃圾分类和联勤调度等综合解决方案。

2.3.1 社区大数据及关联模型

1）数字孪生社区沙盘

基于3D建模技术，复制物理社区，打造精准映射、虚实交互的动态数字孪生社区沙盘。以场景仿真、镜头漫游和3D导航等新颖技术，带来沉浸式的体验观感。

2）智能设备配置上图

所有物联网设备，都可以在社区沙盘上，通过点击、拖拽进行快速配置上图。有效实现巡检设备状况、告警设备定位、在线设备导航和互联设备诊断。

3）社区人口行为洞察

依托运营商大数据，一方面提供本社区常住居民的人口结构、作息规律、生活通勤、出行交通分析，另一方面提供社区流动人口的流动占比、来访频次、可疑人员逗留、特定人员来源监控。

4）专题场景应用呈现

支持与居民生活息息相关的能耗分析场景、垃圾分类场景，以及服务社区主管部门管理需求的“视频墙”“管理驾驶舱”等新型场景的呈现。

5）助力“大联动大联勤”

实现多种物联网数据的集中采集、统一存储和融合，并形成统一上报至政府部门的数据接口。结合短信、APP、监控大屏等在线方式，打通民生在线、事件处理、访问督查的“群策群防群治”服务模式，将联勤巡防、联动指挥、联合执法相结合形成“大联动大联勤”工作模式。

合理构建并运用社区大数据及关联模型，让大数据在下述诸多细分场景应用领域发挥重要作用。

2.3.2 智能家居

智能家居服务是智慧社区建设的组成单位，它是融合家庭控制网络和多媒体信息网络于一体的一个家庭信息化网络服务平台。家庭控制网络通过有线或无线的方式接入智慧社区服务网络，通过家庭网关实现电子信息设备、通信设备、娱乐设备、家用电器、自动化设备、照明设备、保安（监控）装置及水电气热表（或俗称的“三表三防”设备）的控制与设备间协同。

2.3.2.1 智能家居的概念

智能家居又称智慧住宅。通俗地说，智能家居是融合了自动化控制系统、计算机网络系统和网络通信技术于一体的网络化智慧化的家居控制系统。它将家中的各种设备（如音视频设备、照明系统、窗帘控制、空调控制、安防系统、数字影院系统、网络家电及三表抄送等）通过家庭网络连接到一起：一方面，智能家居让用户有更方便的方式来管理家庭设备，比如，通过家庭触摸屏、无线遥控器、电话、互联网或语音识别控制家用设备，同时也可以执行场景操作，使多个设备形成联动；另一方面，智能家居内的各种设备相互间可以通信，不需要用户指挥也能根据不同的状态互动运行，从而给用户带来最大程度的高效、便利、舒适与安全。

与普通家居相比，智能家居不仅具有传统的居住功能，而且能提供舒适安全、高品位且宜人的家庭生活空间；由原来的被动静止结构转变为具有能动智慧的工具，提供全方位的信息交互功能；帮助家庭与外部保持信息交流畅通，优化人们的生活方式；帮助人们有效安排时间，增强家居生活的安全性，甚至为各种能源费用节约资金。

小米生态的智能家居方案向世人展示了在科技推动下新时代家居生活的智能化新形象，智能家居也由此渐渐步入大众视野。然而，智能家居自诞生以来，就一直饱受争议。虽然其强大的智能化功能让人为之惊叹，但与此同时，也遭受到不少人的“冷落”。

前期的智能家居，一直都处于概念炒作的阶段，价格昂贵，操作也很烦琐。智能家居所传达的“为烦琐生活做减法”的理念并不能让用户很好地接受，各种诟病一直影响着推广的进程，有些产品甚至已经沦为用户客厅里的摆设。因此，炒得火热的智能家居，也曾经一度陷入低谷时期。

物联网的出现，让智能家居迎来了峰回路转之势，为智能家居带来了第二次的发展生机。作为最贴近百姓生活的智能家居，也成为物联网进入百姓生活的切入点。智能家居遇到物联网后，整个行业面貌都变得焕然一新。

2.3.2.2 智慧化家居代表未来趋势

进入20世纪90年代后期以来，数字化技术取得了更加迅猛的发展并日益渗透到各个领域。随着互联网向普通家庭生活不断扩展，消费电子、计算机、通信一体化趋势日趋明显，智慧化信息家电产品已经开始进入社会和家庭。一场家居智慧化革命也因此悄然兴起。智慧化住宅由于其安全、方便、高效、快捷及智慧化等特点，在21世纪将成为现代社会和家庭的新时尚。利用中央控制系统将家居中各种各样的智慧化设备、信息化家电通过智慧化控制总线技术连接在一起，构成功能强大、高度智慧化的家居系统，成为家居生活的发展趋势。

2.3.2.3 智能家居自动化控制系统的功能、应用及优点

1）智能家居自动化控制系统的功能

智能家居自动化控制系统的主要功能包括家庭设备自动控制、家庭安全防范两方面。其中家庭设备自动监控包括电器设备的集中、遥控、异地监视、控制及数据采集。

（1）家庭电器的监视和控制，指按照预先所设定程序的要求对热水器、微波炉等家用电器进行监视和控制。

（2）对燃气表、水表、电表的数据采集、计量和传送，根据小区物业管理的业务需求安装配置数据采集程序，通过数据采集程序实现数据采集、计量和传送。

（3）空调的监视、调节和控制，指按照预先所设定的时间程序，根据时间、温度、湿度等数据对空调进行调节和控制。

（4）照明设备的监视、调节，指按照预先设定的时间顺序，分别对各个房间照明设备的开关进行控制，并可自动调节各个房间的照度。

（5）窗帘的控制，指按照预先设定的时间程序，对窗帘的开启与关闭进行控制。

2) 物联网在现有智能家居中的应用

(1) 家庭安防中心,一旦将家庭安防设备(比如摄像头、红外探测器、烟雾探测器等)接入物联网,主人就能够在任何时刻、任何地点了解家庭动态。在某些特殊情况下,也可以把设备托管给小区物业。

(2) 家庭医疗中心。主要是关照家里的老人与小孩,了解他们的身体情况。家用医疗器械连接网络,与社区医院联网,方便医生实时了解患者的身体情况。

(3) 家庭商务中心。商务中心可以完成一系列的缴费、支付、购物。让主人足不出户可以完成各种琐碎的日常生活。

3) 智能家居优点

当前,是否采用综合布线已经成为区别物联网型智能家居与传统智能家居的一个重要标准。

传统智能家居均采用有线的方式,不仅需要专业人员来施工、维护,而且施工周期长,费用也比较高,系统灵活性差、维护维修难、扩展能力低,很多项目建成后用户根本无法更新升级,让消费者苦不堪言,整个有线智能家居发展史甚至成为烂尾现象延续史。而物联网时代下的智能家居,则摆脱了这些束缚。物联网的一个基本特征就是无处不在、无所不知。其目标是发展绿色全无线技术,包括感知、通信等,不仅要求极低功耗,而且要求全无线覆盖、高可靠连接、强安全通信、大组网规模、能自我修复。具体到家庭应用就是要求安装简单,使用方便,维护不用操心,扩展随心所欲。简单地说,就是一个普通消费者看着简单的说明书就能够自己迅速组装完成整套智能家居系统,而不需要专业人员的参与,这是物联网型智能家居产品的一个重要特点。

2.3.2.4 物联网成为智能家居发展的重要分水岭

物联网的建设已经上升为国家战略,作为物联网产业链中的重要一环,智能家居无疑会从中获得不少优势:① 物联网"十二五"规划的发布,提出了国家重点发展和扶持的九大物联网应用领域,其中就包括智能家居;② 国务院鼓励民间资本投向物联网应用,作为物联网领域下的朝阳产业,智能家居正好赶上了这趟"顺风车";③ 家居生活迈向智能化是必然趋势,因此,智能家居作为一个蓝海项目,前景不可估量。

随着物联网、云计算等新兴技术相继进入智能家居行业,众厂商也各自形成了自己的特色产品,价格也逐步向平民化的趋势迈进。从有线到无线、从概念炒作到应用实施,智能家居经过十几年的发展历程,终于实现了质的跨越。未来的智能家居将会更好地为用户服务。而物联网则成为智能家居发展的一道重要分水岭,将对智能家居的发展方向、产业规模进行拓展和延伸。物联网时代下的智能家居将更加具有发展潜力。

2.3.3 社区生活

社区与居民之间的关系是密不可分的。社区应该服务于居民,让居民在生活中能深刻体会到社区的重要性,而不是可有可无,形同虚设。体现社区的重要作用就要从服务于居民入手。作为智慧社区，如何从生活层面着手，使用高新技术为社区生活的方方面面赋能，能够最直观体现智慧社区与普通社区的不同，最为普遍的就是与电子商务的结合。

电子商务正在改变着竞争的形式、活动的速度和交易的方式。从主流方向来看，电子商务将来的两个发展方向是社区化和规模化。社区化是纵向的，规模化是横向的。而对社区电商来说这两种特性兼而有之(传统电商只解决了规模化问题)，电子商务解决了突破区域限制的规模化问题，代表的是线上(online)的特性，而社区化则扎根于区域，代表的是线下(offline)的特性。在移动网购高速增长下，原本在线上和线下泾渭分明的"营销、交易、消费体验"三大商业行为现在得到了很好的互动。

社区所涉及的电子商务领域的服务，不仅存在于社区内的商贸活动中，而且存在于网上购物、网上交易和在线电子支付，以及各种商务活动、交易活动、金融活动和相关综合服务活动中。使社区居民无须出门即可无阻碍地完成绝大部分生活必需品的采购，也是社区电商完成线下"最后一公里"综合服务体系的建设，实现 O2O 闭环竞争的焦点。

1) 与电商平台对接，相关数据用于小区快递代收

社区最基本的职能之一就是为社区居民提供服务，智慧社区可为居民提供与家庭生活相关的服务，比如与快递公司合作配送"最后 100 米"的服务站。这对于社区居民来讲很有价值，尤其现在各大电商都在寻找合适的位置建立自提点或服务站，社区物业是非常好的选择，如天猫开始组建天猫物流社区服务站(菜鸟驿站)。另外，社区物业完全可以整合周边商户资源，通过智慧社区提供全面的生活服务。

2) 小区快递和消费信息有助于零售店、前置仓等商家每日备货

新零售模式正以前所未有的速度深度推进，开花结果。而新零售所释放的巨量需求正催动整个物流配送系统进行一场深入远大的场景变革，"所见即所得"的新零售和与之匹配的"分钟配送"的新物流，正给传统零售业带来前所未有的变化与光景。物流配送向"点对点、分钟级"快速演进，店仓合一、前置仓成为新零售的关键。

新零售要求更高效的现代供应链组织方式及物流配送模式。未来供应链将是新零售的生命线，是实现对商品货源控制的关键。只有优化供应链资源，实现对供应链上、中、下游每个环节的精准把握，建立极快流转的物流配送体系，才能在新零售的探索中率先胜出。而其中重中之重就是实现"点对点、分钟级"演进，谁能在物流中以快取胜，谁就是最后的胜利者。

生鲜物流领域最难做的，是"最后一公里"末端的配送——产品如何保鲜，如何减少磕碰，如何最快及时送达，实现"0 耗损配送"更是"难中之难"，这被称为物流界的"珠穆朗玛峰"。

传统线上零售的物流模式以"全国仓网＋标准快递"及"RDC(区域配送中心)/城市仓＋落地配"为主。伴随新零售模式逐步推进，消费者对物流及时性和服务性诉求不断提升，逐步衍生出以"店仓一体(含前置微仓)"为核心的点对点物流配送模式，以实现"点对点、分钟级"的"即时配送"。尤其是现阶段以生鲜、餐饮品类为主的物流在时效上的要求更为严苛，已从以天为单位直接提升至以分钟为单位。通过店仓一体化、智能柜、微仓、众包快递及无人机等方式，解决新零售模式下的"最后一公里"难题，力求以极速取胜。

当前，随着 C2B(消费者到企业模式)与个性化消费的发展，仓储时间日益缩短，库存逐渐向消费者端移动，直至成为家里的库存。因此社区附近的门店或前置仓(店)将成为物流

前端支点，店仓合一的实体店（包括超市、便利店等）、前置仓将变成未来物流配送的关键点，亦是决胜的战略高点，尤其是生鲜零售进入“1小时送达”的新维度，为社区居民提供了非常便捷的服务。

3）社区消费信息有利于商业服务准确到位

将社区周边的餐饮店、蛋糕店、花店、洗衣店和药店等导流到智慧社区平台上，进行24小时联动、检测、运营和服务协同。社区用户对商家的评价，将有利于商家筛选和淘汰，促进商家改善服务。

智慧社区最大的好处就是让居民更了解社区，实现及时沟通，增强居民归属感，从而使居民更加积极地支持并参与社区管理。智慧社区会汇聚当地众多证照齐全、价格公道、具有一定规模且服务口碑好的加盟企业，涉及家政服务、开锁、搬家、下水道疏通、预约专家门诊、母婴护理、干洗、儿童保健、水电暖及家电维修等多类便民服务项目。社区居民通过拨打社区热线，提出钟点工、保姆、水电暖维修等生活服务类诉求。热线平台按照“就近、公平、择优”原则进行推荐或派单，要求接受派单企业在15 min内与群众取得联系，自行协商服务事项、时间、价格，根据市民需求提供上门服务。家政服务、社区送菜、送餐上门等线下服务都将与智慧社区全面融合，这些功能都将全面实现，让社区居民足不出户享受全方位的生活服务。

4）社区相关信息有利于商家决策

社区内居民在使用线上服务模式的同时，其成员信息、购买行为、消费能力、地理位置和消费习惯等数据可以被收集分析。经过分析后的数据对于商家的店铺选址、店铺规模、服务内容和产品定价等方面具有极为精准的指导性意义，比如商家根据不同类型的居民特征，形成有针对性的产品投放、备货和服务。同时，广告可以作为最基本的盈利模式。社区物业掌握社区内每家每户的基本情况，对家庭组成、用户属性等基本情况非常了解，所以社区物业还可围绕居民生活提供线上、线下的广告服务，这对于赞助商来讲很有吸引力。人以群分，相同生活水平的居民生活在同一个社区内，对于赞助商来讲目标受众人群非常清楚、非常集中，有很大的广告投放价值。

2.3.4 社区服务

智慧社区服务是通过智慧社区服务平台为人们提供服务的，智慧社区服务平台是社区服务的载体，社区结合该平台构筑居民管理、社区网格、便民服务及互动交流于一体，为政府的政务管理、民生服务提供信息化手段，并通过对社区信息资源的共享和利用，为居民提供以下更优质的信息化服务：① 提供基础地理信息的数字化管理和维护工具；② 通过通用图形信息查询功能掌握全面、具体的社区空间信息；③ 提供专项查询与辅助分析功能直接应用于社区管理部门的日常工作；④ 通过对智能化服务设备进行数字化整合，提高社区管理水平。

同时智慧社区的出现，也给了物业管理一个更为广阔的发展空间。智能化的小区物业管理不仅具有普通住宅小区物业管理的一般内容，还增加了许多新的管理服务内容，如网络信息服务等。

智慧社区服务平台的物业管理可以针对智慧化社区的特点，加入物业管理的相关系统，例如停车场管理、闭路监控管理、门禁系统、智能消费、电梯管理、保安巡逻、远程抄表和自动喷淋等相关社区物业的智能化管理，以此实现社区各独立应用子系统的融合，进行集中运营管理。作为房地产售后服务行业的物业管理，应秉承以人为本的原则，为业主创造一种从物质到精神的理想居住氛围，进而提高人们的精神文明素质并展现当代城市风貌。

通过电视、手机、触摸屏各类便民终端，让家政、维修、缴费和查询等生活需求不再来回奔波。智慧物业系统提供投票、社区活动、访客预约、物业通知和送水送餐等生活服务，以及基于惠民的购销活动、社区通告等信息服务，使生活更便捷。由此带来的价值是能够通过技术手段树立政府主导地位，提高社区工作效率，提升居民幸福指数，塑造执政为民形象。

智慧社区服务平台为每个社区商户提供一套电子商务系统，并通过语音、电脑、电视、手机、银行自助终端面向业主进行推广。社区商户可以发布商品、服务、打折、促销、优惠、活动信息，受理社区业主的在线订购，通过银行卡/翼支付/电子钱包进行结算。

智慧社区服务平台是一个政务服务平台。通过智慧社区服务平台提供的电子政务系统，街道办事处可以提高办公效率，改善决策，解决信息发布、管理、服务、沟通等问题。同时还提供了结合管理流程再造，为信息管理、服务水平的提高提供强大的技术和咨询支持，从而实现社区政务的在线化。智慧社区服务平台还是一个社区娱乐平台。通过智慧社区服务平台为社区业主建立的图书、音乐、电影、游戏等媒体资源库，社区业主可以通过电脑、电视、手机等工具享受在线的社区文化、娱乐服务，丰富社区业主的业余文化生活。智慧社区服务平台更是一个社区交流平台。通过智慧社区服务平台为社区业主提供的微博系统，社区业主之间可以通过电脑、手机等工具进行在线交流和适时互动，参与社区共建、社区聚落、社区交易和邻里互助。

2.3.5 平安社区

平安社区居住环境最为重要的一个指标是安全保障，安全设施为社区居民安心生活提供有力保障，而智慧安防具备了这方面的能力。现今每个小区都具备安防设备，其中老旧小区依旧采用传统的安防设备，而新建的小区则直接使用现代化的智能设备。

新旧社区安防能力之间存在巨大的差别，最大的差别就在于识别陌生人的能力及设备联动报警的能力。如陌生人进出，传统的社区安防只能够靠身份卡及保安的肉眼来识别；而智慧安防可以直接通过设备来识别，即使人流量大的时候，依然能够准确识别，抓拍报警。尤其在新冠疫情形势严峻的情况下，基于设备识别对于出入人员增加体温检测功能，能够有效地帮助疫情防控，为社区居民健康安全提供有力支持。

小区智慧安防建设一般需要建造三个方面的内容，即小区出入口建设、小区内部建设和小区智能安防系统。通过打造这三个方面，使得小区形成一条安防生态链，每一个系统环环相扣。一旦发生紧急事件时，可以实行联动处理，快速响应。

1）小区出入口建设

在小区出入口处配置人脸识别门口机、智能摄像头、车辆抓拍摄像头，来管理进入小区的人群及进出车辆。

2) 管理进出人群

前端设备负责识别比对,对住户进行开放进入,对陌生人进行识别,现场报警,并且自动抓拍,图像信息同步上传小区的出入口电脑上。陌生人的进出记录完全是自动记录,后续查询管理更加方便。该功能在夜间也能起到防尾随的作用。如夜间有不法分子企图尾随住户进入小区,设备就会抓拍报警。

如果系统接入了智慧公安平台,对有犯罪嫌疑人、逃犯等重点人群,更是直接将报警信息(时间、地点、人物和图像等)实时同步上传智慧公安平台,助力破案,从而保证了小区住户的居住安全。

如果住户的朋友来拜访,只需要在门口机输入访客密码就可以进入小区。设备会对此人进行抓拍,并且自动记录下时间等信息。同时,来访的信息会实时发送到住户的手机上、确认来访者,起到安全性的作用,也规避了不法分子瞄到访客密码进入小区的风险。一旦出现非拜访者使用密码进入小区,住户就会看到异常拜访信息,这时需要及时地通知物业去进行处理,避免出现伤害住户的财产安全及生命安全。

出入口管理系统的目的就是达到群防群治的效果,将危险拦截于小区门外。

3) 管理进出车辆

在出入口处安装车辆抓拍摄像头,对业主实行自动开门,对访客拜访采取询问来访目的,管理小区的出入车辆。

4) 周界安全防范管理

在小区围墙上建设电子栅栏或电子围栏,并且安装摄像头进行监视。

一旦有人翻过小区围墙,就会触发设备报警。在安管中心的软件上就会以地图的方式呈现出报警地点。安管中心的人员就可以进行监控查看翻越时间、翻越地点,翻越时拍摄的人脸录像及图像,做到及时调度安保人员去进行抓捕驱逐。

2.3.6 社区治理

社区是城市居民生活、工作、学习的重要场所,是与人关系最为紧密的区域。伴随我国社会的转型及城市化步伐的不断加快,国家治理体系和治理能力在社会基层持续发酵,智慧社区治理逐渐成为未来社区治理的趋势。伴随着智慧城市的蓬勃建设,智慧社区数目在不断增多,政府力推,企业参与热情高涨,居民寄希望于智慧社区治理的新方式和新理念对现有传统社区治理面临的问题有所突破,服务内容也更加全面、具有创新性。

1) 社区公众服务智慧化

智慧社区所搭建的是一个信息、资源有效整合的共享与服务平台,打破了社区各个主体之间碎片化分隔的状态,能有效推动社区多主体之间的交流与互动,理顺各个社区主体参与治理的关系。社区居民通过智慧化的社区服务来与社区、街道的工作人员及其他居民进行沟通,以往时间和空间对社区所提供服务的限制被打破,大大提升了社区服务带来的居民幸福指数。

2）智慧化参与协商

网络时代背景下我国协商民主应由线下民主逐渐转向线上民主与线下民主的双层互动。通过多层次多领域网络协商，促进公民权利与网络民意在虚拟空间的交流与动态平衡。传统行政模式下，在社区居民参与社区事务协商时，邻里纠纷的琐碎繁杂导致了协商时间的分散和参与协商居民人员的不确定，使得社区参与协商治理的效果与预想的效果存在偏差。智慧化协商模式下，社区居民通过网络技术实现在线表达意见，发表看法，获知民意信息，上下交流更加方便。

3）政府职能智慧化

街道办事处作为政府的派出机构，是政府延伸到基层社区、履行服务居民的重要载体。社区作为承载政府层面的事务主体，对于下放的政府职能需要担负起一定的责任。政府作为智慧型社区治理统筹全局的主体，其职能正由机械化向智慧化转变。职能智慧化应依托于大数据技术、物联网技术等智慧化方式，改变政府效率低下等弊病，重在重新塑造政府原有职能。

社会多种力量共同参与治理智慧社区，智慧社区有政府（政府机构、执法机构），企业（物业、商业和服务）和个人（居民、来访者）三大类直接参与者。除此以外还有邻里社区的互动，即本社区与邻近社区的互动。这得益于网络信息技术突破了原有社区空间的界限。

2.3.7 社区环境感知与节能治理

社区在应对环境污染、环境监控等方面，可以通过环境监控设备及搭建监控平台，通过在主要污染区域、重点监测区域、人流量密集或大型社区内部等安装环境相关采集仪器，将环境数据和视频监控数据融合后经无线网络或有线网络实时传送到云服务器。为用户提供实时查询、报警提醒、远程查看和远程取证管理等方便，帮助管理部门实现全方位、全时段的信息化管理手段，为环境污染源数据分析和环境预警预报系统建设奠定了基础。

随着国家对空气质量 PM2.5 标准的应用，人们对环境空气质量都有了明确的认识和关注。由于近年来各大城市建设发展进程的加快，城市面积与人口规模不断扩大，能源需求、机动车保有量、各类施工项目持续增长，提升城市空气质量工作面临形势更加严峻，社区环境管理也变得日趋严峻。

根据目前的社区管理现状和行业特点，利用较为成熟的网络云平台技术，开发数字化远程监控管理系统，可实现在线监控和分析预测的多模式智能管理，解决社区管理部门由粗放向精细、由被动向主动、由传统向现代化的管理模式。为今后的社区大气污染变化趋势分析与预测提供帮助，为实现对社区大气污染防治的对策研究与管理打好基础。

环保、建委、城管等相关行政管理部门均可以实现在线查看，达到联防联控的信息共享机制。存在污染或被污染的社区、企业可以根据监测系统的数值变化情况，采取应急措施，减低噪声、扬尘等大气污染物对周围环境的污染，可以在一定程度上降低社区、企业污染风险，有助于提高社区、企业的经济和社会效益。改善社区居住环境，使居住在社区内的业主有知情权，提高社区管理水平。

1）垃圾分类管理

建立一户一码实名制，通过扫二维码确定每一袋垃圾源头，实现智慧化“溯源”。采用智能技术手段实施垃圾分类投放、回收，使垃圾做到减量化、资源化、无害化。智能垃圾分类云平台、微信公众号、垃圾分类 APP 及在线积分购物或返现的形式激励人们养成垃圾分类的好习惯。

2）基础设施管理

按照住房和城乡建设部城镇建设行业标准要求，针对各类设施包括主次干道、公共厕所、车辆、中转站、垃圾桶、餐厨单位等建立电子档案，实施 GPS 定位，进行智慧化、精确化管理。智慧环卫云平台建立作业考核机制，在线自动考核和生成统计数据。

智慧社区中对于能源有效使用、避免浪费、提倡节能也有着有效治理途径，大多数居民对各种用途的总电量只有一个模糊的概念。但是，居民非常关心自己的电费单，如果了解了电力流向、浪费情况，以及如何通过改善电力消费获得切实的好处，居民会很愿意节省电费、养成更“环保的”用电习惯并节省能源。

因此，对社区居民来说，能够实时跟踪用电成本，并且能够了解住所或建筑物中各种电量流向是非常重要的。这些信息与家电远程控制功能相结合，如果能够通过易于安装和使用的设备，让用户轻松地掌握这些情况，并结合家电功能，通过网络或手机，在家中或远程显示面板中访问，那么将大大改变用户行为，并减少费用开销。

智能电表使社区居民可以节省电费，但这并不是它直接实现的。智能电表主要帮助电力公司更好地读取用电量数据，并帮助电力公司节省能源和资金。

为了帮助居民节省能耗开支，同时又确保满足电力公司在需求响应或负荷管理计划中与消费者采用率有关的期望，很明显除了智能电表以外，在用户住所中部署消费者友好的家庭能源管理配套设备是必要的。

2.3.8 社区智慧交通

2.3.8.1 社区智慧交通的内涵

智慧城市是数据驱动型城市，是数字城市发展的高级阶段，亦是能够实现空间和时间上不断自我学习和自我完善的城市，其重要价值之一是为市民提供更加舒适便利的出行体验。一个智慧城市的最终实现离不开其重要的基本组成单元——智慧社区，只有后者不断迭代实现智慧化，智慧城市才能真正落地。

腾讯于 2017 年发布智慧社区开放平台“腾讯海纳”，用云计算、大数据和人工智能等技术连接物业、居民、政府、媒体和社区服务提供方，形成“互联网＋社区”一站式解决方案。阿里巴巴也于近年发布“钉钉未来社区”，借助云计算、大数据、人工智能等“互联网＋”技术，实现政府、物业、居民、社区新零售等多方生态的连接，阐述了“互联网＋社区”的内涵。随着未来 5G 的发展普及，更多创新应用场景将在社区实现落地，消除不同的“信息孤岛”，使信息流在社区中流动起来，为各版块赋能。

一个典型的智慧社区包含互融共生的九大场景，其中重要的场景之一即为智慧社区的交通场景，如图 2－1 所示。由图可见，提供智慧出行运营服务，实现无障碍慢行交通连接、社区 TOD(transit oriented development，公共交通导向型发展)对外交通衔接，畅通开放街道路网空间，达到“人”畅其行的目的；打造社区内部街道路网布局、“人车分流”社区交通管控、智慧共享停车、新能源汽车供能保障、非机动车管理，提供智慧集成交通物流服务，实现“车”畅其道；提供物流配送集成服务，实现“物”畅其流。

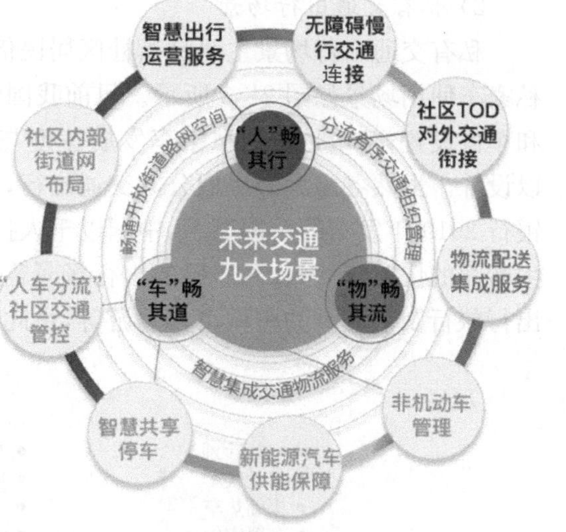

图 2-1　智慧社区的交通场景

上海市浦东新区于 2019 年 1 月开展了加快推进“15 分钟服务圈”布局的工作会议。《浙江省未来社区建设试点方案》也对交通场景内涵做出进一步阐述，指出其应瞄准差异化、多样化、全过程的出行需求，构建“5-10-30 分钟出行圈”，最终实现“人”畅其行、“车”畅其道、“物”畅其流，满足社区层面真正意义上的出行便利要求。

2.3.8.2　社区智慧交通典型场景

1) 非私有交通出行场景

非私有交通出行场景主要是指社区居民通过步行、骑行、乘坐公交或地铁等方式到达目的地过程中所涵盖的各类场景。该出行场景倡导居民低碳出行，以实现交通无缝衔接、打造居民便捷交通站点出行圈为目标，须从顶层设计层面对街区道路进行创新规划与分级，设计便利化的慢行交通，并给予信息服务支持。此外，在共享经济理念下，滴滴和美团等互联网企业为居民提供的网约车、拼车等移动出行服务的解决方案也是该场景的重要组成部分。街区道路的创新规划示意图如图 2-2 所示。

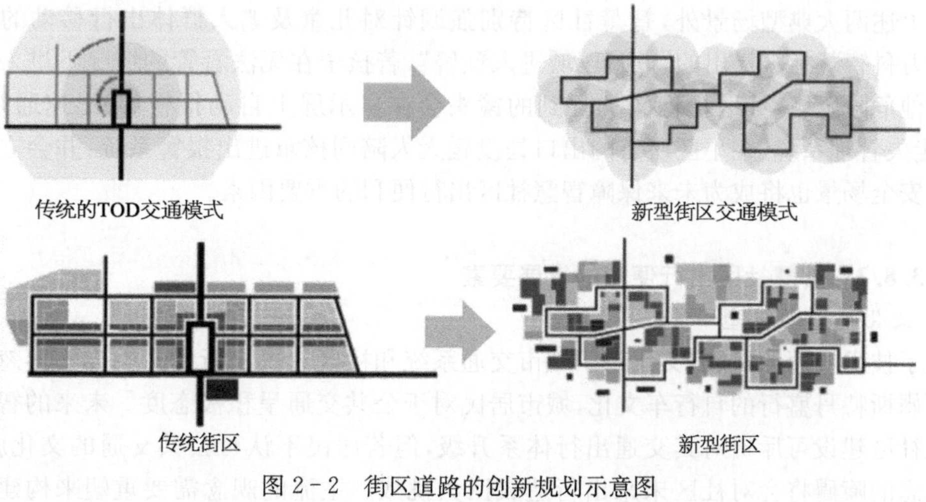

图 2-2　街区道路的创新规划示意图

2）私有交通出行场景

私有交通出行场景主要是指社区居民借助私家车至目的地过程中所涵盖的多种场景。私家车使用场景如图 2-3 所示。目前我国的城市建设、管理、规划布局及居住区建设、管理和车位设置，基本是按照私家车发展速度与规模来确定的，按照可能容纳的私家车数量予以设计。虽然各国大力提倡公共交通出行，但是也必须满足私家车发展的世界趋势。世界银行 2019 年发布的数据显示，中国以千人拥车量 173 辆排第 17 位。随着城市的不断扩张、生活圈的快速延伸，社区居民的出行场景需求由 10～50 km 的城市区域扩展至近郊、远郊出行旅行及节假日的跨城市自驾游等，由此，私家车成为重要的第三生活空间。

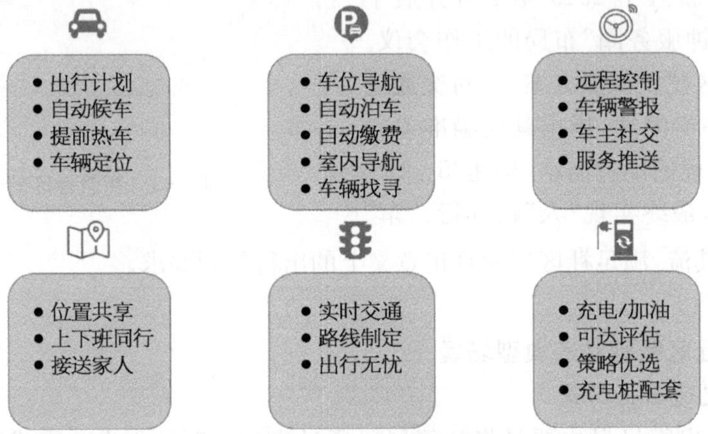

图 2-3　私家车使用场景

《浙江省未来社区建设试点方案》中就汽车实现快速取停、车位资源统筹、自动引导设备(automated guided vehicle，AGV)等智能停车技术做出发展指引，并强调为 5G 环境下自动驾驶和智能交通运行预留空间，完善社区新能源汽车充电设施供给。海南省则提出在 2030 年前实现全岛使用新能源汽车，目前正在推广新能源汽车，并在全岛有序推进建设分散式充电桩。

除上述两大典型场景外，智慧社区特别强调针对儿童及老人群体出行移动的安全场景。如万科智慧社区提出的“危险区域进入预警”，若孩子在无法看管的情况下进入地下车库或其他危险区域，社区摄像头捕捉到的镜头会在显示屏上自动报警，并迅速通知保安。其“防走失管理系统”在小区所有的出口处设置无人陪同孩童进出报警系统，并会立即通知保安。安全场景也将成为未来保障智慧社区出行便利的重要因素。

2.3.8.3　智慧社区出行便利的发展要素

1）文化观念的重塑

除了技术层面的发展，文化对于城市交通系统和社区居民出行的影响亦不容忽视。如荷兰阿姆斯特丹盛行的自行车文化，城市居民对于公共交通呈积极态度。未来的智慧城市和智慧社区建设可斥资对其交通出行体系升级，但若居民不认可公共交通的文化属性，则文化观念的障碍将会对社区未来出行造成巨大挑战。主流的观念需要重塑来构建全新的社区出行便利格局，从私人独享、资源闲置的传统观念演变为人人共享、按需取用的出行社会文化。加拿大 Sidewalk Toronto 社区的多维度物质空间与数据互联示意图如图 2-4 所示。

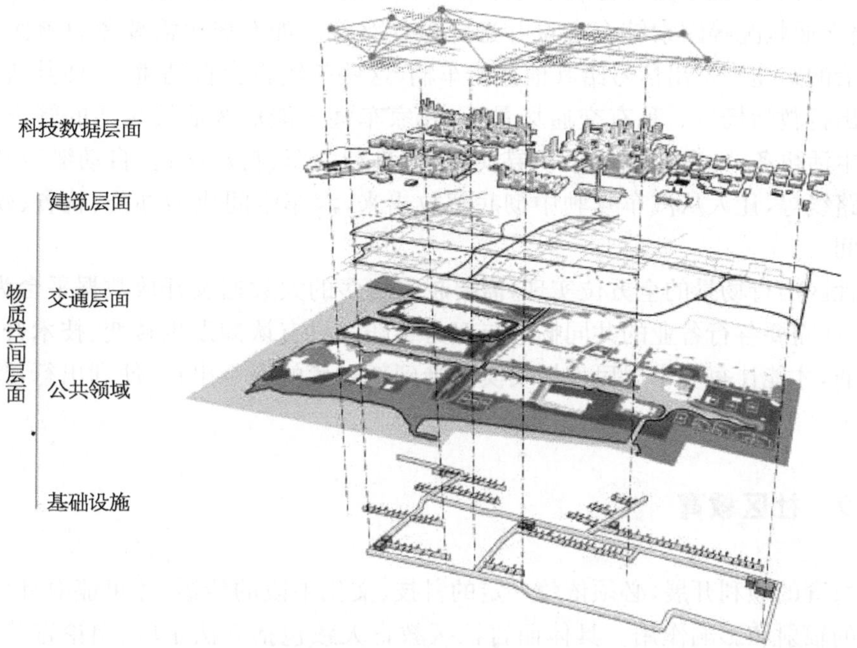

图 2-4　加拿大 Sidewalk Toronto 社区的多维度物质空间与数据互联示意图

2) 多主体参与构建多种模式选择

未来共享出行需要由多方主体共同参与，如政府、移动出行平台、汽车制造商、智慧城市数据平台、新基建范畴的基础设施企业等共同参与。此外，各类共享服务的涌现及无人驾驶技术的逐步成熟将促进多种交通模式的发展，让社区居民拥有多种出行方式选择，使得目前城市居民出行场景发生彻底改变，居民可以针对不同的出行场景选择不同的出行车辆类别，如辅助个性办公的商务车、方便老人和残疾人的无障碍车等。私家车的价值也将从私享重新定义为共享，成为一个提供个性化服务的多功能移动空间。社区内和城市各级道路将能提供更多的空间给骑行和步行，形成绿色智慧化的出行模式，进而缓解目前城市交通拥堵、空气污染等问题，实现出行效率与出行体验的全面提升。

2.3.8.4　智慧社区出行场景的未来展望

随着新冠疫情常态化下的意识推动，居民对于社区的“安全性”与“便利性”要求愈发凸显，传统社区的“滞后性”问题逐步暴露。政府部门相继出台政策从而推进社区升级变革，新冠疫情在某种程度上也推动了社区的智慧化进程。未来，智慧社区的出行场景将打破原有的传统出行模式框架，伴随着数字化技术的落地，将逐步由当前的“点状”场景发展为“线状”和“面状”场景，最终成为渗透社区居民出行方方面面的“立体”场景，带给人们无限的想象空间。

随着万物互联时代的到来，具备“头脑”的智慧化社区可与各类交通工具交互，两者又可以进一步打破物理边界，实现与人的交互，成为每个居民数字化生活的重要组成。非私有交通场景下，如公交车能够智能服务于多个社区的居民，提前依据乘客上下车地点、乘客数量、道路交通状况等因素综合考量并选择最佳路线。如有居民需要紧急就医，救护车会在前往救治的路途中发出信号给其他智能车辆，这些车辆将会自动避让，使其快速通过，实现全新的出行救治场景。私有交通场景下，私家车甚至能成为居民生活的管家，帮助人们处理日常生活事务，如自动在停车场寻找车位、自动泊车、自动接送、自动缴费和自动规划最佳出行路线等，让人从汽车驾驶中彻底解放出来，汽车空间成为办公、就餐、娱乐和社交等场景空间。

智慧社区出行场景的全方位实现，需要越来越多的大数据及开放数据平台为其提供多方位支撑，亦需要各行各业的共同畅想与努力实践。只有认知发生转变、技术升级革新、场景相互融通，才能让每一个居民切切实实享受到新时代的安全出行、便利出行，让出行成为一道无限美好的场景。

2.3.9 社区教育

社区教育的顺利开展，必须依赖一定的科技、文化手段的传播，才可能对社区居民起到最大限度的辐射和影响作用。具体而言社区教育大致包括立法手段、舆论宣传、网络信息化和文化设施四个方面：

1）立法手段

首先，制定社区教育发展的规划，明确发展社区教育的指导思想，提出社区教育的具体工作目标、主要任务，建立和完善社区教育管理体制和运行机制，为加强社区教育工作的领导、保障社区教育的实施提供保障。其次，制定相关专项配套政策，鼓励社区内的各类学校，结合自身实际情况，通过多种途径和形式，将学校教育资源向社会开放，保障社区与学校的有机结合。最后，建立社区教育督导评估机制。各级政府教育督导机构将社区教育纳入工作目标，制定切实可行的督导评估方案，形成良好的督导评估机制，保证社区教育事业的健康发展。

2）舆论宣传

充分利用媒体、报刊、宣传板等宣传舆论工具，宣传社区教育的目的、意义及内容，使社区居民对社区教育的目标、途径、措施和作用有个明确的认识。通过广泛的宣传，争取广大社区成员、社会各界，特别是各级领导对实施社区教育的理解、重视、支持与合作，为实施社区教育创造良好的环境条件。

3）网络信息化

利用现代信息技术建立社区教育网络，以计算机网络为主，辅以卫星电视教育和多种媒体学习等手段，开展实时、非实时交互式教学。例如，浙江省桐庐县社区教育几年来充分利用社区教育网、视频大课堂、远程教育资源网、现代农村党员远程教育网，实现远程资源

"菜单式"点播、社区教育资源共享和远程互动，满足了广大市民日益高涨的学习需要，促进了农民价值观念、思维方式、生活方式和行为方式等的变化，为农村富余劳动力转移、农村产业结构调整、农民向市民转化服务。

4）文化设施

文化设施包括图书馆、博物馆、展览馆和体育馆等场馆。这些文化设施在社区教育的实践中被广泛应用，并发挥了很好的效果和作用。社区借助这些文化设施为社区居民开展知识讲座、专题学习、技能训练及参加社会活动等教育活动，为社区居民提供教育服务，满足不同层次社区居民的教育需求。

社区教育的顺利开展需要以法律为保障、以现代化科技为手段，把家庭、学校以外的其他一切教育机构、设施作为发展社区教育的基础，全方位、多角度建设可持续发展的社区教育。

我国社区教育的发展现在正处于相对快速的发展阶段，关于社区教育的许多问题还有待研究，下一步应该向着建立全方位社区教育体系的方向发展，即以大教育观为指导，以建立终身教育体系和学习型社会为目标，从教育社会化和社会教育化相统一的角度，进一步研究社区教育的基础理论和应用理论，用以指导社区教育的实践工作。

加强社区教育网络队伍的建设。目前社区建设、社区发展正逐步列入各级政府特别是城区政府的重要议程中。原来的管理框架正在被重新组合，社区管理的重要性日益突出。要使社区教育的功能尽可能充分发挥，就必须依赖一支高素质的管理者和工作者队伍。社区教育网络队伍主要有两支，即专业队伍和志愿者队伍。社区教育工作者的专业化是保证社区教育顺利开展的必备条件。

要充分利用现有的远程教育机构和现代化设施，在开展远程学历教育的同时与社区教育相结合。现代远程学习独具开放性、远程性和灵活性等特点，可以有效利用卫星广播电视网、互联网及有线电视网等技术通道开展现代远程教育教学活动，将现代远程教育技术与社区教育相结合可以推进社区教育的发展，提高社区成员的素质。现代远程教育是随着现代信息技术的发展而产生的一种新型教育方式，是构筑知识经济时代人们终身学习体系的主要手段。社区远程教育作为一种全新的教育方式和手段，是社区教育与多媒体技术、网络技术、通信技术的完美结合。建立学习型社会，形成终身学习的理念，应该成为地方促进经济发展的战略之一。

2.3.10　社区康养

智慧医疗英文简称 WIT120，是最近兴起的专有医疗名词，其通过打造健康档案区域医疗信息平台，利用最先进的物联网技术，实现患者与医务人员、医疗机构、医疗设备之间的互动，逐步达到信息化。

智慧社区养老实时监测老人的活动和居住环境状况，能够自动生成其行为档案，支持远程实时查看老人的轨迹和位置信息，支持历史数据的回溯查询，支持养老院通过互联网与外界的实时视频互动，用于远程的亲友交流和健康咨询。智慧社区养老还提供其他老人娱乐服务。

1) 智慧社区医疗具备功能

智慧医疗首先将医疗服务对象、手段、过程和管理等数字化。例如，IBM 正在积极推动信息共享，促进智慧医疗服务、手段、过程合理化。IBM 正在积极建设个人电子健康档案。通过标准化的业务语言组件，实现患者病历的信息共享，使医护人员可以及时查询，为预防、诊断、康复提供可靠参考，并保证患者随时随地获得一致性的治疗，从而使医疗服务水平得以显著提升。

智慧医疗实现医疗信息资源的交换、共享，实现服务的互联互通。IBM 在不同医疗机构间建立健康信息整合平台，使服务机构业务流程可以整合，医疗信息和资源可以共享，跨医疗机构可以在线预约和双向转诊，实现“小病在社区，大病进医院，康复回社区”的便民就诊模式。智慧社区医疗为居民及时就诊、方便就诊提供了条件。居民无须出社区，就可以享受到社区卫生服务机构提供的优质医疗服务。

社区医疗服务中心为每一个社区住户建立社区居民电子健康档案，周期性地为每一个社区用户进行健康体检、健康评估，让每一个社区住户对自己的健康状况了然于心。

通过设置在住户家中的医疗监测工具和与这些工具连接的传感器全程对患者身体状况、药品使用情况进行跟踪，对监测和跟踪的结果，采用先进的数据分析系统，将分析结果及时通知家属和医护人员，以便于家属及时掌握患者情况和医护人员及时制定有针对性的医疗方案。同时还建立医疗信息整合平台，整合患者医疗信息，同城市智慧医疗衔接，和大型医疗机构互联互通，进行在线预约和双向诊疗。整个过程对传感数据的操作访问进行监控，使患者资料在授权许可范围内访问。智慧社区医疗可提供全套的医疗管理和全过程医疗服务，具有如下各项功能：

(1) 健康查询和咨询服务。通过建立健康电子档案，可向个人和医护人员提供便捷查询服务。个人可以提出健康咨询，由系统或医护人员提供健康建议。医生在进行社区卫生服务时可以调阅居民的诊疗信息(急诊、门诊、住院和健康等信息)及健康档案信息，以便制定更有针对性的医疗方案。

(2) 信息监测搜集。智慧社区医疗可借助各种监测系统和传感器系统来了解特殊人群(如老病号、老人、婴幼儿等)信息、实时需求，如有进一步的需求，还可个性定制。

(3) 健康体检、评估和预警。由社区医疗服务中心组织周期性的健康体检，及时了解居民健康动态。将周期性健康体检结果入库，结合已有健康档案评估分析居民健康状况，若有异常，则提出预警，通知到本人。

分析特定时间与特定范围内人群的健康或疾病状况，诊断确定社区的主要卫生问题、优先考虑的问题、危险因素，为制定社区卫生规划、合理分配利用有限资源、最大限度地保障人群健康、实施有效管理、进行科学评价提供依据。

(4) 服务选择和传递。对于需要提供服务的用户，统一的客户终端会提供有关的医疗服务选择并将用户选择传递到社区医院，然后社区医院给用户提供多种形式的医疗服务。

(5) 应急救护。对突然发病的老病号、突遭异常状况的居民在短时间内做出救护。

(6) 双向转诊。通过医院与社区医疗服务机构之间建立的信息资源共享平台，在医院与社区医疗服务中心转诊过程中，社区医疗服务中心可以采集患者病史，完成病史摘要，患者、病历及时传送到医院，并可以预约挂号到医院就诊，达到“患者未转、信息先行”。上一级医院对于诊断明确、经过治疗病情稳定转入恢复期的患者，将重新让其返回所在辖区社区医疗机构进行继续治疗和康复。

(7) 意见征询。采用简单的“选择”“填空”等方式来收集用户对医疗服务的反馈意见。这样通过不断地收集用户的反馈意见来提高服务水平，提高了医护人员的绩效和积极性。

2) 智慧社区养老可实现功能

智慧社区养老实时监测老人的活动和居住环境状况，能够自动生成其行为档案，支持远程实时查看老人的轨迹和位置信息，支持历史数据的回溯查询，支持养老院通过互联网与外界的实时视频互动，用于远程的亲友交流和健康咨询。智慧社区养老还提供其他老人娱乐服务。智慧社区养老依赖于智慧社区医疗，老人除对于医疗条件及医疗系统的依赖之外，还可以通过以下功能实现智慧化老年生活活动：

(1) 实时提醒。智慧社区养老可借助社区内局域网传送建议或预警。通常是在家庭终端上提供十分友好的提示信息。用户接收这些信息后可以及时采取防范措施，避免不必要的伤害。提示信息也可采用加密的方式，以保护用户隐私不会泄漏。

(2) 亲情服务。给老人提供订餐、紧急呼叫、陪医送诊和精神慰藉等服务。

(3) 活动轨迹监测。显示老人的实时位置和历史轨迹信息。让老人子女实时掌控老人的地理位置信息，提供电子地图，实时显示老人位置，也提供历史轨迹查询，便于分析老人外出动向。

(4) 异常报警。当老人日常行为和生理特征出现异常时，提供呼叫和报警功能。

(5) 方便老人娱乐服务。通过智能化终端，实现智能化的广播电视、数字电视、高清电视以及医疗养生方面节目的收看。为老人提供棋牌等娱乐服务，如可以通过网上服务或通过社区管理平台将有娱乐需求的老人组织起来。

(6) 智慧养老购物。设计基于物联网的智慧养老购物应用，解决老人体弱多病不方便购物的问题，满足老人对生活用品的需求。除此之外，设计基于 O2O 的智慧养老餐厅应用，餐厅在老人授权下可以访问老人的医疗档案，结合老人的个人喜好及身体情况为老人合理配餐，从而保证了老人身体所需的营养均衡。

在养老服务体系建设过程中，社区养老是不可缺少、非常重要的一个环节。随着智慧城市概念的提出，全国各地兴起建设智慧城市的浪潮，将智慧城市作为未来的发展方向。智慧社区作为智慧城市建设的重要组成部分，会随着智慧城市兴起而成为一种发展趋势。而养老的智慧化程度必将随着城市智慧化程度的普及与加强跟进。

人口老龄化是经济发展的结果，给社会带来压力的同时也给社会生产添加了动力，针对老年人设计的产品备受青睐。继平安城市、智能交通、智能小区和智慧医疗业等提出以后，智慧养老成为智慧城市建设的新一代命题。

在国外，英国生命信托基金会计划构建一种全智能化老年公寓。公寓将采用电脑技术、无线传输技术等手段，在地板和家电中植入电子芯片装置，使老人的日常生活处于远程监控状态。由日本筑波大学研制的专为肌肉萎缩、行动不便老年人设计的“机器外套”已成功在日本推广，使老年人的行动和护理人员的工作变得更加简单。

在中国，北京“智能老年公寓信息化系统”采用平板电脑、服务器和网络设备等，实现了移动生活护理和医护保健。南京市秦淮社区建有“居家养老慢性病远程综合管理服务平台”，南京市鼓楼区建立了“智慧养老试点”，有慢性病且行动不便的老人开始使用智慧养老系统。

在互联网快速发展的今天，很多地方开始以“互联网＋养老”为发展导向，充分利用创新科技和服务应用解决当下的养老问题。通过智慧社区养老模式，将会形成规模化运营的格局，增加企业抗风险能力，减少企业投资成本轻装上阵；可以实现社区养老的资源整合与共享，通过智慧社区大数据平台的数据共享、分析和挖掘功能实现精准服务，真正使我国能够走出养老问题日趋辅助化的困境。将会实现电子商务进社区，物流进社区，金融、保险、法律、文化、健康、新能源和农副产品等涉及并推动人们衣食住行的各项产业及服务健康有序的良性发展，对我国经济的发展将会奠定更坚实的基础。

2.3.11 社区活动

社区文化是既能够体现居民生活水平，又能体现居民生活方式的一种新型理念，同时在智慧城市这种新型模式下，社区文化与智慧城市两者之间相辅相成、相互促进，通过社区文化的建设实现向智慧城市的成功转型，智慧城市又将社区文化完美升华。

2.3.11.1 社区文化的概念

社区文化囊括了居民的物质生活方式、精神生活方式及行为生活方式。老旧小区在社区文化建设方面往往相对落后，其功能以为社区居民提供住宿为主。社区文化生活就是要一改常态，通过加强居民之间的沟通与联系，打造和谐的居住环境。良好的社区文化不仅能够有效提高居民的生活质量和生活方式，更是能够反映一个城市居民生活满意度的重要衡量指标，对实现和谐社会有着重要意义。

2.3.11.2 社区文化建设的基本类型

对于社区文化建设类型的分类标准有很多，按照其存在的形式进行划分，可分为以下三个类型：

1）物质建设

社区文化在物质建设方面内容是最丰富的，也是最具形态的。简单来讲，就是“实物性质”，比如文化活动，包括文化类的读书活动、书画展览、下棋比赛等；体育类的各种球类赛事、趣味活动和亲子游戏等；艺术类的文艺竞演、诗朗诵、重点事迹回忆录活动和中老年合唱团等各种各样的文化活动。文化活动的场所（社区书馆、体育场地等）及相应的设施（健身器材等），都是属于物质建设的范畴。物质建设虽然是几种建设类型中最容易实施的，但也是社区文化建设的基础。

2）精神建设

社区文化在精神建设上体现在居民的归属感、生活乐趣及生活方式上。相对物质建设，精神建设更注重居民心理“感觉”上的建设。比如通过积极参与各种社区活动来提高居民的归属感，丰富业余时间的兴趣爱好，改变以往邻里间铁门相对、彼此缺乏沟通、自我的生活方式，转化成积极向上、丰富和谐的健康文化，长此以往，将这种精神上的建设和改变传承下去。

3）制度建设

制度建设是社区文化建设的外围保障。改革变化中不可无制度。制度建设不仅是在整个文化建设中逐渐形成和完善的，而且能够保障社区文化向着健康、正确的方向进行。比如活动举行的时间、参赛人员的资格、场地的选取、举办方式及整个活动进行的程序等。只有完善的制度，才能保障活动有秩序地进行。

2.3.11.3　社区文化建设在智慧城市中的实际应用

智慧城市就是将以往的城市生活与智能、网络、共享、资源、大平台结合，打造方便快捷、智能共享生活资源的一种新型城市模型。想要建设智慧城市，就要从城市的基本单元——社区进行改革，而社区的文化建设对智慧社区的改革有着重要意义。

社区在智慧化进程中，除了基础环境的安全、服务等保障外，也需要满足居民精神层次的需求。比如，对于居民在健身方面的需求，就包含有单人健身、专属定制健身方案等。社区智慧健身中心的作用，不仅仅是让居民有一个家门口的健身房，还要能够为居民给出科学的个人健身方案与智能化锻炼指导，也需要体现其公益性。在满足居民共性与个性健身需求的同时，提高健身服务提供商的效益。

社区文化建设不仅作为智慧社区建设的基础而存在，而且也是智慧城市的基本单元组成部分。在一定程度上，社区文化构造即智慧城市的缩影，想要打造最新智慧城市，就要通过制定相关建设规划，外加相关政府部分的扶持，不断完善，最终打造出最适合社区的独有文化，加快智慧城市改革的步伐，来实现和谐社会的阶段性目标。

第3章

智慧社区大数据的关键技术

随着全球数字化、网络宽带化、移动互联网、物联网传感器等新的渠道和技术应用于各行各业，各种类型复杂的、高速增长的、多样化的、短时间内难以收集并利用的海量数据汹涌袭来。

大数据平台把这些海量数据进行统一收集并利用，形成标准化的数据，通过标准数据的存储、沉淀和分析处理，形成有价值的、高效的、便捷的、精准的数据服务，从而降低重复建设、减少“烟囱式”协作的成本，提供决策支撑，为企业经营管理、人们的家居生活、社区的治理及民生服务等各方面带来强大的科学决策支撑。也就是说，通过数据的基础建设，实现业务数据化；通过数据能力的共享，形成数据资产化；通过数据驱动业务，实现数据资产的价值化。

大数据平台依托“数据湖”理念，数据以原始形式存储，打破数据孤岛，遵循 Hadoop 架构进行构建，建立一套数据汇聚的大平台，提供结构化、半结构化和非结构化数据的采集、入库及治理的工具，打造一个集中的、经过管理的安全存储库，根据智慧社区要求，进行不同类型的数据处理、数据计算、数据分析、数据挖掘、数据展现，提供智能的数据服务，为整体运营提供支撑，形成基于海量社区数据和智能分析的新的居家生活、社区管理服务模式，面向未来构建全新的社区形态，从而使社区民众的工作和生活更加舒适、高效、满意，不断满足人民群众对美好生活的需要，提高人民群众的获得感、幸福感和安全感。

本章从智慧社区大数据平台功能架构六层模型的角度，分析其各个关键功能组件涉及的主要技术，并介绍了智慧社区的数据模型，以及如何进行智慧社区大数据的数据治理。

3.1 整体功能模型

基于数据湖打造的智慧社区大数据平台，各功能组件所属层次有很多不同的划分方法。将其整体功能模型划分为数据采集层、数据存储层、计算引擎层、数据分析层、数据服务层和智慧社区应用层六个部分。

基于数据湖打造的智慧社区大数据平台功能模型图如图 3-1 所示。

3.1.1 数据采集层

数据采集层是智慧社区大数据整体功能模型的基石，从智慧社区海量数据中获取高效、高质、可用、能用的信息是大数据建设的关键层。

社区内各类信息化数据存在于所有遍布社区的智能物联网设备（如智能门禁、智能道闸、智能摄像头、智能电梯、智能灯杆、智能消防栓、智能井盖、智能垃圾桶等）、智慧社区

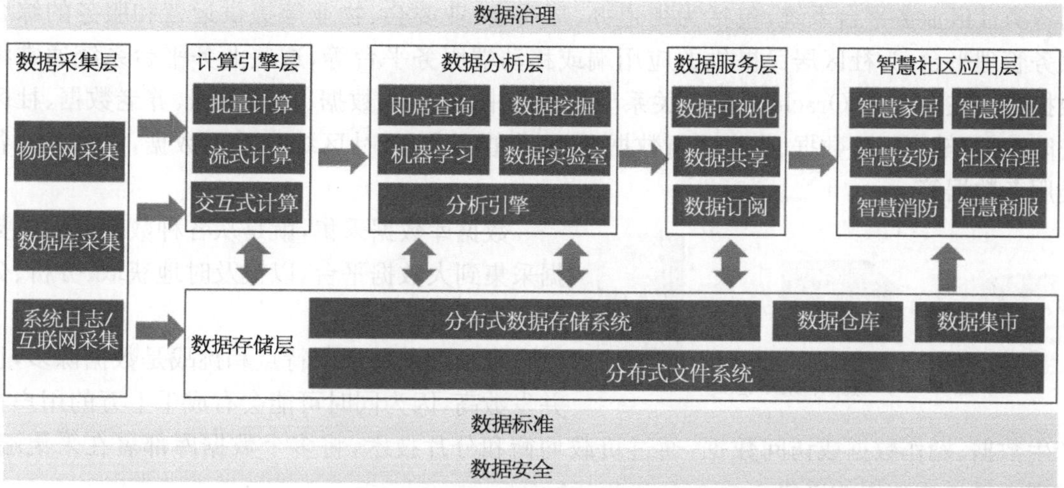

图 3-1　基于数据湖打造的智慧社区大数据平台功能模型图

APP、智慧社区其他各类业务系统（如智慧停车系统、智慧物业管理系统、智慧安防系统等）中，数据湖的理念是不管当前是否有用，先把数据以原始形式进行收集存储起来，再进行相关数据计算、数据分析，并为智慧社区应用提供数据服务。

智慧社区大数据平台数据采集的方法很多，渠道很广，根据采集源不同，分为从物联网感知设备平台、社区业务数据库系统、社交网络和互联网平台中主动或被动获取数据的过程。

下面将按物联网采集、数据库采集、系统日志/互联网采集，分别介绍智慧社区大数据的采集方法。

1）物联网采集

随着 5G、物联网、大数据、人工智能技术的融合发展，从传统的人与人，演变到人与物、物与物的"万物互联"，因此，"万物互联"将成为促进智慧社区发展的重要着力点。

物联网是智慧城市的基础设施。利用城市更新、社区改造、小区出新等契机，通过大量部署智能门禁、智能停车地磁、智能灯杆、智能消防栓、智能水电气表、智能水质检测、智能环境监测、智能垃圾桶、智能烟感、智能地磁、智能社区广播等各类物联网感知设备，来获取各类社区感知数据，构建面向社区治理、家居生活、环境保护、社区服务、社区安全、应急管理的全面感知网络体系。

如何采集和利用这些智慧社区物联网感知数据，以便社区各类要素都能进行空间关联映射和有序管理控制，全面释放社区大数据资源的价值呢？

往往通过物联网感知平台的建设，将各类感知设备进行统一接入，多制式、多协议统一适配，构建物联网统一开放服务体系，实现标准化物联数据的采集融合。通过海量数据的统一汇聚存储、数据清洗、数据处理，完成从数据分散碎片化向开放共享转变，并为智慧社区应用层提供数据服务，助推社区"绣花针"精细化管理。

2）数据库采集

智慧社区的建设，除了包括物联网设备建立的感知平台数据外，还有与社区数据相关的各类社区业务平台系统，包括为街道办、居委会、业委会、物业等提供运营和服务的综合服务管理平台，为社区居民提供的应用端或移动端服务平台等，这些业务平台系统通常将数据存储在 Mysql、Oracle 等各种关系型数据库中，如物业数据、消防数据、养老数据、社区安防数据、健康医疗数据、人车通行数据、网格化管理数据、社区综合治理数据，以及其他各类服务数据等。

图 3-2 数据采集示意图

数据库数据采集，就是从各种数据库中将数据采集到大数据平台，以被及时地获取、分析、分享及查询(图 3-2)。

采集过程的主要特点和挑战是数据源多，且并发数高，因为同时可能会有成千上万的用户在产生数据、操作数据或访问数据，通过负载均衡和分片技术，将多个数据库部署在采集端，实现海量异构数据的采集。

远程字典服务(remote dictionary server, Redis)、MongoDB(一种分布式文件存储数据库)和 HBase(基于 Hadoop 架构的分布式数据库)等 NoSQL(非关系型)数据库常用于这类数据库数据的采集。另外，还存在 Sqoop 数据迁移工具、OGG(oracle golden gate)和 DataLink(数据链路)等方式来实现增量数据的实时同步。

Sqoop 数据迁移工具+增量数据采集(change data capture, CDC)方式，实现将关系数据库的数据采集到 Hadoop 大数据平台上，可以方便利用 Hadoop 提供的如 Hive(基于 Hadoop 的一个数据工具)、SparkSQL 分布式系统相关工具进行分析。

OGG 实现 Oracle 到 Kafka 的增量数据实时同步。

数据湖包含的 DataLink 是一个满足各种异构数据源之间的实时增量同步，分布式、可扩展的数据交换平台。

需要特别说明的是，对于涉及社区家庭、健康医疗、用户信息、商业秘密等隐私或敏感数据，或学科研究数据等部分保密性要求较高的数据，可以利用各个业务系统已有数据应用程序接口(application programming interface, API)，或者通过开发相应数据接口，进行数据可控性采集或数据脱敏采集。

3) 系统日志/互联网采集

除了智慧社区各类业务管理平台数据库外，还有面向各种互联网平台应用，如智慧社区 APP、智慧社区各类公共服务网站系统、政府发布和管理的各类政策法规及公共数据的政府开放数据门户等，这些平台或系统，日常产生大量的日志文件数据以及网络数据，其表现形式往往是网页、音频、视频、图像、用户行为日志、用户搜索日志、用户点击日志、机器日志等。这些数据具有流式不间断产生、数据源种类繁多、数据量巨大、物理分散等特点。

对于这些日志或网络数据，如何高效采集到 HDFS，从而进一步使用 MapReduce、Hive 等进行数据计算、挖掘分析出有价值的数据，为智慧社区的应用提供价值数据基础，是打造智慧社区大数据平台的重要环节。为了高效收集这些流式数据，需要采用具有高可用性、高可靠性、可扩展性、可伸缩性等特点的分布式采集工具。

对于 Web 和 APP 日志数据的采集，往往会涉及埋点技术。

对于网络数据，除部分网站提供的公共 API 进行数据采集外，往往还会采用网络爬虫技术。

常见的系统日志及网络数据采集工具有 Cloudera 开源的 Apache FlumeNG、Facebook 开源的 Scribe 等，这些工具均采用分布式架构，能满足每秒数百兆字节(MB)的日志数据采集和传输需求。

3.1.2 数据存储层

随着智慧社区建设的加速推进，其涉及的结构化数据、半结构化数据和非结构化数据，正在以非常迅猛的速度激增，且这些数据大多为日志数据，具有价值高、流式不间断产生、数据量非常巨大的特点。采集的各类海量异构数据，会不停地汇聚传输到数据存储系统进行存储。以前传统存储系统的设计，已经无法满足这些大多以文件形式存储的大数据应用的需要。

除常见的数据仓库、数据集市外，为应对这种高性能、大容量、高吞吐率的数据存储挑战需要，各类技术架构也如雨后春笋般迅速发展，特别是基于块和文件的分布式存储系统，已经衍生出了新的独特的存储架构，如分布式文件系统、分布式存储系统等。

3.1.2.1 数据存储层需要解决的主要问题

1) 良好的容错性

分布式文件系统，一般被设计成适合运行在多个通用的硬件上，每个节点都是普通的较低成本的服务器，因网络故障、人为误操作、机器故障、系统断电等等各种原因导致的服务器宕机，很容易引发数据丢失，这就要求系统考虑良好的容错机制，避免数据的丢失。

2) 可扩展性

大数据应用中，数据会源源不断地被采集到数据存储层，其数据量总会不间断增加，已有集群的存储上限总有达到的时候，往往需要不停补充新的服务器，因此要求存储系统具备纵向扩展或者横向扩展能力，由于前者往往具有成本高昂、易达物理瓶颈的缺陷，所以，迫切需要实现横向扩展的能力。

3) 高吞吐量

对于海量数据的存储，以及供上层计算引擎的高效数据计算和分析，要求分布式文件系在 IO 操作方面支持文件和块级别的设计，以数据块的形式存储在不同的分布式节点上，从而解决负载均衡和并行处理的问题，达到高吞吐量。

3.1.2.2 数据存储层涉及的框架或工具

1) HDFS

HDFS 是为大规模数据分析而设计的 Hadoop 的分布式文件系统，作为一个开源的框架，其具有良好的容错性、易用性和可扩展性，已被广泛用于文件数据的存储。其应用程序提供的高吞吐量的数据访问能力，适合那些有着超大数据集的应用场景。

然而，HDFS不支持随机读写，对于结构化、半结构化数据，通常有更新数据需要进行插入和删除等操作，HDFS这种文件分布式系统比较难以实现。

2) HBase

HBase是构建在分布式文件系统HDFS基础上的，可存储结构化和半结构化数据，它是一个分布式的、面向列簇式而不是行模式的开源数据存储系统。

HBase克服了HDFS在随机读写方面的缺点，实现了随机插入和删除。与Hadoop一样，HBase具备横向扩展能力，通过批量增加廉价通用的服务器、搭建大规模的云存储集群，来提高数据的计算和存储能力。

HBase是一种Key/Value系统，本质上通过分布式多维有序映射表实现数据存储，其适合存储结构化和半结构化数据，具备高可靠性、可伸缩、随机读写性能高的特点。

但是，HBase由于单一Rowkey固有的局限性，使其难以有效地支持多条件查询。还有，对于大范围的批量扫描查询，因其批量查询扫描速度较慢，延迟较大，难以适应联机分析处理(online analytical processing, OLAP)应用场景。

3) Kudu

Kudu是一个强类型的纯列式存储系统。其具有灵活的一致性模型，使用Raft协议保障了数据存储的高可靠性。通过强类型的结构化表，实现的结构化数据模型。其表由很多数据子集构成，表被拆分成多个散布到不同机器上的Tablet，实现分布式存储和读写，不但提供了行级的插入、更新、删除API，同时也提供了接近Parquet性能的批量扫描操作。

4) Redis

Redis是一高性能的key-value存储系统，支持键与值之间的映射。为了保证效率，Redis中的数据都是缓存在内存中，同时，会定期把存储在内存的键值及更新数据，持久化写入磁盘，或者把修改操作写入追加的记录文件。Redis使用复制特性来扩展性能，实现了Master-slave(主从)同步。Redis也提供了Java、C/C++、C#、PHP、JavaScript、Perl、Object-C、Python、Ruby、Erlang等客户端，可以使用客户端分片来扩展其写性能。

5) Yarn

Yarn是一种Hadoop资源管理器，可为上层应用提供统一的资源管理和调度，它的引入为集群在利用率、资源统一管理和数据共享等方面带来了巨大好处。Yarn由下面几大组件构成：一个全局的资源管理器Resource Manager、Resource Manager的每个节点代理Node Manager、表示每个应用的Application以及每一个Application Master拥有多个Container在Node Manager上运行。

3.1.3 计算引擎层

为了发挥出大数据的价值并最终赋能于智慧社区商业应用，创造应用价值，需要对海量数据进行整合和计算，并从中洞察商业规律、挖掘出潜在信息。为此，从采集系统中收集到的海量原始数据，将进入数据计算引擎层中被进一步整合与计算。

根据数据特点、处理及时性要求，常见的计算引擎分为批量计算引擎、流式实时计算引擎及交互式计算引擎。

1）批量计算引擎

在智慧社区各类不同的应用场景中，数据处理的要求是不同的，计算引擎的侧重也不同。有些场景要求处理数据量巨大，需要复杂的批量运算，且保存时间长，但对实时性要求不高，这种离线数据处理，往往采用批量计算引擎。

批量计算是一种适用于大规模并行批处理作业的分布式云服务。批量计算实现过程是，先收集数据，然后将数据存储到数据库中，当需要某些数据时，通过对数据库中的数据进行批量计算或分析操作得到所需要的数据。批量计算追求的是单位时间内处理的数据量尽可能大，即海量并发、高吞吐率，而对时间要求并不高的情况。

批量计算往往可以用于生物数据分析、多媒体转码、社区网格基础信息分析等应用场景。

2）流式实时计算引擎

对于另外一些数据，如物联网感知平台获取的各种设备实时数据，如电梯运行状态数据、人脸识别数据、音视频监控数据等静态和动态数据，这些数据源源不断，像流水一样一直在产生，需要连续处理、实时交互，或者进行实时计算分析，以便尽可能快速获取有价值的信息，为智慧社区应用提供决策支撑。而不是像批量计算一样，等到全部数据采集完成后，再以批量方式处理，这样会消耗大量内存资源，且延迟极大，无法满足业务需要。因此，这就需要针对海量数据实时计算的流式实时计算引擎。

流式计算，不关注存储过程，注重实时采集，对类型繁多的实时数据，包括图片、音频、视频等非结构数据，通过分布在多个物理节点上的各个计算单元，进行处理和计算，数据以流的形式在计算单元之间流动，并形成整体逻辑。流式计算可以封装大量复杂的业务逻辑，甚至调用复杂的机器学习、数据挖掘、智能推荐的算法，然后为上层应用提供实时输出，从而实现秒计响应，如实时的车辆调度、实时推荐等。

流式实时计算的主要应用场景是，要求数据实时采集、实时计算，产生实时的计算结果，提供实时的查询服务，如用户行为分析、人脸识别、车辆识别、市场预测、社区交通实时监测等。

流式计算引擎常见的开源组件有：基于行的流式实时处理组件 Apache Storm、基于微批处理的 Spark Streaming，以及针对流数据＋批数据的计算框架低延迟（毫秒级）的 Apache Flink。

3）交互式计算引擎

交互式处理是操作用户和计算机系统之间产生交互作用的信息处理方式。操作用户以人际会话方式，通过终端输入设备输入操作指令或信息，系统接到信息后立即进行处理，处理过程中，也能通过交互设备提示信息，逐步引导操作人员完成所需的操作，最终得出处理结果。交互式处理方式的特点是灵活、直观、易于控制。

交互式计算引擎是指具备交互式分析能力的分布式计算引擎，强调对输入的信息，进行快速及时的数据分析和处理，结合高性能的查询引擎，及时得到处理结果，响应操作人员。其实现方式是，可以对数据进行数据切分，以及多粒度的聚合，从而通过多维分析技术实现数据的钻取。它通常用于联机分析处理场景。相比批处理引擎（如 MapReduce），它对数据处理性能要求更高。

为了实现高性能数据处理，交互式计算引擎通常采用应对TB甚至PB级数据的交互式查询需求的大规模并行处理(massively parallel processing, MPP)架构和列式存储格式的嵌套式数据存储，并充分使用内存加速。为了方便数据分析人员表达自己的查询意图，交互式计算引擎通常支持SQL或JSON等查询语言。

交互式计算引擎主要有：基于关系数据库的OLAP场景的交互式计算引擎，包括Impala和Presto；基于多维数据组织的、通过预计算方式加速查询的OLAP引擎，包括Druid和Kylin等。

3.1.4 数据分析层

通过多种多样的大数据分析方法或工具，如数据挖掘、预测性分析、应用程序API、类SQL查询语言、机器学习、深度学习、知识计算、可视化分析等，对海量大数据进行深入的分析与计算，获取智能的、有价值、可用的信息。

数据分析强调分析全面的数据，重视数据的复杂性而弱化精确性，关注数据的相关性，再进行冗余去除、分门别类、取其精华。通过相关算法，结合深度学习，借助人工智能技术，从海量原始数据中挖掘出有价值的数据，这些数据打通融合后进入数据仓库或数据集市。大数据分析层主要功能如图3-3所示。

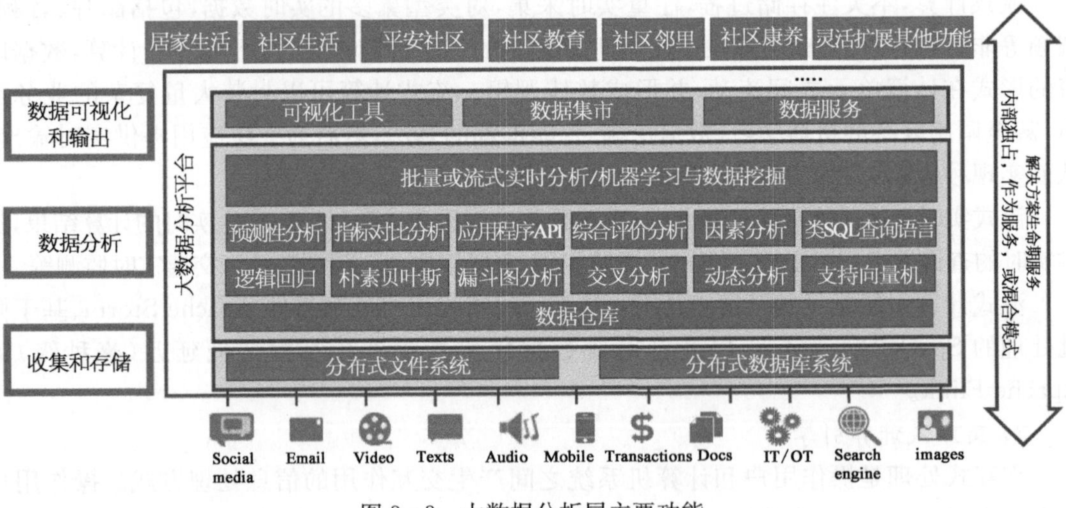

图3-3 大数据分析层主要功能

数据分析层主要有如下特点：

(1) 支持批量和流式实时分析、即席查询分析。

(2) 基于Hadoop数据湖和MPP数据库，实现以下三类分析：① 描述性。总结大数据集，呈现重要关键绩效指标(key performance indicator, KPI)和趋势，提供系统当前状态的描述。② 规范性。超越描述和预测模型，通过推荐一个或多个行动方案，并显示每个决定的可能结果。规范性分析包括对反馈数据的分析，跟踪由建议的行动产生的结果。③ 预测性。预测分析，预测未来可能发生什么。

(3) 支持多种机器学习和数据挖掘分析法，例如指标对比分析、分组分析、综合评价分析、指数分析、平衡分析、趋势分析、结构分析、因素分析、交叉分析、漏斗图分析、动态分析、相关性分析、判别分析、回归分析、多维分析、朴素贝叶斯、支持向量机、聚类算法等。

3.1.5 数据服务层

通过智慧社区相关数据采集以及数据分析后，其数据结果主要存储在分布式文件系统、分布式存储系统或数据仓库中，但大多数上层智慧社区业务和应用不可能直接从存储上获取数据。如何可以使应用对底层数据存储透明，将海量数据方便高效地开放给智慧社区各应用使用呢？

另外，随着业务的发展，数据服务拥有数据调用量也会越来越大，很容易达到上亿级别，如何在稳定性、可用性、扩展性方面更好地服务于用户？如何满足应用各种复杂的数据服务需求呢？

针对上述问题，就需要建立数据服务层，通过对外提供统一高可用的数据服务能力，完成数据共享，使得各智慧社区应用能方便快捷地获取大数据结果。

针对不同的需求和数据应用场景，数据服务层的数据源架构在多种数据库之上，如MySQL、HBase等。

数据服务层对外提供数据服务，主要是通过统一的数据服务平台。以数据仓库或者数据集市，整合计算好的数据作为数据源，对外通过接口的方式提供数据服务，包括提供简单数据查询服务、复杂数据查询服务和实时数据推送服务等特色数据服务。数据服务层功能如图 3-4 所示。

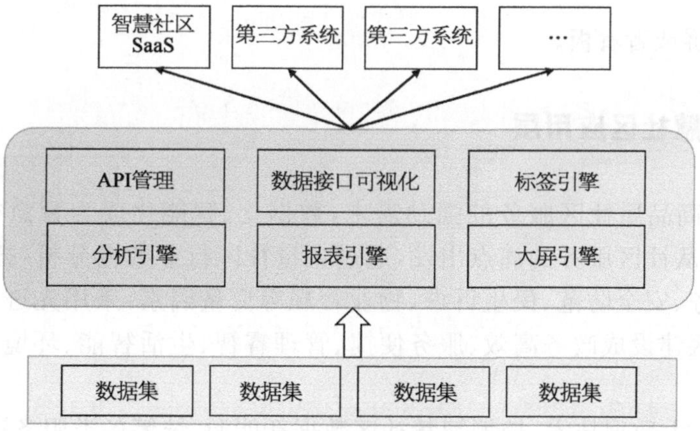

图 3-4　数据服务层功能

数据服务需要包含以下几种能力：

1) 数据 API

通过接口服务化方式对外提供数据服务，以保证更好的性能和用户体验。

数据服务接口管理，包括接口测试、接口注册、调用监控统计、接口停用、接口注销等。

2）数据接口可视化

通过数据接口标准化、开发可视化，提供统一的数据服务在线查询视图，让开发者能够快速、简单地访问数据服务。或者提供数据查询页面，可以通过SQL对接入的数据源进行查询。

数据接口开发可视化是指提供服务接口的可视化配置，开发者只需要配置SQL就可以生产API，减低接口开发技术要求，便于维护和管理接口。对于业务分析人员可以让他们轻松地进行算法分析，包括模型管理、可视化编排流程、算法模型发布等功能。

另外，现有的报表和数据服务层的数据并不能满足需求时，通过即席查询（AdHoc），直接操作SQL，从数据存储层直接查询得到数据。即席查询是指用户根据自己的需求，灵活地选择查询条件，系统能够根据用户的选择，通过用户自定义的查询条件，生成相应的统计报表。

3）标签引擎

数据引用的基础模型，不管是面向用户、设备还是其他实体，标签体系都是数据工作的基础。结合行业或应用细分领域的实体标签体系，标签引擎提供一个根据标签查询/调用数据的方式。

4）分析引擎

其包含了常用算法模型（如贝叶斯算法）的BI分析能力。

5）报表引擎

即报表可视化展现，可见即可得，拖拽生成展示效果。报表所使用的数据，一般也是已经统计汇总好的，存放于数据共享。

6）大屏引擎

拖拽生成大屏或者看板。

3.1.6 智慧社区应用层

随着人们对高品质社区服务的强劲需求，数据化、智能化成为智慧社区突破传统瓶颈的主要途径。从社区服务的痛点出发，通过大量社区行业数据分析，把握社区规模、建设水平、通信服务、安全防范、民生诉求、物业管理等变量因素，采用先进的科技手段延伸服务功能，将社区建设成政务高效、服务便捷、管理睿智、生活智能、环境宜居的社区生活新业态。

利用物联网、大数据技术，挖掘智慧社区数据新能源，统筹各类服务资源，助力传统社区服务的转型升级，通过对各类与社区居民生活密切相关信息的实时感知、及时采集、高效计算、处理分析，整合共享，形成数据服务能力后，提供给各类社区应用，让数据最大化地发挥价值。

根据社区典型应用场景，集成所需要的功能模块接口，形成智能应用组件，能够快速搭建智慧社区应用场景里的具体应用，打造便捷、高效、智慧的未来之城。智慧社区示意图如图3-5所示。

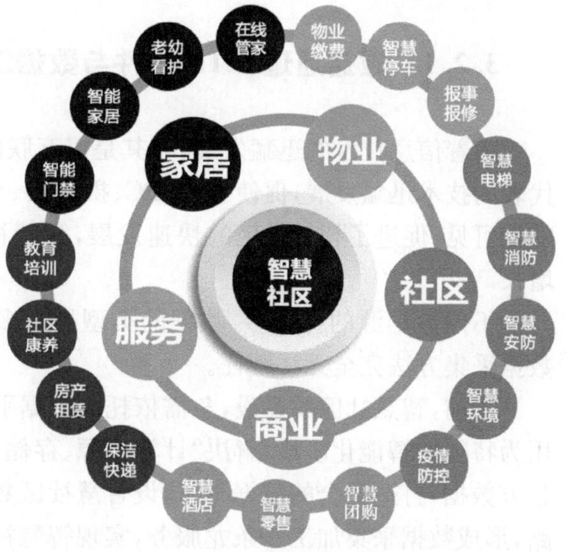

图3-5　智慧社区示意图

智慧社区建设的主要目标如下：

(1) 以住宅为平台，提供智慧家电、智慧管家于一体的安全、舒适、便利、高效、高品位的智能家居生活。

(2) 提供丰富多彩的和谐文明业余文化生活。

(3) 整合社区周边及社区内教育资源，提供包括儿童教育、成人教育、碎片化学习、在线学习在内的多层次社区教育服务。

(4) 打造分级诊疗系统，建立家庭电子医疗档案，配置社区及家庭医生等专业医护人员，提供家庭保健、居家诊疗、居家养老服务。

(5) 借助社区物业智能化管理，通过社区各管理系统数据融合，进行集中运营管理，实现智慧停车、智慧门禁、电梯管理、安全巡逻、智慧安防，打造高效物业管理和高品质物业服务。

(6) 借助包括商业和服务的社区电子商务服务的综合商服活动，实现居民日常生活的商品居家采购及商业服务。

基于大数据的智慧社区应用，立足居民生活服务，形成大规模信息智能的新的管理形态，实现居家生活、社区生活、社区服务、平安社区、智能交通、社区教育、社区康养、社区活动的全新智慧化体验，为居民提供安全、舒适、便利的生活环境，让居民生活更安全、更幸福、更和谐、更文明。

3.2　以数据湖的理念建设智慧社区大数据平台

从表面看，数据都是承载在基于可向外扩展的HDFS廉价存储硬件之上的，但数据量越大，越需要各种不同种类的存储，所有的企业数据都可以被认为是大数据，但并不是所有的企业数据都是适合存放于廉价的HDFS集群之上的。

数据湖的一部分价值是把不同种类的数据汇聚到一起，另一部分价值是其不需要预定义的模型就能进行数据分析。在智慧社区的大数据平台建设中，采用数据湖的理念，通过数据采集加工，海量数据的合理储存，大容量的算力对数据的高效处理，最终实现按需提供优质服务。

3.2.1 数据通道、ETL组件与数据流水线

随着信息技术的迅猛发展，尤其是以互联网、物联网、大数据、人工智能、社交网络等为代表的技术迅猛发展，促使手机、PC、摄像头、传感器等各式各样的信息设备及物联网设备随处可见，促进了智慧社区的快速发展，智慧社区数据源以及数据量正以前所未有的速度增长。

不但数据源的种类多，数据的类型异常多样，数据量巨大，并且产生的速度快，传统的数据采集方法完全无法胜任。

当前，智慧社区的建设，急需依托大数据平台，以社区数据多源采集、深度挖掘、融合应用为特征的智能化阶段，解决“计算资源、存储资源、数据资源、工具及服务”共享问题，汇集各方数据，打造融合的数据湖，建设智慧社区数据目录，加强基础能力产品化和组件建设思路，形成数据采集加工一条龙服务，实现智慧社区数据和应用共享。

3.2.1.1 智慧社区大数据采集

智慧社区大数据的数据采集，是挖掘社区数据价值的第一步，本质上也是多个信息系统或者物联网设备产生的数据汇聚、融合。

如何高效高质地进行大数据采集，目前仍然面临着许多技术难题，这其中包括数据源多种多样、数据量大、数据变化快，以及如何保证数据采集的可靠性、如何避免重复数据、如何有效保证数据的质量等问题。

当数据量越来越大时，可提取出来的有用数据必然也就更多。只要善用数据化处理平台，便能够保证数据分析结果的有效性，助力企业实现数据驱动。

1）数据采集的数据源

智慧社区数据涉及各种类型的结构化数据、半结构化数据以及非结构化的数据（包括不断变化的流数据等）。

常见数据包括：定位系统数据、安防系统数据、服务器监控系统数据、生产系统数据；RFID数据、传感器数据、设备状态数据；信息系统运行日志；用户行为数据；社交网络交互数据；移动互联网数据；音视频、图片等多媒体数据。

2）大数据采集的目标

大数据采集的目标包括：多种多样的数据源采集能力；大数据量的采集；针对快速变化的数据，实时采集；可靠的数据采集性能；避免重复数据的采集；保证数据采集的质量。

3）大数据采集技术具体实现方案

当前常见的数据采集技术是指，将海量数据进行离线采集或者实时采集，通过数据通道（如Kafka等数据中间件系统）进行数据传输，同时经过ETL[即extract（抽取）、transform（转换）、load（加载）]进行数据处理。

基于数据湖的大数据平台数据流如图3-6所示。

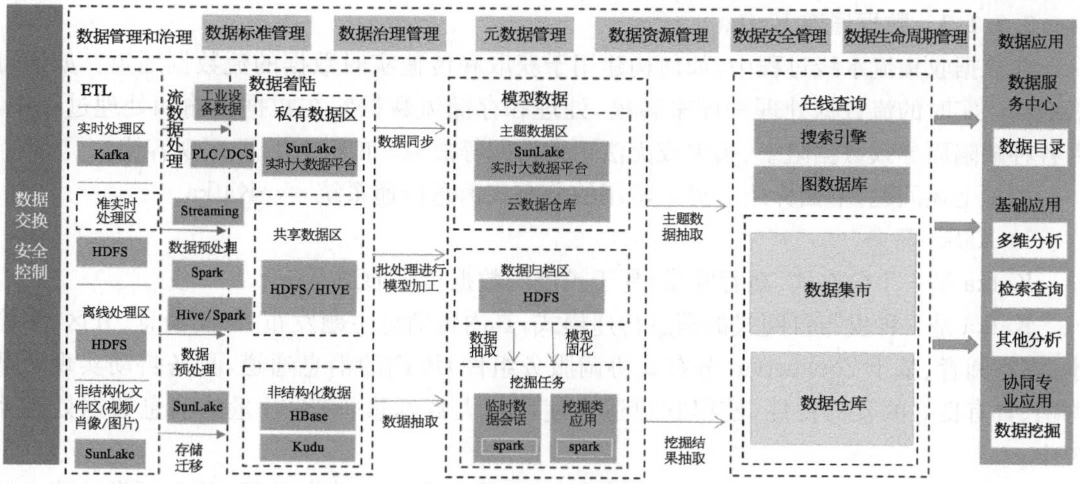

图 3-6　基于数据湖的大数据平台数据流

3.2.1.2　离线采集和实时采集

智慧社区大数据采集，除了按数据源分为物联网采集、数据库采集、系统日志/互联网采集外，也可以根据数据处理实时性要求，分为离线采集和实时采集。

1）离线采集

主要关注数据的分析或计算结果，而对处理的实时性要求不高的应用场景，就可以采用离线处理的方式，将数据离线批量采集、迁移至数据存储缓存中，再进行批量 ETL、融合、入库。

对于用户访问日志的采集，可以使用 Flume 组件，将采集的数据保存到 HDFS 中，做离线处理与分析。

也有基于 Hive 等技术来构建 T+1 的离线数据，而后，通过定时任务每天拉取增量数据导入 Hive 表中，后续进行大数据分析。

2）实时采集

对于有些业务实时性要求很高，且数据像流水一样源源不断产生，而需要及时查询出分析结果的应用场景，则需要基于数据采集工具实时采集，如将每时每刻产生的原始数据写入 Kafka 等数据通道，以流处理模式，逐条传输而后进行 ETL 处理后，数据写入能支持快速读写的存储系统，同时进行在线计算分析，实时动态更新输出处理结果。

实时采集处理，并进行计算分析后，可以对应用层提供秒级甚至毫秒级的查询方案。

实时采集主要用在流处理的业务场景，如用于记录数据源执行的各种操作活动，包括网络监控的流量管理、社区人脸识别管理、社区车辆出入动态识别管理、各类摄像头音视频抓取及分析管理，以及 Web 服务器的用户访问行为等。流式的处理方式，组件通常采用分布式架构，能满足每秒数百兆字节的数据采集和传输需求。

实时采集处理的常用工具为 Flume/Kafka。

3.2.1.3 数据通道 Kafka

在数据收集流水线过程中，如何构建用于获取和传输实时数据的流数据通道？如何可靠地构建实时的流数据处理程序来转换、处理和存储流数据？在数据传输和处理过程中，因各种缺陷而导致数据阻塞、丢失或无法正常访问等故障，如何解决，即实现容错？

根据上述问题，下面介绍业界最常用的分布式消息传递系统——Kafka。

1) Kafka 简介

Kafka 是一个分布式、高吞吐量、易于扩展的数据传输通道系统。

Kafka 是一种发布订阅式的消息传递模式，其内置消息主题发布/订阅消息、分区、多副本、多订阅者、基于 Zookeeper(分布式协调服务组件)协调的消息通道，具备自动实现负载均衡、具有良好的容错特性，使得它更适合使用在大数据量、高吞吐量的消息数据处理系统中。

Kafka 通过 Hadoop 的并行加载机制统一在线和离线的消息处理，基于可靠的消息队列，负责将数据从一个应用系统传输到另外一个应用系统，在各个应用系统之间异步传递消息。应用系统只须关注到数据的获取，而无须再关注数据在各个应用间是如何传递的。

在数据处理场景，数据采集会成为 Kafka 的 Consumer(消费者)，就像一个水坝，将上游源源不断的数据拦截住，然后根据业务场景进行 ETL，将其进一步按一定数据格式进行清洗、转换(例如去重、去噪等)成结构化的数据，之后再写入对应的数据存储中。

2) Kafka 主要特点

Kafka 同时支持离线数据处理和实时数据处理，对于大数据实时计算以及日志的收集得心应手，具有高可靠性的数据传输能力、高吞吐量及良好的可扩展性，这一切得益于其解耦和缓冲机制、复制机制和多副本的架构，以及高效的数据存储机制和数据传输技术。

3.2.1.4 ETL 组件

1) ETL 基础概念

ETL 是大数据处理数据的一种操作流程，是指将分散、凌乱、标准不统一的数据，从众多底层异构数据源中抽取(extract)出来，从中提取关系和实体，经过关联聚合、清洗转换(transform)后，再将这些数据加载(load)到统一数据结构进行数据存储的过程，其目的是将这些相互分离的多系统的数据进行统一的数据采集，将数据整合在一起，成为进一步的联机分析处理、数据挖掘、大数据分析的数据基础。

ETL 处理分为三大模块，分别是数据抽取、数据清洗和数据转换、数据加载。各模块可灵活进行组合，形成 ETL 处理流程(图 3-7)。

2) ETL 模块的主要功能

(1) 数据抽取。指可以从数据库、文本文件、Web 网页、WebService 等地方，搜索全部数据源，按照特定标准抽取满足需求的数据，并传送到目标数据存储中。

数据抽取首先要确定数据源和数据类型。根据不同的数据源、数据类型、业务形态，选择相应的数据抽取策略。

建立数据抽取模型、抽取规则、组装格式、数据库模式、映射规则等，生成和维护抽取过

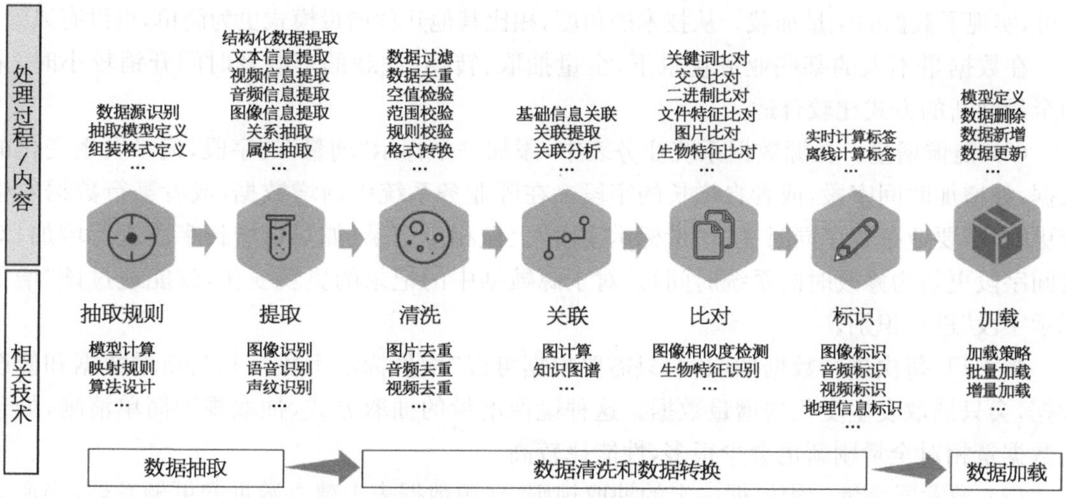

图 3-7　ETL 处理流程

程中的元数据，设计能够完成数据抽取和组装功能的算法，从而完成源数据和目标数据库的数据映射，而后实现数据的抽取和迁移。

(2) 数据清洗和转换。数据清洗转换对数据进行审查和校验的过程，检查数据的完整性和一致性，包括去燥、去重等，目的在于删除重复数据，纠正无效的、不一致的、缺失不完整的错误数据，把不符合规则的数据转换为符合规则的，规范化高质量的数据。

数据采集是从多个异构数据源采集而来，不可避免地会出现有些数据重复、有些数据相互矛盾等各种错误，这些重复或错误的数据被称为"脏数据"。利用有关技术如数理统计、数据挖掘或预定义的清理规则，进行核查、校对、纠正，把这些"脏数据""洗掉"，将"脏数据"转化为满足数据质量要求的数据，这就是数据清洗的目标。

数据质量要求包括数据规范性、完整性、重复数据的一致性、唯一性、准确性、及时性和可用性、有效性、易用性和可维护性、数据覆盖其全面性、可理解性、相关性及实用性等。数据清理依据数据的上述质量要求来处理数据的丢失值、越界值、不一致代码、重复数据等问题。

(3) 数据加载。数据源中的数据经过数据抽取，完成数据清洗和转换后，通过数据加载，将数据缓冲区的数据按照预定义的数据模型，直接加载到大数据存储中。

依赖于加载对象以及具体的业务需要，可以使用 SQL 语句进行增删改操作进行加载，也可以采用批量加载方法实现。加载大量数据时，往往采用批量加载方式，效率较高。

与数据抽取方式匹配，数据加载通常可以分为全量加载和增量加载。

3) ETL 的四种实现模式

根据数据模型的设计，结合源数据量等情况综合分析，可将 ETL 模式分为全量刷新、镜像增量、触发器增量、日志比对增量四种。

(1) 全量刷新。指采用全表删除插入方式，每次数据抽取前，清空目标数据表原有数据，而后全量抽取所有源数据加载到目标数据表中。

全量刷新不用修改业务操作程序，也不用关注系统表结构的改变，抽取规则由 ETL 完成即可,实现了数据的全量加载。从技术的角度,相比其他几种增量模式更为简单,也没有风险。

在数据量不大的某些业务场景下,全量抽取、转换、加载的资源及时间开销较小时,采用全量刷新的方式比较合适。

(2) 镜像增量。在源数据系统业务表中,添加一个标示"增量"的字段,记录发生变化的数据,如增加时间字段,或者自增长的字段。在源业务系统中新增数据,或者某行数据发生变更时,需要业务程序同时在"增量标示字段"上做相应记录(如对自增长字段进行增加,对时间字段更新为修改时的系统时间)。对于源数据中的记录的更新变化,就能通过该"增量标示字段"进行识别。

当 ETL 每次进行数据抽取时,只需要根据可以"增量标示字段",判断新增数据和修改数据,会只抽取发生变化的增量数据。这种镜像增量的抽取方式,抽取规则简单清晰,处理的数据量相对全量刷新也会少很多,性能比较高。

(3) 触发器增量。指根据一定的抽取规则,在源数据表上建立数据变更触发器,当源表发生插入、修改和删除操作时,则触发对应的触发器,往增量日志表中插入变化的具体数据。因此,ETL 的数据抽取与源数据表脱离关系,不再从源表中抽取数据,而是从增量日志表中进行数据抽取,完成数据抽取后,则删除增量日志表中的数据,或者标示已被抽取。

还有一种升级版的触发器增量方式,即增量日志表可以只存储源数据的关键目录信息,如表名、行唯一标示字段及操作类型(增、删、改)。ETL 进行抽取时,先到增量日志表中获取变化数据的关键信息,而后再去源数据表中获得完整的变更数据。

触发器增量方式,ETL 加载规则简单,不需要修改业务系统表结构,只需要对业务表建立触发器,效率高、数据抽取的性能高。不过,需要源数据表建立触发器机制,增加运维人员,还要建立临时表、存储临时表等,其运维成本也不小,且对源端存储也有一定的压力。

(4) 日志比对增量。指通过读取数据库的归档日志,得到发生变化的增量数据,而后加载到目标数据表中。

其优点是,不用修改源数据表的表结构,也不用业务系统来增加变更逻辑,数据同步的及时性和效率都比较高。

但是,由于打开数据库归档功能会对源数据库的磁盘造成一定的资源压力,也会增加存储成本,所以大多数数据库日志是不对外开放的,需要开通相应权限。另外,不同数据库的数据库日志文件结构也存在较大差异,实施分析难度也相对较大,所以这种方式也有一定的局限性。

日志比对增量方式中比较成熟的是 Oracle 的改变数据捕获(changed data capture, CDC)技术。当 CDC 对源业务表进行增删改操作时,就可以捕获到相关变化的数据,并写入数据库日志表中,然后再通过相关操作,将变化数据装载到目标数据表中。

3.2.2 分布式文件系统组件

3.2.2.1 分布式文件系统概述

分布式文件系统(distributed file system, DFS)是指文件系统管理的物理存储不再是只在一个物理节点上，而是将相同文件存储在网络多个物理服务器节点上，通过网络将各个物理节点相连，通过计算机的共享文件夹将文件组织起来，从而形成逻辑上完整的、独立的、有层次的树形共享文件系统结构。用户在网络上进行查询和管理这些共享文件更加便捷，有利于提高文件的访问效率以及文件的可用性。同时，减轻了单个服务器在读写及存储方面的负载，实现服务器的负载均衡。分布式文件系统具有很强的可扩展性，有效地解决了巨量数据的存储和管理难题。

分布式文件系统采用的冗余、备份、镜像设计，把海量数据分散在多个不同的物理节点上进行多份备份存储，大大减小了数据丢失的风险，部分服务器节点出现存储故障，也并不影响整体存储的正常运行，即使由于各种原因导致存储故障的数据被损坏，也可从其他备份节点将损坏的数据恢复出来。因此，分布式文件系统具有可靠的数据安全性。

分布式文件系统通过网络集群将大量廉价的普通商用服务器连接在一起，通过负载均衡技术的应用，可以实现分布式文件系统中各节点的负载相对平衡，既保证了整个系统的整体性能，又充分发挥了各个服务器节点资源的价值。当存储容量不够时，只需要经过一些配置，新的服务器节点就可以轻松加入集群中，成为分布式文件系统的一部分，因此，分布式系统具有极强的伸缩能力。

下面对常见的分布式文件系统 GFS 和 HDFS 做简要介绍。

3.2.2.2　GFS

GFS(Google File System，谷歌文件系统)是 Google 公司为了满足存储海量搜索数据而开发的专用分布式文件系统，主要基于 Linux 的大规模分散文件系统。GFS 可以运行在廉价的普通主机节点上，整体成本低廉，具有良好的容错功能，能为大量用户访问海量数据，提供高性能的服务。

一个 GFS 由一个 Master(主服务器)和多个 ChunkServer(块服务器)构成，并同时为多个 Client(客户端应用程序)提供 API 文件访问服务。

1) Master(主服务器)

Master 为中心节点，负责维护和管理控制整个文件系统所有的元数据(Metadata)，包括名字空间、文件定位、维护文件 meta 信息、从文件到块的映射以及块的当前位置、故障检测、ChunkServer 之间的数据迁移等功能。中心节点定期通过 HeartBeat 消息与 ChunkServer 之间进行通信，传递指令、监视 ChunkServer 运行状态。大数据文件可以被划分为多个固定大小的数据块，每个块有一个 Master 分配的、全局唯一的、64 位的 chunk-handle(句柄块)标识。由 Master 管理调度将这些数据块存放到 ChunkServer 上。

2) ChunkServer(块服务器)

ChunkServer 负责实际的数据存储与读取。将文件块存储在本地磁盘的 Linux 文件中，并通过 chunk-handle 和字节范围(byterange)来读写数据块。为避免因服务器故障导致数据丢失，GFS 也设计了副本冗余机制，即同一个数据块可以被复制到多个 ChunkServer 上，提高了数据的可靠性。

中心节点不参与实际的文件数据读写，Client(客户端应用程序)与中心节点之间的交互仅限于对元数据的操作。Client 向中心节点请求查询或写入数据时，中心节点将文件 meta 信息返回给 Client，由 Client 与 ChunkServer 直接通信，向 ChunkServer 发送数据读写的请求。这种系统控制与业务数据存储相分离的架构，可以降低 Master 的负载，防止该中心节点成为性能瓶颈。这种具有易于控制、功能强大中心节点的方案，在很多存储类系统中应用较为广泛。

3.2.2.3 HDFS

1) HDFS 基本组件及架构

HDFS 是基于块级别实现的 Hadoop 分布式文件系统，是分布式计算中数据存储管理的基础，HDFS 的文件分布在成千上万台廉价的商用服务器集群上，其目标是满足流数据模式访问和处理超大文件的需求。它具备高可靠性、高可扩展性、高吞吐量等特征，为海量数据提供了副本容错的存储，实现了超大数据集(LargeDataSet)的应用处理。

HDFS 采用了典型的主从(Master/Slave)结构模型，一个 HDFS 集群由一个 NameNode(名称节点)和若干个 DataNode(数据节点)组成。为了防止单个 NameNode 出现故障导致整个集群问题，往往需要启用一个 StandbyNameNode(备用名称节点)，通过 Zookeeper(分布式协调服务组件)完成主备 NameNode 的状态同步和切换。HDFS 工作原理如图 3-8 所示。

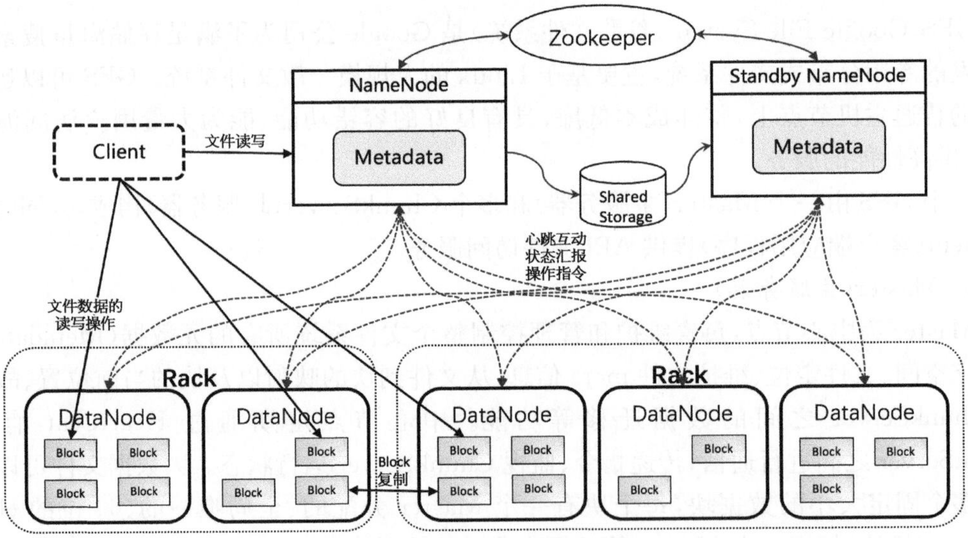

图 3-8 HDFS 工作原理图

在任何时间点，只有一种 NameNode 是处于 Active 状态，保持激活，对外提供服务，负责 Client 的操作；另一种是在 Standby 状态，用来同步 ActiveNameNode 的状态信息，以提供快速的故障恢复能力。

2) HDFS 的关键技术特点

(1) 故障容错机制，达成高可靠性。整个 HDFS 系统由成百上千个成本低廉的服务器通过网络组成,每个服务器节点都是存储系统的一个部分,由于各种原因,包括硬件故障、网络问题等很容易导致HDFS系统中部分组件出现问题。HDFS的高可靠性,就是指在作为常态的故障情况下,也能可靠地存储访问文件。

(2) 块技术及流式访问模式,支持超大数据集。HDFS的设计是利用块技术,实现支持GB、TB级的超大文件。无论多大的数据文件,都能按配置文件中设定的大小(默认128 MB)划分为若干个Block,而后将这些数据块按需要分别存储在不同的DataNode中。

HFDS提供了很高的聚合数据带宽,一个集群中可以支持数百个节点,还可以支持千万级别数量的文件,即实现超大数据集的存储和处理。

HDFS遵循简单一致性模型对文件操作,即一次写入、多次读取的高效访问的模式。一个文件在创建并写入数据之后,就不再进行修改,只进行追加。这样保证了数据一致性,并使高吞吐量的数据访问变得可能。总之,再大再多的文件存储也不是问题。

(3) 副本存放策略,平衡可靠性和性能。副本存放策略是指,通过机架感知(每一个DataNode进行自检,获取其所属的机架ID,然后在与NameNode交互时,汇报DataNode的机架ID),使NameNode能够确定每个DataNode所属的机架ID,选择Block存放的DataNode,以达到最大化数据可靠性、最小化读写开销之间的折中权衡。

一方面,机架内的服务器节点只需要交换机内部通信,而机架之间的服务器节点其通信需要经过多层交换机,需要传输的路线非常长,而且机房的带宽资源又非常宝贵,处于高并发情况时,机架间的带宽很容易满负荷,会导致整个集群响应速度急剧下降,所以,在机架之间的服务器节点写入Block时,要跨越多个机架传输文件,网络开销更大,延迟会更高。因此,从写入数据性能上看,期望同一Block的副本放入统一机架内的DataNode中,写入效率会更高。

另一方面,同一个机架,由于电源问题、网络问题等,导致机架出现故障时,该机架内的所有服务器节点,处于"同一条船上",都不可用。如果同一Block的副本都放入一个机架内的DataNode中,如果出现故障,则"一损俱损",导致数据丢失。将副本放置在不同的机架上,在防止机架故障时数据丢失的同时,还能在读数据的时候可以充分利用不同机架的带宽。这个方式均匀地将复制分散在集群中,这就简单地实现了组建故障时的负载均衡。因此,从数据的可靠性和更高的读取性能看,期望NameNode会尽可能把Block的副本存放到不同机架的DataNode上。

所以,综合以上相互矛盾的两个方面,为平衡数据的可靠性和读写性能,需要有良好的副本存放策略,其目的是在保证数据可靠性的同时,提高写入性能。Block副本存放位置的选择,会明显影响HDFS的可靠性和读写延迟。

(4) 集中式缓存管理,提高内存利用率。HDFS中的集中缓存管理(centralized cache management)是指允许用户将一部分经常被读取的目录或文件缓存在Off-heap(堆外缓存)内存中,提高这些缓存数据的访问效率。

HDFS中的集中缓存管理是一种显式缓存机制,允许用户指定HDFS需要缓存的路径。用户通过HDFS提供的API和命令行两种方式,集中式缓存系统中的文件和目录,可以根据需要将一个文件添加到缓存中,或者从缓存中删除。NameNode统一负责协调集群中所有 DataNode 的 off-heap 缓存。

3.2.3 分布式数据库存储系统组件

大数据场景中，除了以文件形式保存的数据外，还有大量半结构化和结构化的数据，这类数据需要支持更新操作如随机插入和删除，对此分布式文件系统是无法解决的。因此，为了存取结构化数据，通常使用数据库存储系统。

传统系统建设，整个系统只需要一个关系型数据库（如 MySQL）支撑数据的存储即可，所有业务数据表存储在这个数据库中，进行存储和读取数据。因其清晰的关系模型、高效的查询引擎和通用标准的查询语言，如 DML 和 DDL 的 SQL 语句等，对数据的操作非常简单、便捷。

随着互联网＋、物联网、5G 时代的到来，人类社会的业务数据量迅速激增，智慧社区业务即将迎来爆发式发展，传统的单机数据库服务，在数据量变得巨大时，其数据存储和查询的效率就慢得无法忍受，难以继续满足新业务的持续增长，在系统可扩展性、性价比方面都难以接受。

伴随着海量数据的产生，从系统性能、系统扩展性和成本等多方面新需求促进下，分布式数据库系统应运而生，其核心是对这些表进行水平拆分，将一个数据库拆分为多个局部数据库，其目的是突破单机传统数据库的容量及性能瓶颈，降低数据存储成本。

3.2.3.1 分布式数据库概述

分布式数据库系统（distributed database system，DDBS）在物理上则是分别存储在不同的物理节点上，应用程序通过网络的连接可以访问分布在不同物理节点上的数据库，但在逻辑上是一个统一的整体，用户访问数据库时仍然像感觉存储在同一个服务器节点一样。

每个服务器节点中都可能有数据库管理系统（database management system，DBMS）的一份完整拷贝副本或者部分拷贝副本，并具有自己局部的数据库，位于不同地点的许多服务器通过网络互相连接，共同组成一个完整的、全局的逻辑上集中、物理上分布的大型数据库。

分布式数据库主要具有以下特点：

1）良好的扩展性

在集中式数据库中，往往在开始设计时就留有较大的资源剩余，容易造成浪费，或者采用升级扩容，但代价昂贵，且往往因无法进行水平扩展而容易达到容量和性能的瓶颈。对于分布式数据库系统，从系统架构的设计上，就要求其具有良好的扩展性，能很好地支持自动水平扩展，较为容易地增加新的数据库节点，从而满足不断增长的数据存储及处理的能力。

2）良好的可靠性

传统的集中数据库方式，一旦集中存储的数据库服务器发生故障，则会导致整个系统都不可用。

对于分布式数据库系统，由于使用较多分布在不同物理位置的低成本服务器节点，通过横向扩展技术完成分布式数据库系统的搭建。由于数据分布于多个物理地点，同时通过一定的冗余机制以及良好的故障自动处理能力，可以提供更好的可靠性。一个服务器节点出了故障，不会引起整个数据库系统的不可用。

3）弱化事务支持

传统关系型数据库系统，主要面向联机事务处理（online transaction processing，OLTP）场景，在写入或更新数据的过程中，为保证事务是正确可靠的，要求必须支持事务的ACID特性［即原子性（atomicity）、一致性（consistency）、独立性（isolation）和持久性（durability）］。但在大数据的应用场景中，更多是面向OLAP（联机分析处理）场景，对事务的要求较低，只需要选择性支持即可。

下面重点介绍作为分布式列簇式数据库的HBase和分布式纯列式数据库Kudu。

3.2.3.2　HBase——分布式列簇式数据库

HBase是一种非关系型的NoSQL数据库，不使用SQL作为查询语言，不支持表关联，但因其表没有固定的结构，主要基于列簇式存储，所以具有很好的水平扩展能力。HBase通过RowKey（主键）和RowKey的Range来检索数据，主要可以存储非结构化和半结构化的松散数据。HBase数据库中的表一般具有以下特点：① 巨大：一个表可以有上百万列，上亿行。② 面向列簇：面向列簇的存储和权限控制，列簇式独立检索。③ 稀疏：由于HBase数据库中的null（空）列不占用实际的存储空间，所以HBase数据库中的表可以设计得非常稀疏。

HBase对于少量数据的存储和查询并不比关系型数据库有明显优势，但是，当数据量增大到非常巨大时，传统关系型数据库性能会急速变差甚至崩溃，而基于列簇式存储架构的HBase，其存储与检索性能并不会明显降低。

HBase底层存储结构使用LSM-Tree（Log-Structured-Merge-Tree）作为存储结构，与传统的关系型数据库采用B+Tree的存储结构相比，在大数据存储及检索场景下，具有明显优势。

1）HBase数据存储模型

HBase是典型的KV（Key-Value）系统，没有固定的Schema模式，实际上就是一组多维的、有序的映射表。类似于关系型数据库的database和table的逻辑概念，HBase称之为namespace和table，一个namespace中有多个table。

HBase的table表，由一个rowkey（行键）和一到多个columnfamily（列簇名）构成。

一个columnfamily列中可以包含任意个实际的列，HBase将同一个列簇下面的所有列存储在一起，所以，HBase是一种面向列簇式的数据库。

rowkey相当于行“主键”。每行数据都有一个rowkey，唯一标识数据行，是定位行数据的索引。rowkey可以是任意字符串，最大长度是64 KB。在HBase内部，rowkey保存为字节数组。在一个表中，rowkey是全局有序存储的，在HBase中，行的排序方式为字典顺序。

HBase 中的三种查询方式包括基于 rowkey 的单行查询、基于 rowkey 的范围扫描和全表扫描 rowkey 行键。

2）HBase 的集群架构

HBase 存储集群采用 Master/Slave 架构，其主要组件包括 HMaster、HRegionServer、Zookeeper（分布式协调服务组件）以及底层的数据存储 HDFS。

HBase 的 Client（客户端），使用 HBase 的 RPC 机制，访问 Zookeeper，与 HMaster 进行通信，实现管理类操作，与 HRegionServer 进行通信实现数据的读写操作。

3.2.3.3 Kudu——分布式列式存储系统

HDFS 适合高吞吐量的离线批量数据分析场景，难以支持数据的随机读写。HBase 适合低延迟的随机读写场景，但不擅长批量数据的扫描，而在 OLAP 场景中更关注批量数据读取。

Kudu 能较好地结合 HDFS 和 HBase 的优点，既可以实现数据的快速插入与实时更新，也可以实现数据的快速读取分析。Kudu 的目标并不是取代 HBase，而是以适度降低写的性能出发，提高了大批量读的性能，满足快速在线分析。

1）Kudu 数据存储模型

Kudu 是 Cloudera 开源的一种面向结构化存储的列式存储系统，Kudu 的数据逻辑模型与关系型数据库类似，一个 Kudu 集群由多个表组成，一个表有多个用于保存数据的多个列，表中的每一列数据单独存放在一起，列与列之间都是分开的。

2）Kudu 的集群架构

Kudu 集群架构如图 3－9 所示。Kudu 集群中主要组件有 MasterServer 和 TabletServer。Kudu 使用 MasterServer（类似于 HBase 的 HMaster）节点管理集群的元数据，而使用多个 TabletServer（类似于 HBase 中的 HRegionServer）节点来存储实际数据。

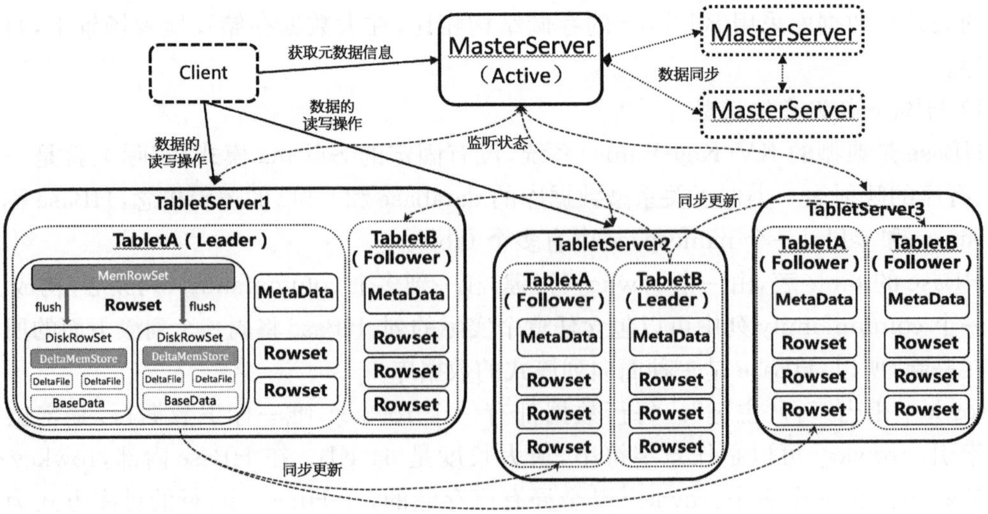

图 3－9 Kudu 集群架构图

HBase将数据持久化这部分的功能交给了Hadoop中的HDFS，最终组织的数据存储在HDFS上，但HDFS读小文件时的时延太大，所以Kudu重新设计了底层的数据文件存储模块。通过Raft协议，来保证TabletServer中Tablet多副本的数据的强一致性，提高了数据的高可靠性。

3）Kudu的读写性能

HBase写入或者更新时可以指定timestamp，导致Storefile之间timestamp范围的规律性降低，增加了实际查询Storefile的数量。对于写入及更新时的timestamp值，Kudu不允许人为设定，由内部控制（只是为了查找到历史数据，Kudu允许在scan数据的时候设置timestamp参数），因此，DeltaFile之间timestamp是连续的，这样，就可以更快地找到需要的DeltaFile。

另外，相对于HBase，Kudu对插入和更新操作是区分开的，因此，一条数据只可能存在于一个DiskRowset或者MemRowset中，只需要在一个Rowset中查找目标数据时，就不必再继续查找了。这样，结合列式存储的优点，可以实现较高的读性能。特别是，在更新数量不多的时候，Scan性能能够得到很好的提高。

Kudu属于真正的面向列的存储，表中的每一列都是单独存放的。Kudu设计表时要求将一列或者多列组合成一个主键，主键唯一，不允许多个相同主键的数据存在，这样能较大幅度地提高批量读取数据的效率。因此，Kudu数据插入的效率还是不错的，设置了足够的内存后，其插入速度达到每秒百万条是很轻松的事情。

Kudu的查询性能也是不错的，在合理设置Range分区后，结合sparkSQL或者impala，Kudu的查询速度比HBase提高了不少。

总之，Kudu明显的优点有：查询少量列时磁盘I/O少，速度快；数据压缩比高；有利于查询引擎性能优化，包括查询数据时延迟物化（materialization）、直接操作压缩数据等。

Kudu的缺点是对于OLTP场景不适合。在列的数量太多时，性能会明显下降，官方推荐，一个表最好不超过300个列。

3.2.4　批量计算组件

3.2.4.1　批量计算概述

在智慧社区的建设和运转过程中产生或获得的数据，不管是政务大数据、产业大数据或社会公益大数据，所有的数据理论上都是以流式的形态产生的，在产生的过程中都是一条条地生成，然后经过采集、清洗、转换和存储处理，形成了各种类型的数据集。如图3－10所示，根据数据来源方式、数据生成时间点是否有边界（即是否具有起始点和终止点）的角度，通常将数据集分为两种类型，包括无界数据集和有界数据集。

无界数据集，是指数据从产生开始，就会一直持续不断地产生新的数据，因此数据是动态的，像流水一样源源不断涌入，数据是没有边界的、动态的。例如，物联网设备（智能摄像头）状态数据，只要设备存在，会一直持续不断地汇报设备获取的内容数据及实时状态数据，除非设备报废。还有各类设备的系统日志等。对无界数据集的数据处理方式称为流式

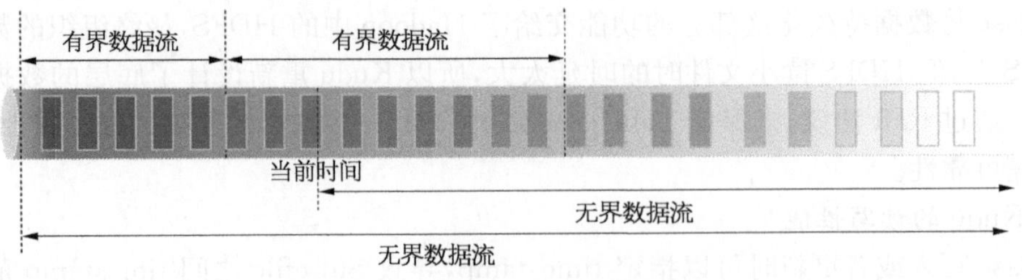

图 3-10 有界及无界数据流图

数据处理，也称为流式计算(stream computing)。

有界数据集，是指数据在产生和处理的过程中，是具有时间边界的，也就是说数据会在一定的时间范围内产生、发挥作用、失效结束，往往是静态数据。例如某次、某天或某月的交易数据。

对于有界静态数据集，往往采用大规模的批量处理，称为批量计算(batch computing)。对于批量计算，数据一定需要预先加载到计算系统，后续计算系统在数据加载完成后方能进行计算。例如，从数据库或文件系统等数据源系统中采集到数据，然后通过在分布式系统内智能地管理作业和调动其所需的最佳资源，进行批量大规模的计算处理，整个过程就称为批处理计算过程。

除了流式计算和批量计算这两种主要的大数据计算模式外，还可以根据不同的大数据应用场景，划分为交互计算(interactive computing)、图计算(graph computing)等其他计算模式。

3.2.4.2 MapReduce

1) MapReduce 的特点

从技术层面来说，批量计算的代表框架就是 MapReduce，针对海量数据进行批量处理。

MapReduce 是运行在 Hadoop 集群上，面向大数据并行计算的，适合 PB 级以上大数据的分布式批量计算框架。

MapReduce 的核心功能是将用户编写的业务逻辑代码和自带默认组件整合成一个完整的分布式运算程序，其具有易于编程、良好的扩展性、高容错性等明显优点。

MapReduce 提供了一个庞大的并行计算软件框架，并借助于函数式程序设计语言 Lisp 的设计思想，提供了一种简便的并行程序设计方法，将复杂的、运行于大规模集群上的并行计算过程高度地抽象到了 Map(映射)和 Reduce(归约)两个函数上。在集群节点上，通过其提供的抽象操作和并行编程接口，自动分配和执行并行计算任务，并收集计算结果，从而完成大规模海量数据集的批量计算。

2) MapReduce 工作流程简介

MapReduce 代表了第一个有别于冯·诺依曼结构的计算模型，改变了大规模计算的组织方式，不是在单个机器上，而是在集群规模上，组织基于大规模计算资源的计算模型。

如图 3-11 所示，每个 MapReduce 任务都包含两个过程：Map 过程和 Reduce 过程。在 Map 和 Reduce 中间，使用 Shuffle(数据混洗)完成 Mapper 任务中间结果数据的输出和 Reducer 任务的数据输入。

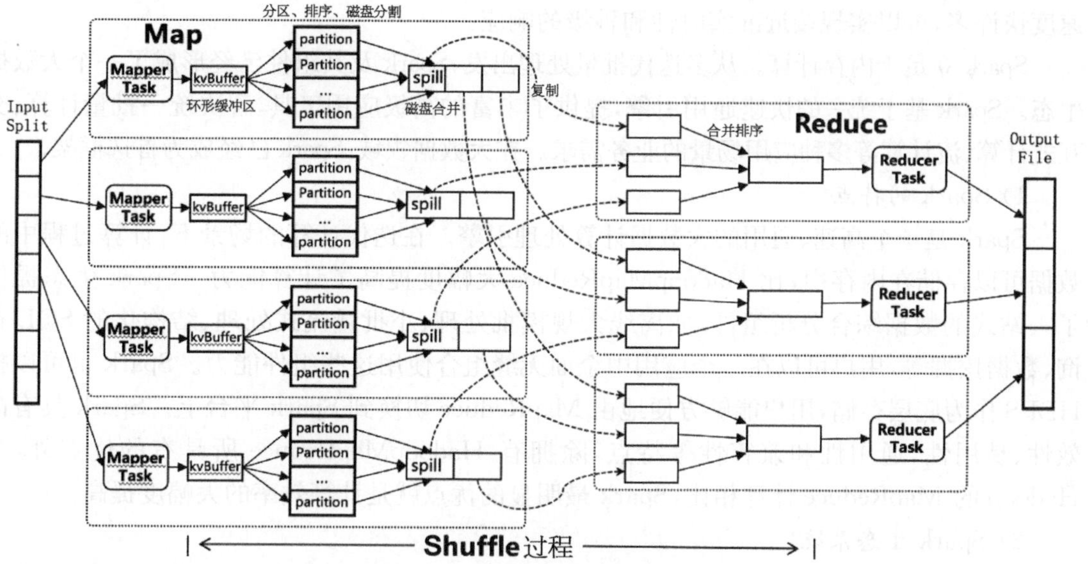

图 3-11　MapReduce 工作流图

MapReduce 运行时，会通过 Mapper 运行的任务读取 HDFS 中的数据文件，然后调用自己的方法进行数据计算，最后输出计算中间结果。

Reducer 任务会接收 Mapper 任务输出的中间结果数据，作为自己的输入数据，调用自己的方法，进行进一步 Reduce，最后计算结果输出到 HDFS 的文件中。

MapReduce 集群由一个 Master 节点和多个 Worker 节点构成，以完成 Mapper 任务和 Reducer 任务的具体执行。

Master 节点负责作业和任务的调度，负责为空闲的 Server 分配和调度执行任务的计算节点(包括 Map 节点和 Reduce 节点)，这些负责执行任务的计算节点称为 Worker 节点。Worker 的数量有多个，可以由用户自定义。Master 同时负责监控 Worker 的执行状态，以及这些 Worker 计算节点执行的同步控制。

3.2.4.3　Spark

ApacheSpark 是专为超大数据集合处理而设计的快速通用的计算引擎。Spark 是与 HadoopMapReduce 相似的开源的通用并行框架，可用来构建大型的、低延迟的数据分析应用程序。

与 HadoopMapReduce 不同的是，Spark 是基于内存的批处理计算引擎。Spark 使用内存分布数据集技术，能提供交互式查询，能更好地适用于数据挖掘与机器学习等需要迭代的 MapReduce 的算法。

对于 Spark 而言，虽然同样采取的是 MapReduce 的模型，但数据在内存中进行计算，中间结果直接输出到内存中存储，而不再需要读写 HDFS 或本地磁盘。同时，Spark 模糊了 Map 和 Reduce 之间的界限，大幅度减少了磁盘 I/O，实现了更加灵活的数据交换，以更少的资源实现更为复杂的算法，大幅度提高吞吐量。因此，Spark 要比 HadoopMapReduce 的速度快许多,可以实现接近准实时性和秒级的响应。

Spark立足于内存计算。从多迭代批量处理出发,Spark及其组件已经形成了一个大数据生态。Spark基于统一的快速通用引擎,提供了丰富的高级应用工具,解决统一批量计算、交互式计算、流计算等多种应用场景的业务需求。在大数据领域,Spark已经成为首选框架。

1) Spark的特点

Spark是一个高速、通用的大数据计算处理引擎。在迭代计算的场景下,计算过程中的数据可以存储在内存中,比HadoopMapReduce大幅度提高了计算能力。Spark生态提供了一站式的数据综合分析组件,如离线大规模批处理、小批量流式处理、结构化的SQL查询、数据挖掘等,用户可以在一个应用中全面无缝组合使用这些组件能力。Spark也可以把HDFS作为底层存储,用户能够方便地由MapReduce切换到Spark平台上。Spark具有高效性、易用性、通用性和兼容性等特点,除拥有HadoopMapReduce所具有的优点外,与Hadoop的MapReduce计算相比,Spark最明显的优点就是计算效率的大幅度提高。

2) Spark生态系统

Spark包括提供核心功能的SparkCore、使用SQL进行结构化处理的SparkSQL、实时流处理的SparkStreaming、用于图处理的GraphX以及用于机器学习的MLlib等。

3.2.5 流式计算组件

流式数据,主要指一系列动态的,像流水一样传过来的,在时间分布和数量上无限的(称为无边界)的数据集。从数据源来看主要有物联网设备(传感器)和互联网Web数据等,从数据类型看,主要有图像数据、音视频数据等。物联网设备数据如物联网设备状态数据,包括智慧社区里的智能灯杆状态数据,智能摄像头状态及摄像头录取的人流、车流等音视频数据,智能垃圾桶状态及容量数据,智能消防栓状态数据,智能门禁数据,智能监控数据等。互联网数据,如系统访问日志数据、搜索日志数据、交易日志数据、交换节点的系统日志数据、各类流量数据等。这些数据包括设备状态、图像信息、视频信息等流媒体数据,一天24 h,每时每刻都在产生。这些流式数据具有动态性、突发性、无限性、顺序性、实时性等特性。

流式数据难以批量处理,而是需要连续处理。如果等到全部数据收到后以批量方式处理的话,一是延迟太大,二是占用大量内存,三是处理的及时性不够,更加致命的是,流式数据会源源不断地无边界不停地产生,所以使用批量处理的方式往往是不现实的,因此对于流失数据的处理方式需要专门的流数据处理技术,称为流式计算。

流式计算相比有界离线数据的批量计算,其实现复杂度会高很多,这是因为需要考虑处理过程中数据的无边界问题以及系统容错的问题。流式计算需要依赖上游数据传输的正确性、实时性以及下游存储系统的高吞吐,因此,流式计算更加强调计算数据流和低时延。

3.2.5.1 流式计算概述

1) 流式计算的特点

批量计算为统一收集数据,存储到数据库中,然后对数据进行批量处理的数据计算方

式。相比批量计算,流式计算的不同之处主要在于以下几点:

(1) 数据源特征不同,流式计算的源数据一般是动态的、不间断产生的,即无边界的。

(2) 数据时效性不同,流式计算要求实时、低延迟。

(3) 运行方式不同,流式计算的任务需要不停地持续进行。

(4) 应用场景不同:流式计算应用在实时、时效性要求比较高的场景,如实时推荐、业务监控、实时告警、实时调度、实时下发指令等。

2) 流式计算场景主要过程

流式计算场景主要过程分为实时数据采集、数据缓冲、实时计算、结果数据存储和实时查询服务5个阶段。

(1) 实时数据采集。该阶段是指从各种易购数据源上,使用实时数据采集工具,对不停动态变化产生的数据进行实时采集,无须长时间累积大量的数据再传输,而是平摊到每个小的时间点,不停地小批量实时传输,数据采集的时延得以保证,从而实现快速收集数据。

(2) 数据缓冲。由于流数据源源不断涌入,且具有一定的突发性,可能数据采集的数据量特别大,在数据量涌入的高峰期,也可能数据计算速率跟不上。为避免造成数据堵塞,解决数据采集和数据处理的速率不平衡问题,3.2.1.3节中提到的数据通道Kafka就能很好地完成这个任务。

(3) 实时计算。流式数据中的一些在产生后的短时间内就有了很高的业务价值,但这种价值随着时间的流逝会迅速降低。例如,智慧社区中智能摄像头上传的人流量数据,按地点、区域及时分析出来,对业务具有很强的指导性,如果发现公共场所人流量数据过大,可以用于快速预警、疏散等。还有,对于智慧社区中智能摄像头上传的各地车流通行数据,获取并及时分析后,可以有效地实时发现各种情况:如果是交通事故,则及时救援;如果是车流量过大,可以通过引流、导航等降低某道路的车流量,有效提高通行效率等。因此,其实时性要求非常高,需要实时计算及时响应。流处理的关键优势,在于它能够更快地提供洞察力,通常在毫秒到秒之间。

流式计算是一种持续、低时延、事件触发的计算作业,其像流水一样从数据缓冲池中不停地获取数据,并通过流式计算引擎持续计算,快速完成数据的处理,有效降低处理时延。流式计算的步骤是提交流计算作业,等待/获取流式数据,触发流计算作业。

(4) 结果数据存储。批量计算,须等待数据计算结果完成后,将结果数据批量传输到在线存储系统。而流式计算,在每次小批量数据计算完成作业后,不需要预先加载过程,就可以立刻将计算结果的数据写入流数据在线系统中,从而将这些实时计算出的结果进行实时化展现。根据应用场景的不同,可以选择不同的在线存储系统。

(5) 实时查询服务。有了实时计算的结果,对外提供实时的查询服务,快速产生数据价值。

3) 流式计算常见框架

根据流式计算引擎的数据组织特点,有以下两种不同的处理模式:

(1) 基于行(rowbased)的处理模式(称作原生流处理)。基于行的原生流式实时处理系统,其主要优点在于其处理效率高、延迟低。这种原生流式计算常见框架的典型代表是ApacheStorm、Flink以及Samza等。

(2) 基于微批处理(micro-batchbased)的处理模式。指将流式处理转化为多个微小的批处理,即把输入的数据,按照一定的时间间隔,切分为多个短小的、连续的、固定时间大小的数据,并通过批处理的方式,处理每批数据(分片数据)。微批处理的处理模式最为明显的优点是高吞吐量,高容错性。微批处理的处理模式缺点是数据处理延迟较高。

这种基于微批处理的流式计算框架的典型代表是SparkStreaming。下面对SparkStreaming做更加详细的介绍。

3.2.5.2 流式计算框架SparkStreaming

1) SparkStreaming概述

SparkStreaming是基于SparkCore之上的实时流式计算框架,可以实现高吞吐量的、具备容错机制的实时流数据的处理。

SparkStreaming的核心是微批处理机制,接收实时流的数据后,在数据处理前,根据设定的时间间隔,预先将这些原始的连续的数据流拆分成一批批数据,然后通过SparkEngine处理这些批数据,而后得到一批批处理后的结果数据。

SparkStreaming支持从多种数据源获取(接收)实时流的数据,包括Kafka、Flume、Twitter、ZeroMQ、Kinesis以及简单的TCP套接字等。获取数据之后,可以使诸如Map、Reduce、Join和Window等Spark的复杂操作,进行复杂算法的处理,最后将处理结果数据存储到数据库、HDFS文件系统中。

SparkStreaming基于Spark优秀的"基因",在Spark统一环境的基础上,SparkStreaming也可以与Spark生态系统中的其他组件如GraphX(图计算)、MLLib(机器学习)相结合,对流数据完成图计算和机器模拟计算等实时处理。

SparkStreaming提供了丰富的API,能够轻松实现各种复杂的业务逻辑。

2) SparkStreaming运行架构

与传统的流处理采用一次处理一条记录的方式不同,SparkStreaming采用的方式,是将连续的流数据进行离散化分割处理,以便能够轻易地进行秒级以下的微型批处理。因此,SparkStreaming基于Spark的流式批处理引擎,其基本原理是把输入数据按一定的WindowLength分多个窗口分多批次进行处理,当批处理间隔即SlideInterval缩短到秒级时,便可以用于处理实时数据流。实际上,就是把流式计算当作多个连续不断的小规模的批量计算。

SparkStreaming功能分为流数据接收存储及批处理作业的生成管理两部分。流处理引擎完成流数据接收与存储管理,将流式计算分解成一系列短小的批处理作业。批处理作业的执行由批处理引擎SparkCore负责完成。

SparkStreaming的流数据处理过程,可以简单分为流数据引擎启动、流数据接收与存储、流数据的处理和处理结果的输出等4个步骤。SparkStreaming整体运行架构如图3-12所示。

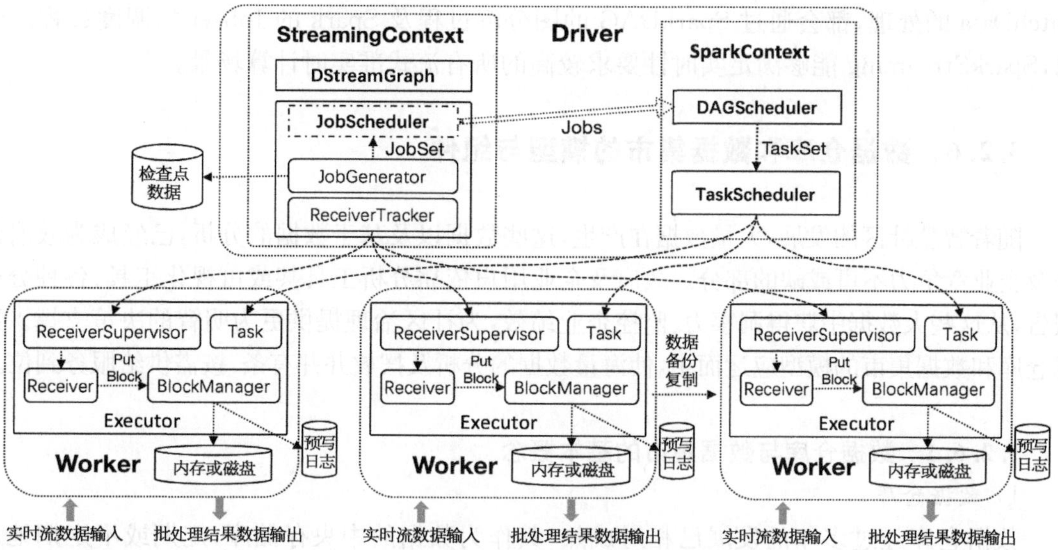

图 3-12 SparkStreaming 整体运行架构图

3) SparkStreaming 的特点

(1) 动态负载均衡。SparkStreaming 系统将数据划分为多个小批量,这样就能达到对资源进行细粒度分配的目的。

有的流处理系统,采用静态方式分配任务给结点,如果某个 Partition 的计算比其他 Partition 更密集,那么这个 Partition 所在节点将很容易出现性能瓶颈,将大大减缓流处理的效率。而在 SparkStreaming 中,由于划分为多个小批量,其作业任务就会根据资源使用情况,动态地分配给各个 Worker 节点,一些节点会处理耗时较长的任务,则处理的数量就会较少,一些节点处理任务耗时更短时,则会处理较多数量的任务,达到负责均衡。

(2) 容错性。在 Spark 中,每一个弹性分布式数据集(resilient distributed datasets, RDD)都是一个不可变的分布式可重算的数据集,其记录了明确的操作血缘关系,任意一个 RDD 的 Partition 在出现错误或不可用后,都可以利用原始输入数据通过 Transformation 操作重新计算得到。

对于 SparkStreaming 来说,每一个 RDD 都是通过血缘相连接的,RDD 中任意的 Partition 出错,都可以并行地在其他 Worker 节点上将缺失的 Partition 计算出来。这个容错恢复方式比连续计算模型的效率更高。

在某节点出现故障后,传统系统会在别的节点上重启失败的连续算子。为了重新计算丢失的数据,有时需要重新运行一遍之前的数据流处理过程。此时,只有一个节点能够重新计算,整个数据流处理通道都将处于等待状态,直至新的节点信息完全恢复。

在 SparkStreaming 中,由于计算被拆分为多个小的批处理任务,保证能在任何地方运行而又不影响叠加合并后结果的正确性。因此,失败的任务是可以同时在集群节点上并行重新处理,这样,相比于传统方法能够更快地恢复故障的计算工作。

(3) 实时性。SparkStreaming 实现了流式计算分解成多个小的批数据,对于每一个

BatchData 的处理，都会通过 SparkDAG 的图分解过程及 Spark 的 Jobset 的调度过程。所以，SparkStreaming 能够满足实时性要求较高的所有流式准实时计算场景。

3.2.6 数据仓库和数据集市的模型与组件

随着智慧社区的发展，大量数据在产生，这些数据以及基于数据的分析，已经成为政府治理及企业竞争力不可或缺的部分。政府及企业用户依靠分析工具甚或可视化工具、各种分类报告，从这些大数据中获得洞察力、监控企业绩效，为社区治理提供更为明智的决策支撑。数据仓库和数据集市的模型应运而生，使海量数据的分析及摆放井井有条，按需供给服务到位。

3.2.6.1 数据仓库与数据集市的基本概念

1）数据仓库

数据仓库经过多年的发展已相对成熟，其作为数据的中央存储库，定期或不定期地从社区业务系统、传统的关系数据库和其他数据源中采集各类数据，把这些操作型数据集成到统一的环境中，能通过高效地存储数据，最大限度地减少数据输入和输出，并结合 BI 工具、SQL 客户端、其他分析工具和各种报表进行数据分析，同时为政府、企业、社区、个人等成千上万的用户提供快速的查询结果及决策支持。

数据仓库通过构建面向决策支持系统和联机分析应用的集成化数据环境，对一些主题领域所涉及的分析对象，通过各种分析方法如联机分析处理 OLAP、数据挖掘技术进行逻辑上的综合归类、特定抽象、分析利用，分析出有价值的数据或者构建智能应用，为决策提供支撑。

数据仓库中的数据，是在对源数据进行数据抽取、清洗的基础上，经过加工、处理及汇总得到的，需要清理源数据中的非一致性，以保障数据仓库内的信息是可用的、可靠的、全局一致的。这些数据往往允许有较大的冗余，一旦进入数据仓库后，被长期保存，通常不允许删除，为满足前端应用的大量查询操作需要，以及供决策分析所用。如果有新的数据需要入库，则通常需要定期的加载和刷新。

2）数据集市

数据集市可以看作数据仓库的一个子集，它更小、更集中，着重于“精准服务”，主要面向特定用户的业务，或者只面向某个特定主题领域，预先为这些特定用户或特定主题，计算处理好最适合其用户特性的数据汇总。

数据集市的存储，解决了灵活性和性能之间的矛盾，可以在一定程度上缓解访问数据仓库的瓶颈。

数据集市有独立型和从属型两种类型。独立型数据集市是指以操作型环境作为数据源获取数据；从属型数据集市是指以企业级数据仓库作为数据源获取数据。从体系结构方面来讲，从属型数据集市会比独立型数据集市更加稳定。

3.2.6.2 数据仓库与数据集市的分层模型

在数据仓库的解决方案中，为了更好的扩展性，通常需要通过分层理念来架构数据仓库。分层是数据架构设计的一种数据逻辑结构，通过分层设计，完成的模型架构有一定的解耦性，较为容易实现数据仓库中各个组成部分的增减、替换和组合。

通常，数据仓库的整体架构可以分为四层：ODS(operational data store，临时存储层)、DW(data warehouse，数据仓库层)、DM(data market，数据集市层)和APP(application，应用层)。

各个系统的元数据通过ETL同步到临时存储ODS中，对ODS数据进行面向主题域建模形成DW，针对某一个业务领域建立模型形成DM，具体用户(决策层)查看DM生成的可视化分析报表。

数据层次的划分是灵活的，不是一层不变的，在实际使用场景中，可以根据业务需要，进行裁剪或者调整。

1) ODS

ODS也称为临时存储层，是加载和存储原始数据的数据库层，它是直接接入原始源系统的数据，有时候是直接从业务同步而来的数据。但是，在源数据装入这一层时，要进行诸如去噪、去重、字段命名规范等一系列操作。

ODS的数据是由业务产生的细节数据、报表数据，或者动态汇总数据，保留了全量数据。但同时，又对源数据库最大限度进行了面向主题的冗余处理，得到的数据集，通过ODS消除了数据间的关联细节，实现了对某一领域数据进行统一处理(比如查询、统计)的快捷方法。ODS目的是降低数据仓库系统和业务系统之间的紧耦合。ODS中的表包含存储当前加载的数据，以及进行简单处理后的数据。

2) DW

DW保留了数据的原始粒度，与ODS的数据粒度相同，在ODS的基础上，对数据进行了清洗和转换后，形成了具有一致性的"干净"的数据。

另外，DW从ODS中获得的数据，按照主题对象，建立了各种数据纬度模型。DW会根据主题定义好维度、事实表，DW保存了多维度的轻度汇总的数据，也保存了高度汇总的数据，数据集市的宽表数据。

3) DM

DM是面向主题组织的数据，通常是星状和雪花状数据。它以某个业务应用领域为出发点，根据业务需求把DW数据进行聚合或分类生成字段比较多的宽表。生成的宽表数据，分类摆放井井有条，按需供给服务到位。

在DM，主要需要创建聚合事实表和缩小维度表。

4) APP

APP是数据粒度的高度汇总，其通过数据分析工具、数据挖掘工具和可视化工具，向前端用户呈现数据结果。

3.2.6.3 数据仓库的数据模型

数据仓库的建设包括范式建模和维度建模。

1) 范式建模

范式建模设计思路是，自上而下，适合基础数据的存储，其特点是体系化，扩展性好，数据存储没有数据冗余，方便解耦，避免更新异常，易维护。

但是，数据仓库的数据汇聚以及需要反映数据变化历史的特征，意味着数据量非常大，表和表之间的关联效率不高，所以有时完全规范的范式建模并不合适，其开发周期一般比较长、维护成本高，所以，通常会使用一些非规范化处理，如通过冗余字段的增加，来减少表与表之间关联的次数，这样会节约大量的开发时间。

2) 维度建模

维度建模设计思路是，自下而上，适合应用数据的存储和统计多层次维度的汇总，开发周期短，构建迅速，敏捷灵活。其缺点是，作为企业资源，结构复杂，维护成本会比较高。维度建模通常包括星型模型和雪花模型。

3.2.7 全文搜索引擎

1) 全文搜索引擎背景

当系统数据量多达数十亿或数百亿条的时候，如何解决这种大规模数据的检索难题，是用户不得不面对的问题。

传统检索方案中，对于关系型数据，通过代理中间件将查询语句分发到各个 Slave 节点，进行查询及汇总结果。另外，也可以通过内存数据库实现数据的快速检索，但内存的成本非常高，对于大规模数据的快速检索，也不够现实。在此不得不提到全文搜索技术。

全文检索是指对一篇文章，按关键词进行索引，可以根据关键词搜索，如关系数据库中的 like 语句。

在大数据场景下，全文检索技术是以各类数据，包括文本、图片、音视频等为对象，按存储数据的内容来进行的信息检索，特别是能对海量数据，包括多种数据和信息格式，跨越多种数据源，通过有效的存储管理，实现用户特定的知识快速检索请求，对检索命中的结果可按相关性或分类规则进行排列，提供不同格式的检索结果呈现。

如何在海量数据信息中准确且快速地找到包含用户所搜索关键字的所有信息并合理地排序展示，的确是一个很有挑战的问题。

下面介绍常见的全文检索系统 ElasticSearch。

2) ElasticSearch 基本概念

ElasticSearch 简称 ES，是一个开源的分布式全文检索引擎。ES 属于准实时的搜索引擎，具有高扩展性，可以快速地存储、搜索和分析海量数据，搜索服务器可以轻松扩展到成百上千台，实现 PB 级的数据处理。

ES 核心是基于 Lucene 来实现索引和搜索的功能的，并利用其提供的许多合理的缺省值，以及简单的 RESTful API 操作接口，避免了 Lucene 配置和使用的复杂性。让全文搜索变得简单好用，安装即可使用，是目前全文搜索引擎的首选。

维基百科、Stack Overflow、Github 等都采用了 ES。

3) ElasticSearch 主要特点

(1) 分布式的实时文件存储，每个字段都可以被存入索引，使其可以被检索到。

(2) 分布式的实时分析搜索引擎,快速检索相关数据,返回统计结果。

(3) 高度集成化的服务,可以通过简单的 RESTful API、各种语言的客户端甚至命令行,进行交互查询。

(4) 支持插件机制,包括同步插件、分词插件、Hadoop 插件、可视化插件等。

(5) 横向扩展性:只需要简单配置,就可以轻松增加服务器节点,加入 ES 集群。

(6) 分片机制类似于 HDFS 的块机制,同一个索引分成多个分片,集群中的每个 DataNode 都可以承载一个或多个分片,这种分布式的处理方式极大地提升了数据存储和搜索效率。

(7) 复制机制提供了高容错性。一个 Shard 可以设置多个 Replica,即使某些 DataNode 出现故障后,其上面的数据也会自动恢复到其他 Node 上,对集群影响降到最低。

通过简单操作,很快即可以搭建一个全文搜索引擎。

4) ElasticSearch 的应用场景

ES 主要适用于以下三个方面:

(1) 作为分布式的搜索引擎,提供全文检索、结构化检索。

(2) 数据分析引擎,提供数据分析。

(3) 对海量数据进行近实时的处理,可以作为文档数据库,读写性能优秀。

另外,ES 通过 ELK(ElasticSearch+Logstash 日志加工+Kibana 数据可视化展示)架构,实现了数据的分布式存储、可视化查询和日志解析。ELK 可以适用于智慧社区场景下的设备状态监控日志分析、用户行为日志分析、交易日志分析等大规模数据的存储及分析场景。

总之,通过 ES 的使用,可帮助用户实现快速检索无处遁形的关键信息。

3.2.8 任务编排调度

大数据平台中,不管是离线批数据处理,还是实时数据流处理,会有大量的处理任务,但系统资源是有限的,如果有合适的任务编排调度系统,来进行合理有序的任务编排,高效完成任务调度工作,就能大大提高数据处理能力及执行效率。

3.2.8.1 任务编排调度系统的作用

一个大数据平台,通常都是由大量任务单元组成,包括存储任务、计算任务、检索任务等,涉及多种多样的各类程序,如 Java 程序、Python 程序、Shell 脚本程序、HSQL 程序、Mapreduce 程序、Hive 脚本等。这些大量的任务单元之间,总是存在一定的依赖关系,或者需要按一定的时间顺序完成。

大数据环境下,数据量巨大,任务繁多且复杂,而平台资源总是有限的。需要合理地调度资源,从而规则有序地运行各类执行任务。在有限的系统资源条件下,高效地组织和调度执行这些大量复杂任务,需要一个任务编排调度系统。

3.2.8.2 任务编排调度系统主要的工作任务

在大数据平台中，任务编排调度系统包括任务编排和任务调度执行两个部分。

1）任务编排

大数据平台中，不管是数据存储还是计算任务，大多都是分布式部署的，各个工作节点之间往往是无状态的，且都支撑水平扩展。基于分布式，对于大数据平台中的每一个工作任务，都需要拆分成多个不同的子任务，这些子任务是错综复杂的，有些任务可以并行执行，有些任务间有依赖关系，必须顺序执行，每个任务又可能有多个明细步骤，如何将这些任务按照合理的逻辑顺序串起来，需要进行任务的合理切分和编排，以利于进行后续的调度执行。

任务编排，还需要支持多样化、多依赖的复杂任务的编辑编排，以及快速创建、编辑任务、可视化的任务工作流配置等。

2）任务调度执行

任务调度执行是指，通过一些灵活配置，将编排的各类任务，按照合理的调度计划，根据平台中各个分布式工作节点的资源情况，提供高性能的任务解析、任务调度和任务执行，从而高效完成这些复杂任务。

任务调度执行涉及多任务并发调度、多任务并发执行、多线程并发运行、运行时间规则解析、任务状态维护、线程池的维护等诸多方面工作。

任务调度执行过程中，需要提供任务执行的实时监控，如实时查看任务调度日志、任务执行日志、任务执行的成功失败状态，能支撑并行调度、任务超时告警、失败告警、失效转移、失败重发、弹性扩容缩容等功能。

3.2.8.3 目前主流的任务调度系统

目前的大数据任务调度系统/框架较多，常见的包括 Hadoop 自带的工作流调度系统 Apache Oozie，去中心化的 Apache DolphinScheduler（原 EasyScheduler），Linkedin 推出的批量工作流任务调度系统 Azkaban，通用的批量数据处理 Apache Airflow、Cascading、Hamake，分布式调度解决方案 Elastic-job 等。下面简要介绍 Apache Oozie、Azkaban、Apache DolphinScheduler 三个任务调度系统。

1）Apache Oozie

Apache Oozie 是 Hadoop 的第一个调度程序，是基于工作流的调度系统，用来管理 Hadoop 作业中的各种操作。

Oozie 依赖于 Hadoop 平台，是专门针对大规模的复杂工作流程以及数据管道设计的一个重量级框架。

Oozie 是在 Java Servlet 容器中的 Java Web 应用程序运行的，用数据库存储工作流定义及状态等元数据的，可伸缩、可扩展、高可用的调度系统。

Oozie 工作流以 hPDL（一种 XML 流程定义语言）编写，通过有向无环图（directed acyclic graph，DAG）来控制，基于时间和数据驱动的任务调度。

Oozie 工作流包含了控制流节点（CONTROL NODE）和动作节点（ACTION NODE）。

控制流节点定义了工作流的开始、结束、复制、关联、关闭，并提供一种工作流的流程控制整个工作流的执行过程。而后，工作流通过动作节点触发任务的执行。

Oozie 支持多种类型的操作如 MapReduce、Pig、SSH、HTTP、电子邮件等，并且也可以进行扩展，支持其他类型的操作。

Apache Oozie 的详细情况可参考官网：http://oozie.apache.org/。

2) Azkaban

Azkaban 是由 Linkedin 公司推出的一个批量工作流任务调度器，其使用 job 文件，建立工作流任务之间的依赖关系，并提供比较简单的 Web 界面，用于管理和调度跟踪工作流，以使其按特定的顺序执行。

Azkaban 属于轻量级的工作流监控调度系统。其使用一种 KV 文件格式的 properties 文件，定义工作流任务及任务之间的依赖关系，开发较为简单，有良好的 Web 界面对任务进行查看监控。但是，Azkaban 定时执行任务只是基于时间，不基于数据。

Azkaban 的优势在于其任务的编排，它可以把复杂的大任务拆分成不同的子任务，然后按照一定的逻辑完成编排。通过以 properties 格式配置任务在 job 文件中，再打包成 zip 包，通过界面上传任务，然后即可通过 Azkaban 实现任务的调度和执行。任务调度底层依赖于通用的调度插件 quartz。

Azkaban 支撑单机模式和集群模式。

Azkaban 的详细情况可参考官网：https://azkaban.github.io/。

3) Apache DolphinScheduler

Apache DolphinScheduler(简称“DS”)是中国易观公司开源的一个分布式工作流任务调度引擎，属于 Apache 孵化器项目。

DS 是一个去中心化、易扩展的、可视化 DAG 工作流任务调度系统，其主要目的是解决大数据处理流程中错综复杂依赖关系数据处理任务的编排和调度，监控整个数据处理过程。在 2019 年对外开源后，得到许多开发人员的关注，目前参与开发和使用的公司累计有上千家，包括美团、平安、嘀嗒出行、雪球、凤凰金融、华润万家等。

DS 的主要特点如下：

(1) 简单易用。DS 整体上简单易用，提供了一键部署和可视化界面功能。其可视化的流程定义，通过拖拽任务来配置数据源、配置资源以及定制 DAG。提供了 API 操作接口，可以轻松实现与第三方系统进行对接。

可以对全局参数及局部参数进行自定义参数配置，也可以定义工作流优先级以及任务的优先级。所有工作流任务一旦配置好，就可以由 DS 自动定时调度，也可以手动进行暂停、停止以及恢复操作。

(2) 丰富的使用场景。更好地应对大数据的使用场景，支持多租户，支持 10 多种任务类型，如支持传统的 Shell 任务，也支持大数据平台任务调度 MapReduce、Spark、Hive、SQL、Python、Sub_process 等。

DS 上的用户可以通过多租户，与 Hadoop 用户实现映射关系，包括一对一或者多对一，有利于大数据的任务调度。

(3) 实时任务监控。有良好的DAG监控界面,任务以DAG形式关联,提供了完善的系统任务和调度服务监控功能,包括任务类型、任务运行机器、相关任务变量、任务状态、任务超时告警、任务执行成功、任务执行失败、任务重试次数等信息。任务成功或执行失败都可得到实时的通知。另外,提供了日志在线查看以及资源的在线管理功能。

(4) 高扩展性。除提供的任务类型外,用户也可以自定义任务类型。

支持集群的水平扩展,Master服务器和Worker服务器支持动态上下线,如果任务较多时,可以添加更多的服务器节点以提供资源的水平扩展。

调度器使用分布式调度,整个集群的任务调度能力随集群规模线性增长。

(5) 高可用性。具有良好的过载处理能力。通过任务队列机制,可以灵活配置和调整每个节点上可调度的任务数量,当任务过多时,会在任务队列中进行缓存,不至于让工作节点崩溃。同时,由于去中心化设计,DS集群中可以部署多个Master节点以及大量的Worker节点,通过集群的HA功能,以确保系统的稳定、高可用,极大数据量级任务也能稳定运行。

3.3 数据分析、挖掘和能力开放

3.3.1 数据共享与即席查询

3.3.1.1 数据共享基本概念

传统信息化建设中,社区各企业单位、部门、商家信息系统自成体系,信息数据各自独立存储,管理分散,"孤岛化"严重,无法互连互通,在一定程度上存在数据中心重复建设、数据标准不统一、数据交叉反复采集等问题,从而导致数据冲突,社区治理成本太高,社区数据难以产生应有的价值。

通过建设智慧社区大数据平台,实现社区治理体系和治理能力现代化,推动数据资源共享开放。在大数据平台上,通过对数据全生命期的管理,在保障社区企业单位的数据安全及保护个人信息隐私前提下,打通不同企业单位和系统的壁垒,促进数据流转,通过数据共享开放的机制,实现数据共享服务,完成信息资源的整合和共享。

通过智慧社区的数据共享服务,各种公共信息可一目了然,实现了信息第一时间掌握并提取,让数据产生价值,如社区网格中人口信息、人员结构信息、劳动就业情况、社区医疗健康情况、房屋财产信息、车辆信息和物业服务信息等。为减轻基层压力、提高工作效率、提升社区民生服务、运用大数据平台提升智慧社区的治理和服务能力。

数据共享服务系统,需要建立一套规范的数据格式、统一的数据标准,利用大数据技术平台,实现API接口、数据可视化、报表引擎、大屏引擎、搜索引擎多种数据查询服务或实时数据推送服务,对外实现数据共享和展现。用户利用数据的统一检索和发现,如即席查询和分析技术,实现灵活、便捷、高效的数据查询和数据获取,发现数据的巨大价值。

3.3.1.2 即席查询基本概念

即席查询(AdHoc)指用户在查询时，可以根据自己的实际业务需求，不受设计阶段预定的定制开发的影响，灵活地选择查询条件，系统能够根据用户使用系统时的选择，动态化生成对应下的查询结果。

即席查询与传统的数据查询都是通过 SQL 语句来实现的，并没有实质上的差别。但是，传统查询是提前根据业务固定需求，在系统的设计阶段就基本明确其查询业务要求，往往可以在数据库设计阶段就可以通过创建分区、索引、主键以及其他优化技术来达成高效的查询效率。而即席查询是允许用户在查询时，想查什么就查什么，临时选择查询条件，系统没有预先优化这些查询要素，临时进行查询优化分析，快速响应各种数据查询及分析请求。所以，即席查询的效率往往成为评估数据仓库的一个重要指标。

即席查询对数据仓库在数据存储和计算方面的设计有很高的要求。即席查询重点关注的是数据存储格式和缓存/索引方面。

3.3.1.3 常见的即席查询工具

目前有很多关于即席查询的解决方案，各种解决方案查询接口基本上都是传统 SQL，都需要优化后的数据存储结构，如谷歌的 Dremel、腾讯的 Hermes 及阿里巴巴的 MDRLL。

比较常用的开源的即席查询工具有 Apache Kylin、Druid、Trino(原 Presto)等。需要针对不同的业务场景选择合适的工具。

1) Apache Kylin

Apache Kylin 是一个分布式分析引擎，可提供 Hadoop、Spark 之上的 SQL 查询接口及多维分析(OLAP)能力，可以对巨大的 Hive 表实现秒级查询。

Kylin 还可以通过与许多 BI 可视化工具集成，来访问 Kylin 服务。

2) Druid

Druid 是一个实时处理时序数据的、支持 OLAP 的分布式数据存储系统。Druid 在处理 PB 级数据、毫秒级查询、数据实时方面，比传统的 OLAP 系统有了显著的性能改进。

与 Druid 架构相辅相成的是其基于 DataSource 与 Segment 的数据结构，它们共同成就了 Druid 的高性能优势。

相比其他时序数据库，Druid 在数据存储时便可对数据进行聚合操作，该特点使得 Druid 既能够节省存储空间，也能够提高聚合查询的效率。

(1) Druid 的特点为：① 列式存储格式，查询速度快；② 亚秒级 OLAP 查询；③ 实时(批量)摄取；④ 高效的多租户能力，最高可支撑数千用户同时在线查询；⑤ 扩展性强；⑥ 并发处理能力强；⑦ 集群自动平衡节点负荷，达到高可用性。

(2) Druid 的适用场景包括：① 已经完成清洗数据的实时录入，而不需要更新操作的情况；② 支持宽表(即很大的单表)，不需要 Join 的；③ 可以总结，用一个字段能表示基础统计指标的情况；④ 对数据质量的敏感度不高，但实时性要求高的场景。

3) Trino

Trino 由 Presto 更名而来，是一个开源的分布式 SQL 查询引擎，适用于交互式分析查询。Trino 可以解析 SQL，但它不是一个标准的数据库存储系统。

Trino 提供了一套标准接口，可以自定义数据源。通过 Connector 与外部数据源进行交互的，只要外部数据可以用 Trino 支持的数据类型表示成行、列、表，就可以创建 Connector 与外部数据源相连接。这样，只需要按照接口规范，开发对应的数据源接口，就能轻松连接到外部数据源。因此，Trino 可以支持多源数据的查询，包括 Hive、关系数据库(MySQL、Oracle)以及专有数据存储系统等。

Trino 是以插件形式，动态加载这些 Connector。插件的架构在 Presto 中得到广泛使用，比如事件监听器、数据类型、函数类型和访问控制等。

一条 Trino 查询可以将多个数据源的数据进行合并，可以跨越多个数据源进行综合分析，能支持 GB 到 PB 级别数据量。

Trino 没有使用 MapReduce，主要是通过执行引擎来完成实时查询，由于其所有的查询处理都是在内存中完成，所以，Trino 的性能很高，大部分场景下比 Hive 快一个数量级，其处理响应速度很快。

3.3.2 基于人工智能技术的数据挖掘和数据分析

海量的大数据场景，分布式存储在多台服务器构成的集群中。大数据分析方法就是要解决多台服务器上存储的大规模数据的计算分析，挖掘出数据价值。

在基于大数据的数据分析方法中，理论基础就是数据挖掘和分布式计算原理。其核心算法就是数理统计方面的算法，如聚类、分类、主题推荐等数据挖掘算法的内容。

3.3.2.1 数据分析基本概念

数据分析偏重于业务层次，是指根据业务需求的目的，在专业的分析理论知识的支撑下，利用一定的统计分析方法以及相应的分析工具，对采集到的大规模数据进行处理与分析，提取有价值的数据信息，得到一些业务上需要的指标统计结果，充分发挥数据的价值和作用。

数据分析通常分为现状分析、原因分析、预测分析三个部分。

数据分析的理论基础有概率论，统计学(如均值、方差、协方差等)，心理学(往往需要结合用户的心理进行结果的调整和分析)，行业领域的专业知识。

用于数据分析的分析方法有逻辑回归法、对比分析法、朴素贝叶斯、向量机、线性回归、分组分析法、交叉分析法、结构分析法、漏斗图分析法、综合评价分析法、因素分析法、矩阵关联分析法、相关分析法、回归分析法、聚类分析法、判别分析法、主成分分析法、因子分析法、对应分析法和时间序列等。

也可以通过大数据可视化分析，图文并茂，自动生成图形报表，输出结果直观清晰，如可视化图形用柱状图、饼图、折线图和曲线图等，或者可视化报表，有利于分析结果的理解。

3.3.2.2 数据挖掘基本概念

从大规模的、有噪声的、不完整的、模糊的、随机的数据集中，通过统计学、人工智能及机器学习等方法，识别并提取出未知的、有效的、有潜在价值的、最终可理解的信息和知识，这样的处理过程，被视作数据挖掘。

数据挖掘往往没有明确的业务目标，而是从海量数据中通过分类、聚类、关联和预测进行挖掘，寻找未知的模式或隐藏的规则，找出事先未知的有价值的信息。“啤酒与尿布”的案例就是典型的数据挖掘场景。

数据挖掘主要涉及决策树、神经网络、关联规则、聚类分析等统计分析、人工智能、机器学习等多种技术。

数据挖掘最终得到的结果是一定的模型或业务规则，其包括流失概率值、相似度、预测值、总和得分、高中低价值用户、流失与非流失信息、信用登记等模型得分或标签。

数据挖掘涉及的基础理论主要有概率论、矩阵论、信息论、统计学等。

3.3.2.3　数据分析与数据挖掘的区别

通过以上基本概念的描述可知，数据挖掘和数据分析都是从大数据中提取一些有价值的信息，两者紧密相关，但目标和侧重点有所不同，其区别主要体现在如下几个方面：

（1）数据分析更侧重业务，数据挖掘更侧重技术。

（2）数据分析强调业务人员发挥的作用，利用一些分析工具，实现敏捷数据分析，基于新的发现支持业务决策，转换到业务行动中，发挥数据价值。数据挖掘是将业务问题转化为数据问题，寻求可行的技术解决方案，从实验室完成模型孵化，到模型管理、模型部署等严谨的技术工程化的过程。

（3）数据挖掘和数据分析都是对数据进行分析处理，获取有价值的知识。不过，数据分析的侧重点是有针对性的业务目标的价值提取，而数据挖掘的侧重点是从数据中发现“潜在规则”。

（4）数据分析要求对行业领域有专业知识和比较深入的理解，并且能够将数据与业务紧密结合。而数据挖掘不一定需要有很强的专业知识。

（5）数据挖掘和数据分析都需要运用一定的统计学、概率论等分析理论基础，以及一些常用的分析方法。但是，数据分析需要结合统计学、营销学、心理学及其他专业知识等多方面的综合运用，而数据挖掘更多关注的是技术层面的创新运用。

（6）数据分析输出的成果往往是人的智力活动结果；而数据挖掘输出的则是借助人工智能、机器学习等技术发现，可以直接进行预测的潜在知识规则。

（7）数据分析需要通过人工建模，或者借助现有的分析工具进行。而数据挖掘直接通过编程进行数学建模，借助机器学习自动建立输入与输出的函数关系，给定输入数据，输出“规则”。

综合起来，数据分析与数据挖掘的本质都是一样的，都是从数据里面发现有价值的知识或信息，从而帮助企业业务运营、改进产品以及做更好的决策。

3.3.2.4　常见人工智能技术在数据分析和数据挖掘领域的应用

随着人工智能技术的发展，越来越多的人工智能技术如机器学习、推荐引擎等模型训练和处理，在数据分析和数据挖掘领域有了广泛的应用。通过机器学习所采用的算法以及模型的训练，可以得到数据分析和挖掘的最优模型，让数据分析挖掘"插上智慧的翅膀"。

下面对常用算法模型做简单介绍。

1）监督学习模型

传统的机器学习技术分为两类：无监督学习模型和监督学习模型。

监督学习模型是指通过对训练样本进行训练，得到一个在某种评价准则下的最优模型，然后再利用这个模型，对未知数据进行判断预测，获得对应的输出。训练样本是指输入数据和对应的输出数据都是已知的。

监督学习模型主要解决两类问题：回归和分类。回归是指通过监督学习模型，能得到定量输出，分类是指通过监督学习模型，能得到定性输出。

监督学习中主要的算法模型有K-近邻算法、决策树、朴素贝叶斯、神经网络、支持向量机、集成学习分类模型、Logistics回归模型、隐马尔科夫分类模型及基于规则的分类模型等。

2）无监督学习模型

与监督学习模型并称的另一种主流的机器学习模型，就是无监督学习模型。

如上所述，监督学习模型解决的是"分类"和"回归"问题，而无监督学习模型解决的主要是"聚类"问题。

监督学习模型利用带标签的样本集进行学习，而无监督学习模型利用未带标签的样本集。监督学习模型通过对数据进行标记，来让机器学习到。而无监督学习模型只有数据本身，数据并不被特别标记，这种学习模型是为了推断出数据的一些内在结构，应用场景包括关联规则的学习及聚类等。

无监督学习中常见的算法模型有K均值聚类算法、自编码器、主成分分析、基于密度的聚类、层次聚类、基于图论的谱聚类、基于网格的聚类、模糊聚类算法、自组织神经网络SOM及基于统计学的聚类算法等。

3）半监督学习模型

半监督学习模型是机器学习领域研究的重点问题，是监督学习与无监督学习相结合的一种学习方法。半监督学习模型首先需要学习数据的内在结构，以便通过合理的组织数据来进行预测。

半监督学习算法中，对于使用的样本数据，需要少量带有标签的样本数据及大量没有标签的样本数据。在现实生活中，无标签的数据易于获取，而有标签的数据收集起来通常很困难、标记也耗时耗力。在这种情况下，半监督学习更适用于现实世界，因此，近来已成为深度学习领域的新方向。

半监督学习算法包括常用监督式学习算法，这些算法会对未标记数据进行建模，在此基础上，然后再对标记的数据进行预测。主要有图论推理算法、自训练算法、多视角算法、生成模型和半监督支持向量机等。

4）推荐引擎

推荐引擎不是检索机制，而是主动学习；不是被动查找，而是主动推送。通过推荐引擎,可以实现个性化推荐及市场细分。推荐引擎利用基于内容、基于用户行为、基于社交关系网络、基于计算模型等数据或分析算法,挖掘用户的喜好和需求,主动发现用户当前或潜在需求,并主动向用户推荐其需要的或感兴趣的内容。

(1) 基于内容的推荐。指基于内容信息上做出的推荐,通过相关的特征属性,分析用户现在或过去经常查看、浏览的内容,分析其偏好、兴趣爱好等核心规律“DNA”,学习用户的“兴趣”,筛选与用户“DNA”有高度匹配的其他内容推荐给用户。

(2) 基于用户行为的推荐。指分析用户的行为特征,明白用户的意图,利用群体智慧算法,分析用户的群体行为,综合分析用户与用户之间的相似度、用户对小众商品的个性化需求,提供精准性、多样性和新颖性的推荐。

基于用户行为特征设计的推荐算法一般称为协同过滤算法,也称近邻算法。协同过滤推荐算法分为两类,分别是基于用户的协同过滤算法和基于物品的协同过滤算法。这就是人们常说的“物以类聚,人以群分”。

(3) 基于社交关系网络的推荐。指基于物品评分和用户偏好,通过分析用户所在的社交关系网络,根据相应的推荐算法,找到其最能够影响的用户,或者最能够影响该用户的关系网络,再综合每位用户的个性化爱好进行推荐,包括音乐推荐、视频推荐、商品推荐、医疗健康服务推荐和社区教育服务推荐等多个领域。

(4) 基于模型的推荐。流行的基于模型的技术包括基于机器学习的推荐引擎、分类模型-SVM/KNN、贝叶斯网络、矩阵分解、奇异值分解、交替最小二乘法概述、混合推荐引擎和隐含概率语义分析等。

最近几年,推荐系统发展迅猛,推荐引擎越来越成熟,特别是电商方面的应用越来越广泛,如从简单的近邻算法到个性化推荐再到情境感知推荐,从批处理推荐到实时推荐,从启发式的相似度计算到更准确、更复杂的机器学习方法的应用。未来,在智慧社区应用方面也将大放异彩,如为社区1公里以内的商家提供社区用户的精准营销,为社区用户提供更加便捷的服务。

3.3.3 从非结构化数据中挖掘数据价值

3.3.3.1 非结构化数据概念

根据概念数据模型的定义区分,数据通常可以划分为结构化数据、半结构化数据和非结构化数据三大类。

是否存在预先定义好的概念数据模型,是结构化数据、半结构化数据、非结构化数据的根本区别。结构化数据能够用标准化的格式化结构进行表示,离开这种结构,则数据无法表达其含义。半结构化数据具有某种结构,且数据本身带有结构的含义。非结构化数据属于自由表达,没有概念数据模型形式的限制,如文本、图像、音频、视频和超媒体等信息。

在智慧社区的应用场景下,非结构化数据占比达到所有数据的70%～80%,结构化数据仅有30%不到。结构化数据在分析挖掘技术方面,经过多年的发展已经相对成熟。对于没有限定结构形式的非结构化数据,其灵活表达,数据量巨大,蕴含了丰富的有价值的信息，就如从广袤的群山中挖出一座金矿。如何挖掘出这些非结构化数据中的真正价值，包括发现数据中隐藏的业务风险及商业价值呢？非结构化数据的处理是大数据分析技术的难点和重点。

3.3.3.2 非结构化数据处理技术

面对海量非结构化数据，谁能更好地对其进行处理、分析，谁就能把控智慧社区发展的命脉，真正抢得智慧社区大数据时代的先机，这也是实现智慧社区中产生的大数据的商业价值的关键所在。

非结构化数据处理的挑战性，关键在于语言表达的灵活性和多样性。常见非结构化数据的处理，主要是Web页面信息内容提取技术、视频和音频的处理技术，包括人工智能技术。人工智能技术主要有语音识别（自然语言解析）、机器视觉（人脸检测）、文字识别（optical character recognition，OCR）等。这几种技术相互配合，能够获得更好的数据处理效果。

1）语音识别（自然语言解析）

基于语音识别、语音合成、自然语言理解等技术，对非结构化数据进行分析挖掘。语音识别主要应用场景包括录音文件识别、一句话识别、实时语音识别（包括集成在APP、智能家电、智能助手中的各种语音识别），以及赋予产品“能说会道”式的智能人机交互，如声控智能家居设备、家庭机器人对话语音设备、智能语音客服、智能语音电话视频、实时直播字幕、实时会议记录、语音搜索、语音短消息、语音输入法等。

语音识别技术包括声学模型和语言模型，其能够将输入或存在的音频信号进行解析，识别为文字，所涉及领域包括信号处理、模式识别、概率论和信息论、发声机理和听觉机理、人工智能等。

语音识别技术需要解决的主要困难有：语音信号会受到发音人的语音场景如心理和生理影响，造成语音信号的失真，或者因上下文的影响而不同；同时，也会受到发音方式和习惯引起的歧义；另外，发言人的口音不同也会导致语音特征在参数空间分布的不同，等等。

语音识别的基本模型是：首先对语音进行处理之后，使用声学模型进行解码，然后将音节与词表进行匹配得到词序列，最后再使用语言模型得到语句。

语音识别常用的方法有如下四种：基于语言学和声学的方法、人工神经网络的方法（模拟人类神经活动，如自动适应和自主学习）、概率语法分析（用概率统计的方法分析语言成分之间的概率关系以及句子结构的统计规则）、随机模型法。其中，随机模型法目前应用较为成熟。

2）机器视觉（人脸检测）

机器视觉，简单来说，就是用机器通过一定的人工智能算法，代替人眼进行测量和判断。

机器视觉技术，通过对被摄取目标形成的视频，进行人工智能运算，抽取目标的特征，如像素分布、亮度、颜色等信息，然后转变成数字化信息及其他相关处理。机器视觉系统具有高效率、高度自动化的特点，可以实现很高的分辨率精度和速度，且具有与被检测对象无接触、安全可靠的特征。以机器视觉技术为核心，通过深度学习，在智慧社区应用和业务场景下，帮助用户在图库中实现相同或相似图片搜索，也称之为“以图搜图”。

在非结构化数据分析中，常见的机器视觉应用场景是人脸识别。

人脸识别是指利用摄像机或摄像头采集含有人脸的图像或视频流，并自动在图像中检测和跟踪人脸，进而对检测到的人脸图像进行相关的一系列技术处理。

人脸识别技术包括图像采集、人脸图像预处理、人脸特征提取、特征定位、匹配与识别、身份的确认和查找等。具体来说，人脸识别技术就是从视频/图片中提取人脸中的特征，包括人脸属性(如眉毛、嘴角、脸型轮廓、额头高度、性别，是否戴口罩，是否戴眼镜等)、行人属性(包括上衣颜色、下衣颜色、戴帽子、带包、拉箱子、打伞及四肢动作等)，从而自动进行身份识别的一种生物识别技术，又称为面像识别、人像识别、相貌识别、面孔识别、面部识别及行为识别等。

3) OCR(文字识别)

OCR是指用字符识别方法，将图片、照片上的文字形状识别出来，直接转换为可编辑的计算机文本的功能，即通过一定的算法进行分析处理，从而获取文字信息的过程。

在智慧社区的应用场景中，OCR技术多用于证件识别和车牌解析。目前最新的技术水平为字母和数字的识别率可达到99.7%以上，车牌中汉字的识别率可达99%。

OCR一般过程有图像输入、预处理、版面分析、字符切割、字符识别、版面恢复、后处理及核对。

OCR需要解决的主要难题是，如何除错，以及利用辅助信息提高识别正确率。OCR核心指标包括拒识率(对形近字符的辨识，对标点符号的辨识)、误识率(对图像噪声的免疫力)、识别速度(数字图像预处理能力)、用户界面的友好性(交互界面便捷性)、产品的稳定性(自学习功能)、易用性及可行性(能够辨识的内容范围)等。

OCR的识别方法包括：字符模板匹配识别；通过特征设计和提取，并送入分类器(SVM)中进行分类识别；基于深度学习的CNN(卷积神经网络)字符识别等。

3.3.4 数据价值开发与能力开放

通过融合社区内外部数据，完成智慧社区大数据平台的建设和布局，构建智慧社区大数据平台，实时把握社区用户动态、复杂和碎片化的生活需求特征，通过识别用户身份、便利用户生活场景，深度洞察用户需求，开发数据价值，通过数据驱动信息资产变现。

通过大数据能力开放和数据共享，打造共存、共赢、可持续发展的创新生态服务，实现“开放大数据价值，建立数据生态”，创造新的大数据价值链体系，实现社区数据的互连互通和共享。

通过智慧社区大数据平台，充分挖掘利用智慧社区的数据资产，为社区各级用户提供丰富的数据服务和数据应用产品，实现按需流通共享，让数据沿着业务流程形成一条服务链，将社区用户行为、视频标签、用户画像、社区网格和产品需求等数据，通过统一的数据服务方式开放给上层SaaS应用或其他相关系统(如政府或企业应用系统)，确保数据的唯一性和数据响应的及时性，为社区居民提供便捷化智能服务及个性化推荐服务，为物业用户提供全面的增值服务，为商家用户提供精准营销服务，为政府用户提供精细化治理服务等，从而节约系统建设成本，极大地提高服务质量。

数据能力开放最终是面向政府、面向开发商、面向物业、面向各类合作伙伴的，因此，需要具备自服务能力和自服务流程，让其他合作生态能够自助完成相关能力的接入。这就需要提供面向服务消费者的自服务标准规范及自服务流程，包括服务自动开通、服务接入、服务订购、服务变更、服务运行监控和服务目录浏览等各类基础能力。

大数据能力开放和数据共享，主要包含数据服务、API 服务、SaaS 服务三个方面。

1）*数据服务*

数据服务即对外提供服务。数据服务主要包括数据资产管理和数据获取服务。包括为实现智慧社区内部模型及数据的复用，并实现数据资产的编目管理、共享及分级存储，同时实现数据安全的可管可控。

数据资产管理是指对社区网格数据（如社区人口、车辆、房屋、装备等“一标多实”数据）、智能设备数据、社区安防数据、社区消防数据、社区环境、社区物业服务数据、社区党建和社区通行数据等数据结构进行元数据标准及建设管理。

统一的元数据标准是在技术层面实现智慧社区数据服务的基本要求。元数据建设包括：对单一标识、类别、描述、数据预览、修订历史、许可项、标签、API 授权项、附属项、全局数据字典和程序逻辑等元数据的维护、权限控制等，以及实现元数据的整个生命周期的管理。

数据获取服务主要是租户订阅和获取样本数据的服务过程，可以按照自定义社区、用户群、区域、物业、用户群关联关系和全样本抽取比例等多个样本提取规则，自助获取适配数据。

2）*API 服务*

API 服务是指提供标准化的 API 封装的接口，对外提供能力开放。

为发挥大数据的价值，将各种数据服务进行 API 封装，以及对 API 进行运维管控和全生命周期管理，并通过多租户模式，对外部系统提供统一的数据调用接口，其具有实时、动态的信息交互能力。

这种标准的 API 数据开放接口，实现了数据和应用的解耦，有利于各应用系统功能集成，如将多维度的数据整合成 IOC 数据运营大屏，图形化的界面能够极大程度地满足用户的可视化需求；可对接小程序、APP 等移动端，实现随时随地获取数据；可以根据自身的需求，调用多维数据 API 服务接口，整合并扩展，将输出的结果形成定制报告等。

3）*SaaS 服务*

SaaS 服务是指通过能力开放和数据共享，基于直接服务于面向终端用户的业务场景，通过数据分析后产生数据理解，构建各类智慧社区的 SaaS 服务，如用于居家生活的智慧家电、智慧管家，用于社区生活的线上商品推荐的智慧商城，面向社区平安的智慧安防、智慧消防，面向智能门禁、人、车导航导流、停车的智慧出行，面向居家诊疗、健康指导、居家养老的智慧医疗，监控电梯运行状态和管理维保数据的智慧电梯，对社区大气环境、温湿度、生活环境监测的智慧环境等。

3.4 智慧社区数据模型

智慧社区可以分为两个大的方面，一方面是基于社区居民和物业服务的智慧社区服务应用，另一方面是服务于智慧社区的商家精准营销服务的社区商务应用。

下面从这两方面对其数据概念模型做概要介绍。

3.4.1 社区服务的数据模型

社区服务主要指为社区居民、物业、政府提供社区服务的应用服务，如智能家居、智慧安防、智慧停车、智慧物业、智慧消防、智慧党建、智慧电梯、智慧环境、闲置交换、邻里关系、智慧政务和疫情防控等。智慧社区(服务)整体数据概念模型如图 3-13 所示。

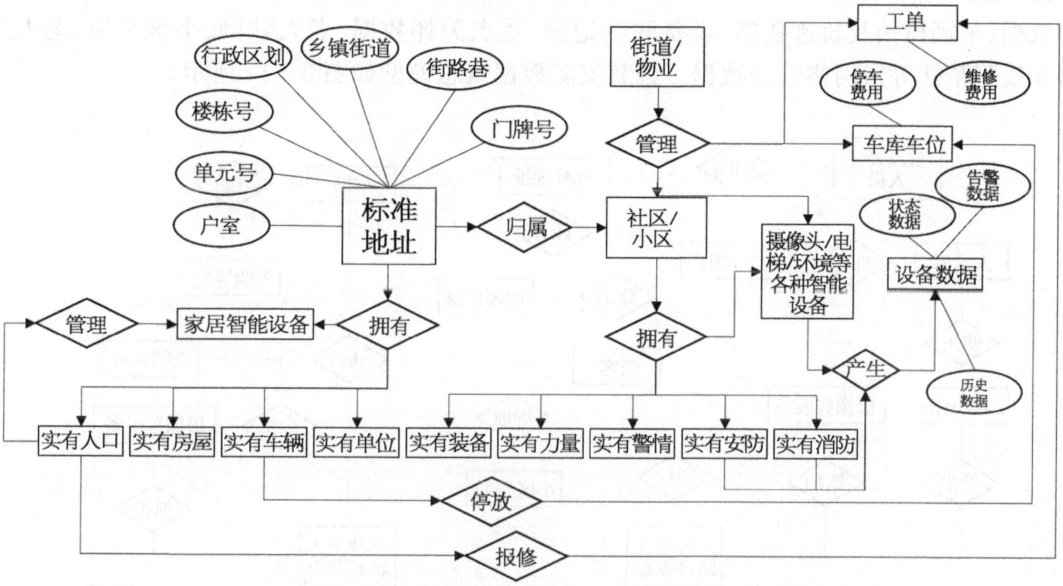

图 3-13　智慧社区(服务)整体数据概念模型("一标多实")

3.4.1.1 基础信息库

1) 基础地理信息库

包括基础地理信息数据、瓦片地图图片集、地名地址数据。

2) 社区基础数据库

(1) 组织类数据。包括社区组织(层级)数据、小区基础数据、社区单位数据、物业信息数据及设备厂商数据等。

(2) 人员类数据。包括人员结构数据、特殊人群数据、住户(业主/租户)数据、物业工作人员数据、单位从业人员数据和党员数据等。

(3) 设备类数据。包括设备种类(类型)数据、公共设施设备数据、业主智能设备数据、车辆数据、充电桩设备数据、地磁设备数据、小区(楼栋)门禁数据、道闸基础数据、电梯设备数据、车库车位数据、智能摄像头数据、水电气表等设备数据、消防栓设备数据、智能烟感设备数据、智能井盖设备数据、智能垃圾桶数据、智能环境监测设备数据和智能灯杆设备数据等。

(4) 其他数据。包括小区楼栋单元及楼层数据、社区房屋数据和维修价目表等。

3.4.1.2 社区服务运营数据库

1) 业务运营数据

(1) 智能家居。包括家居设备归属全新数据、家居设备状态数据、家居设备告警数据、家居设备运行历史数据、家居设备维修数据、家居设备指令数据等。

(2) 智慧安防。包括门禁状态数据、门禁权限数据、门禁告警数据、门禁运行历史数据、道闸权限数据、道闸状态及运行数据、人脸库数据、人员出入数据、访客登记数据、访客导航数据、电子围栏数据、车辆出入数据、人员/车辆黑名单数据、视频监控数据、人员抓拍及轨迹数据、车辆抓拍及轨迹数据、设备联动记录、重点关怀数据(老人跌倒、小孩丢失、老人迷路和残障帮扶等)、网格管理数据。智慧安防数据概念模型如图 3-14 所示。

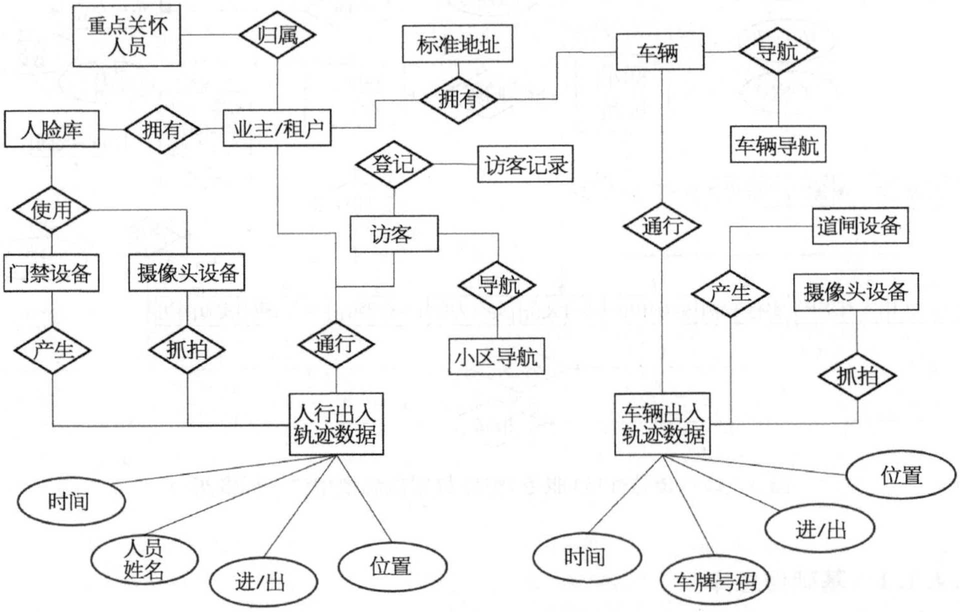

图 3-14 智慧安防数据概念模型

(3) 智慧停车。包括地磁设备状态及运行数据、地磁告警数据、车位使用状态数据、车辆(月卡)类型数据、车位预约数据、车辆出入车库数据、停车导航数据、停车费缴费数据。

(4) 智慧消防。包括消防栓状态及运行历史数据、灭火器状态及运行保养数据、防火门状态及巡检数据、微型消防站数据、烟感状态及运行历史数据、喷淋状态及运行历史数据、消防通道/逃生通道巡检数据、违停告警数据、禁停语音管理数据、消防水压及开关管理数据、消防设备告警数据等。

(5) 智慧电梯。包括电梯运行状态数据、电梯维保配置数据、电梯维保记录及预警数据、年检记录及预警、电梯运行历史数据等。

(6) 智慧环境。包括智能井盖状态及告警数据、智能垃圾桶状态及告警数据、环境指标监测数据及历史数据、垃圾回收利用数据、节能减排数据等。

(7) 智慧物业。包括社区公告数据、物业通知数据、物业风采、业主报修数据、物业服务工单及评价数据、巡更路线、巡更计划及记录数据、业委会信息数据、物业费用数据、业主缴费数据、物业催缴数据、公共设施设备状态数据、水电气账单及缴费数据、投诉建议数据等。

(8) 社区康养。包括康养机构及床位数据、个人健康档案数据、老人生活记录、生活能力评估数据、护理计划及执行记录、护理照料记录、护理监管及反馈、养老上门服务数据、家庭医生资料、生命体征检测数据、电子围栏数据、定位及运动轨迹数据、养老评估数据、账单费用数据、预定入住退订数据、紧急救助数据、老人娱乐活动计划、老年大学数据等。

(9) 社区教育。包括社区人员教育层次基础档案、教育机构数据、教育智能评估数据、资源推荐数据、在线学习图书库、知识图谱、学习题库、共享资源库、社区家教资源、学习记录等。

(10) 智慧党建。包括党员通知及信息发布数据、党员活动数据、建言献策数据、投票数据等。

(11) 邻里关系。包括居民关系群数据、兴趣小组管理数据、知识分享(讲座)管理数据、邻里活动数据、冲突及调解记录等。

(12) 闲置交换。包括闲置物品发布及管理数据、宠物领养数据等。

(13) 智慧政务。包括事件上报数据、报警数据、政务公告、办事申请及处理数据、社区风采、社区团拜数据、投诉建议数据等。

(14) 疫情防控。包括人员进出(体温)记录、人员健康数据、访客数据、重点人员预警数据等。

2) 系统运维数据

包括管理员数据、系统权限数据、系统日志数据、设备自定义字段数据、告警规则数据、事件规则数据、联动配置数据等。

3.4.2 社区商务服务的数据模型

社区商务服务主要指社区整合周边的各类商家,提供商务服务方面的应用服务,如电商服务、中介服务、家政服务、外卖服务、快递代收、住宿餐饮、美容保健等。社区商务整体数据概念模型如图 3-15 所示。

1) 基础信息库

与社区服务的数据模型基本类似。

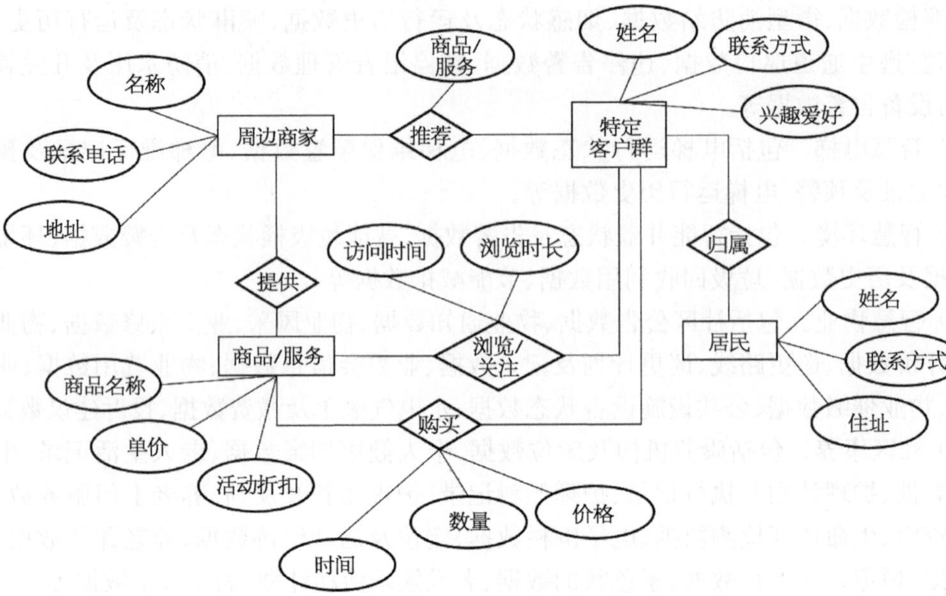

图 3-15 社区商务整体数据概念模型

2）社区商务运营数据库

包括商家（资质）数据、商家服务（商品）数据、打折数据、商家服务评价数据、居民购买记录、居民兴趣爱好、搜索记录、保洁数据、维修数据、旅游娱乐数据、外卖数据、住宿数据、上门服务数据、居民健康档案数据、居民社区诊疗数据、居家养老数据、家庭急救数据、婴幼儿托管数据、前置仓配货、快递代收数据、社区资源库数据、在线学习数据、培训记录数据等。

3.5 智慧社区大数据治理

本章前面几节关注了数据的采集、存储、分析和应用，并在数据存储方面详细讲解了智慧社区的数据模型，然而对于数据管理（比如流程和制度）、数据安全和数据质量方面都没有涉及。数据治理技术从管理、安全和质量等方面约束和规范着数据生命周期中的各种行为。本节则从规划、技术、管理、实施等方面详细介绍数据治理的相关内容。

3.5.1 数据治理概述

为了实现降本增效，我国企业 IT 系统经过多年建设，希望通过系统替代人力，实现生产、管理和运营等工作的自动化。系统建设初期，一般从财务系统、OA、进销存系统开始，后来逐步发展为 ERP 系统建设，主要精力和注意力集中在单体系统上。随着业务和系统规模的扩大，部门与部门间的沟通协作与日俱增，系统的整合工作不可避免(图 3-16)。最近几年云计算、大数据、人工智能、物联网及移动 APP 等技术的运用，为企业发展起到了重要的作用。数据资产的价值日益凸显，特别是互联网企业对数据资产价值深挖产生效益，带动其他行业加深对数据资产的重视和加大对数字化建设的投入，如今数字化、智能化转型已成为企业发展的必由之路。

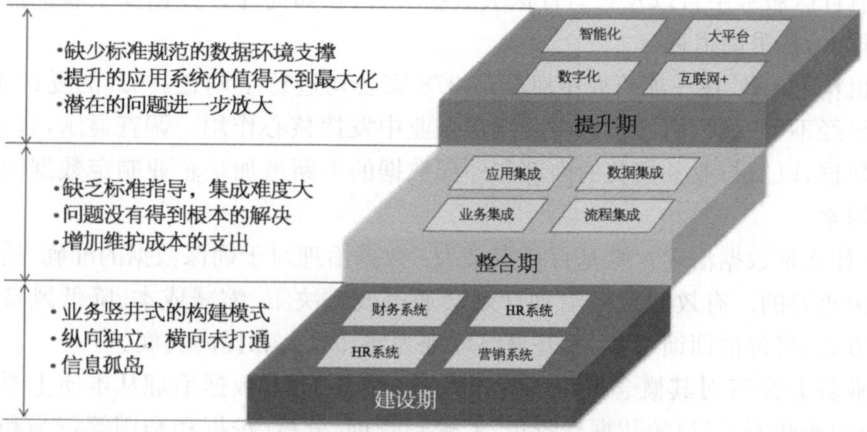

图 3-16　企业 IT 建设过程以及各阶段碰到的问题

社区 IT 系统数据资产存在以下几个方面的问题：

1）缺乏战略规划

没有将数字资产管理和运用作为战略的一部分，缺少针对数据资产的愿景目标、战略举措、实施策略和行动技术。因此，各类数据资产缺乏有序可控的生命周期管理。

2）数据质量参差不齐

社区各类系统来源于不同企业，系统各自建设，缺乏统一的数据标准，数据质量不一。并不是社区 IT 系统所产生的所有数据都是数据资产，数据中也有垃圾数据，人们需要的数据资产是能够创造价值的数据，而不是全部数据。

3）数据交换和共享困难

社区 IT 系统信息化建设初期大多数情况下，缺乏整体的信息化建设规划。IT 系统大多都是采用单体架构的系统或套装软件，数据分散在这些架构不统一、开发语言不一致、数据库系统碎片化的各种系统中，导致形成了一个个的“信息孤岛”。这些“孤岛”之间缺乏有效的连接通道，数据不能互联互通，不能按照用户的指令进行有意义的交流，数据的价值不能充分发挥。只有实现数据互联互通，消除“信息孤岛”，才能实现数据驱动业务和管理，才能真正深挖数据潜在的价值。

4）缺乏有效的管理机制

社区 IT 系统所产生的数据大多缺乏有效的管理机制，数据产权不明确，管理职责混乱。管理和使用流程不清晰，是造成数据质量问题的重要因素。只有明确分工，明确参与者的责权利，通过流程、制度和规范，标准化所有行为，激励参与者改善数据质量的积极性，才能有效地管理数据资产。

5）存在数据安全隐患

近年来数据安全事件层出不穷，许多公司为此付出惨痛代价，同时蒙受重大经济损失。2016年，30亿雅虎账户被黑，这是有史以来最大的一次入侵。2017年，Friendfinder网站上有4.12亿个用户账户被盗。2018年，Under Armor报告称其“我的健身伙伴”遭到黑客攻击，影响1.5亿用户。2018年12月，5亿消费者的信息在万豪-喜达屋数据泄露事件中遭到泄露。智慧社区服务平台以及智慧社区大数据平台，在如何保护数据安全和保护用户隐私方面责任重大，任重而道远。

分析机构BARC在一项研究中对全球378家公司进行了调查，96%的受访企业认为，数据治理已经不可或缺，而且未来将继续在企业中发挥核心作用。调查显示，合规性、更有效地使用数据，以及与业务相关的内部和外部数据的不断增加是企业制定数据治理计划的主要驱动因素。

那么，什么是数据治理？维基百科定义为：数据治理对于确保数据的准确、适度分享和保护是至关重要的。有效的数据治理计划会通过改进决策、缩减成本、降低风险和提高安全合规等方式，将价值回馈于业务，并最终体现为增加收入和提高利润。

目前业界并没有对其概念的统一标准定义，编者认为，数据治理从本质上看就是对一个机构（企业或政府部门）的数据从收集、汇聚到管理、分析、挖掘和利用等行为和过程进行评估、指导和监督的过程，通过提供不同形式和不断创新的数据服务，为企业创造价值。

DGI（Data Governance Institute，数据治理研究所）认为，企业不仅需要管理数据的系统，更需要一个完整的规则系统及规章流程。数据治理基本上涵盖了企业所有与数据有关的业务领域。因此在整个企业范围内，包括工作流程、相关人员和使用的技术等，都需要经过仔细考量，以保证数据的可用性、一致性、完整性、合规性和安全性，确保在整个数据生命周期中，都具有较高的数据质量。

3.5.2 数据治理的要素

3.5.2.1 数据战略和数据治理战略规划

数据战略是企业发展战略中的重要组成部分，是数据管理计划的战略，是指导数据治理的最高原则。

数据治理战略规划组成部分主要包括愿景、指导原则、长远目标分解、管理措施和实施线路等。

3.5.2.2 数据治理的重点和时机选择

对于处于IT建设第一阶段的企业，信息化虽然薄弱，但如果打好数据基础，未免不是企业改革创新，实现“弯道超车”的最佳时机。其数据治理的重点可以放在主数据、参考数据和数据标准等偏技术层面的工作上。

对于处于IT建设第二阶段的企业，由于其单体架构的系统多，“信息孤岛”严重，一定存在数据多源、重复、不一致等问题。其数据治理的重点除了放在主数据、参考数据和数据标准等偏技术层面的工作上外，还须在数据管理体系上下功夫。

对于处于IT建设第三阶段的企业，已经有了初具规模或相对完善的数据治理体系，更需要的是加强数据安全、数据应用、数据创新，稳固提升数据管理、数据应用和数据变现的能力。

3.5.2.3　数据治理的认知

1）数据治理的对象是数据资产

数据治理的对象是数据资产，简单地说就是有价值且属于本企业的数据。维基百科对数据资产的定义如下：

数据资产属于普通个人和企业的数字财产，数据资产是无形资产的延伸，不具有实物形态。其本质是数据作为一种经济资源参与企业的经济活动，减少和消除了企业经济活动中的风险，为企业的管理控制和科学决策提供合理依据，并预期给企业带来经济利益。

2）数据治理工作应该提升到企业战略层面，由领导牵头

数据治理是企业的战略，IT部门只是这个战略规划中的一个重要执行者，数据资产属于业务部门。企业数据资产的生产、使用、管理等相关部门有明确的责任、权利和利益，信息化部门最多也就是一个数据资产的托管部门而已。企业的数据问题，80%是业务和管理的问题，20%是技术问题。

因此，企业数据治理应由高层领导牵头，业务部门负责，信息部门执行，企业全员的参与。企业全员应培养起数据思维和数据意识，这是一个长期的过程，也是一件很不容易的事情，需要一点一滴的积累沉淀，并不断融入企业文化中。

3）数据治理的管理体系

数据治理的管理体系包括组织分工、流程制度和评价考核三部分，具体内容如下：

(1) 组织和分工。从决策、管理和执行三个层面划分数据治理组织，其中管理和执行两个层面按技术和业务领域划分组织，确定组织间的分工，并编制相关角色和岗位以及它们的"责权利"，明确各组织的包含的成员及其角色和岗位。

(2) 流程制度。为数据治理的开展提供有据可依的管理办法、规定数据治理的业务流程、数据治理的追责体系、数据治理的支持环境和颁布数据治理的规章制度、流程等。建立数据的生产、使用、流转、归档和销毁的整个生命周期管理的过程。企业应围绕数据治理的对象对数据质量、数据标准、主数据、元数据和数据安全等内容建立相应的制度和流程。

(3) 评价考核。建立数据评价与考核体系是企业实施和贯彻数据治理相关标准、制度和流程的根本。建立明确的考核制度，实际操作中可根据不同企业的具体情况和企业未来发展要求建立数据的认责体系，设置考核指标和考核办法，并与个人绩效挂钩。考核指标包括两个方面内容，一方面是对数据的生产、管理和应用等过程的评估和考核指标，另一方面是数据质量的评测指标。

4）数据治理的技术体系

数据治理的技术体系包括数据标准、参考数据、元数据和主数据四部分，具体内容如下：

(1) 数据标准。数据标准是进行数据标准化的主要依据，是指保障数据的内外部使用和交换的一致性和准确性的规范性约束。

(2) 参考数据。参考数据是用于将其他数据进行分类或目录整编的数据，它规定数据元的域值范围。参考数据一般有国标可以参照，且固定不变，或者说参考数据是用于企业内部数据分类的，基本固定不变的数据。

(3) 元数据。又称中介数据、中继数据，用于描述数据的数据，主要是描述数据属性的信息，用来支持如指示存储位置、历史数据、资源查找、文件记录等功能。

(4) 主数据。主数据是描述集团核心业务对象的数据，具有一致且统一的标识符和扩展属性，在集团内会被重复使用，且存在于多个系统中，比如客户、供应商、员工、产品和物料等。它是具有高业务价值的、可以在企业内跨越各个业务部门被重复使用的数据，被誉为企业的"黄金数据"。

3.5.2.4 数据管理成熟度模型

2008 年，Gartner 基于 CMMI 理念创建一个 6 级的企业信息管理成熟度模型(EIM Maturity Model)，分为无认知型、认知型、被动回应型、主动回应型、已管理型和高效型等 6 个阶段。通过对 6 个级别进行定义和描述，帮助 IT 管理者识别、确认各自企业的信息管理水平。成熟度模型也给出处在每个级别的企业应开展的工作，从而推进企业的信息管理水平提升一个级别。

2010 年，IBM 发布《数据治理统一流程》，IBM 数据治理委员会根据 5 级分类提出一种成熟度模型。

DCAM 是由 EDM Council 主导，组织金融行业的企业参与编制和验证，基于众多实际案例的经验总结编写的。DCAM 首先定义数据能力成熟度评估涉及的能力范围和评估准则，然后从战略、组织、技术和操作的最佳实践等方面描述如何成功地进行数据管理，最后结合数据的业务价值和数据操作的实际情况定义数据管理的原则。

企业数据管理能力成熟度模型(Data Management Maturity, DMM)是由 CMMI 协会于 2014 年发布的。它可以用来评估和提升组织的数据管理水平，帮助组织跨越业务与 IT 之间的鸿沟。DMM 模型沿用了软件能力成熟度集成模型(CMMI)的一些基本原则、结构和证明方法。

我国的 DCMM 在 DMM 和 DCAM 的基础上充分考虑各行业数据管理发展的现状，并引入相关金融行业的实践经验，保证模型的创造性、全面性和可操作性。

3.5.3 数据治理的技术和标准

数据治理的相关技术包括元数据、主数据和参考数据，它们和数据标准一起成为数据治理的技术核心部分(图 3-17)。拿数据治理和企业 IT 建设做比较，元数据、主数据和参考数据即为企业 IT 信息化建设过程中的一个个核心单体系统。数据标准管理就好比企业 IT 建设过程中标准化流程化建设的标准管理，由于其内容大部分和元数据、主数据及参考数据相关，所以将数据标准放在本节介绍，其他标准化的工作比如数据管理流程标准化等，请参考其他相关资料。

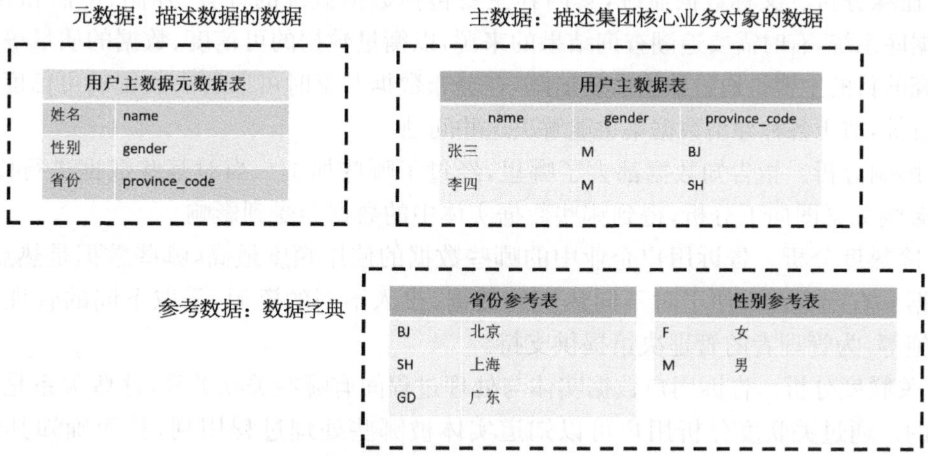

图 3-17　元数据、主数据和参考数据介绍

1）元数据

利用元数据来描述资源后，可以用来做很多事情。比如确定资源，为资源提供检索点，在不同系统之间进行数据交换。元数据是企业数据资源的应用字典和操作指南，元数据管理有利于统一数据口径、标明数据方位、分析数据关系、管理数据变更，为企业级的数据战略规划、数据模型设计、数据标准管理、主数据管理、数据质量管理、数据安全管理及数据的全生命周期管理提供支持，是企业实现数据自服务、推动企业数据化运营的可行路线。图 3-17 中设计了用户主数据表的数据模型，如何定义用户主数据表这个实体的数据模型正是元数据的范畴。

（1）元数据的分类。根据数据的性质特点，业内一般将元数据划分为三类：业务元数据、技术元数据和管理元数据，它们分别如下所述：

① 业务元数据。描述数据的业务含义、业务规则等。常见的业务元数据包括业务定义、业务术语、业务规则和业务指标等。

② 技术元数据。对数据的结构化，方便计算机或数据库之间对数据进行识别、存储、传输和交换。常见的技术元数据包括存储位置、数据模型、数据库表、字段长度、字段类型、ETL 脚本、SQL 脚本、接口程序和数据关系等。

③ 管理元数据。又称操作元数据，其主要是指与元数据管理相关的组织、岗位、职责、流程，以及系统日常运行产生的操作数据。操作元数据管理的内容主要包括与元数据管理相关的组织、岗位、职责、流程、项目、版本，以及系统生产运行产生的操作记录，如运行记录、应用程序、运行作业。常见的管理元数据包括数据所有者、数据质量定责和数据安全等级等。

（2）元数据的重要使用场景。元数据可以说是企业的数据地图，它直接反映了企业中有什么样的数据，数据是如何存放的（例如，数据结构是什么样子），数据与业务之间、数据与数据之间，它们的关系是怎么样的，数据有什么样的安全需求，数据有什么样的存储需求等。元数据的重要使用场景如下所列：

① 血缘分析。又称数据血统，其内容主要包括数据血统的计算、存储、传播和查询等。对于数据库系统，有时需要追溯查询结果的来源，以衡量数据的可信度、数据的质量等。数据血统研究的目的主要是通过数据血统追踪，在分布数据共享时可以解决数据的可信度、质量、版本信息等，对于各种导出数据集也能解决这些问题。

② 影响分析。指告知数据都去了哪里，经过了哪些加工。当对某些数据进行修改时，可通过影响关系图向下分析，得到哪些数据实体中的数据会受到影响。

③ 冷热度分析。告诉用户企业中的哪些数据的使用频度最高，哪些数据是热点数据，哪些数据一直闲置。以便于对不同热度的数据，投入不同的资源，采取不同的管理措施和安全措施等，为管理者的管理决策提供支持。

④ 关联度分析。告诉用户数据实体与处理过程间有哪些关联关系，这些关系是怎么建立起来的。通过关联度分析用户可以知道实体被哪些处理过程用到，从而确知其重要程度。如果需求发生变更，可以通过关联分析，清楚涉及哪些实体表结构和数据的改动，确定影响范围。

⑤ 数据资产盘点。通过元数据分析系统，告知用户企业有哪些数据，分别存放在哪里，各类数据的用途是什么。

2）*主数据*

主数据特征如下：

(1) 超越部门。主数据是组织范围内共享的、跨部门的数据，不归属某一特定的部门而是归属于整个组织，是企业的核心数据资产。

(2) 超越业务。主数据是跨越了业务界限，在多个业务领域中被广泛使用的数据，其核心属性也是来自业务。主数据在各个业务流程中都是唯一识别的对象，它不会依赖于业务流程存在，但它的价值是业务交互中体现的。

(3) 超越系统。主数据是多个系统之间的共享数据，是应用系统建设的基础，同时也是数据分析系统重要的分析对象。因此，它应该保持相对独立，服务于但要高于其他业务信息系统。

(4) 超越技术。主数据是要解决不同异构系统之间的核心数据共享问题，应当满足与不同业务系统架构下使用的情况，提供兼容多种系统架构，多兼容的数据接收及应用方式，不会局限于一种特定的技术。

如果一个企业没有主数据管理，会由于数据不一致而导致系统与系统间将难以协作，数据将难以用于统计分析，数据资产价值将大打折扣。由于主数据的缺失，将导致供应链管理低效、用户不满等情况，导致业务效率低下和业务难以快速适应外部的变化等。因此，主数据的实施是企业信息化建设的重点，有利于系统整合，业务部门间协作，从而发挥整体效率。主数据实施的步骤参考数据治理实施步骤。

3）*参考数据*

参考数据即企业内部的数据字典，它能够增加数据的可读性、可维护性，是企业应用的重要数据。主数据与参照数据的标准化是企业数据标准化的核心。

4）数据标准

数据标准是进行数据标准化的主要依据，构建一套完整的数据标准体系是开展数据标准管理工作的良好基础，有利于打通数据底层的互通性，提升数据的可用性。简单地说，数据标准（data standards）是指保障数据的内外部使用和交换的一致性和准确性的规范性约束。数据标准可分为基础类数据标准和指标类数据标准。其中基础类数据标准包括元数据标准、主数据标准、参考数据标准。元数据标准包括元数据结构标准、元数据内容标准、元数据取值标准和元数据编码标准等。指标数据标准是为满足内部分析管理需要和外部监管要求，对基础类数据加工而产生的指标数据标准化规范。指标数据标准通过基础属性、业务属性、技术属性和管理属性来描述指标数据规范化要求。

数据标准化包括技术方面和管理方面，其中技术方面包括元数据（数据模型）标准化、主数据标准化和参考数据标准化。管理方面包括流程和制度的标准化。

3.5.4 数据治理的实施流程

如图3-18所示，数据治理体系的实施流程分为5个步骤，分别为资产梳理、规范建立、组织建设、系统落地和体系运营，每个步骤的具体内容如下所述：

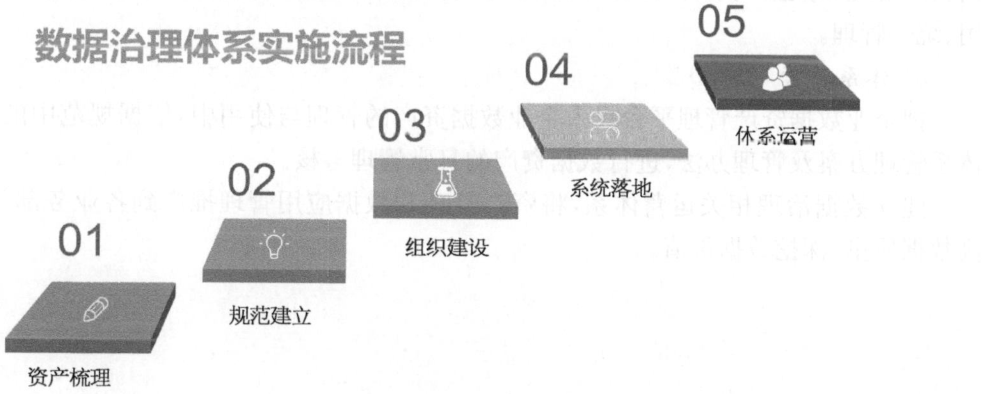

图3-18　数据治理体系实施流程

1）资产梳理

结合业务盘点企业数据资产，首先确定资产范围，重点盘点基础数据，这是开展数据治理工作的重要前提。在数据资产的梳理中，需要明确这些数据如何被存储，需要明确数据被哪些部门、系统、人员使用，数据被如何使用。对于数据的存储和系统的使用，往往需要通过自动化的工具进行。而对于部门和人员的角色梳理，更多是要在管理规范文件中体现。对于数据资产使用角色的梳理，关键是要明确在数据安全治理中不同受众的分工、权利和职责。

做完上述的梳理工作后，评估企业的数据管理水平，了解企业的数据管理机制、数据使用现状，明确数据如何支撑日常生产及经营，明确数据的来源、调用、存储等情况。

资产梳理的最后步骤为制定企业数据战略、建设策略和实施计划。

2) 规范建立

在专业理论指导下，结合行业标准规范，建立数据治理规范及建设方案，形成数据治理体系，使得数据治理工作在实施时有章可循。以技术部门为主导部门，从组织机构、分工及职责等方面建立数据治理组织架构建设方案。结合数据治理体系形成细分管理办法，建立考核机制，保障数据治理各项工作的有序开展及成效保障。确定以元数据、主数据和参考数据为核心，基于大数据技术的数据治理技术方案和技术标准以及指标数据标准。

3) 组织建设

依据规范建立数据治理组织架构建设方案，建立以技术部门为主导的数据治理组织，可根据企业情况以抽调专职人员或相关职能的兼职人员构成，明确人员角色、组织构成及职责，保障数据治理各项工作的实施。

4) 系统落地

首先，选择企业的关键领域/业务线，融合关键业务领域/业务线数据，小规模建设数据中心。同时梳理、规范、重构数据，将数据治理的标准、管理、规划逐步实施落地。然后，融合企业全部业务领域/业务线的数据，建设企业大数据中心，将业务领域/业务线的数据治理、数据重构经验扩展至全领域，构建企业统一的数据服务应用。最后，强化数据中心的数据资产管理和数据应用管理两方面的服务，将数据治理工具化，将数据服务模块化，统一调用、统一管理。

5) 体系运营

把企业数据资产管理平台投入企业数据资产的管理与使用中，依据规范中的数据治理体系管理方案及管理办法，进行数据资产的日常管理考核。

建立数据治理相关运营体系，将资产管理和数据应用管理推广到各业务部门，不断提高数据质量，深挖数据价值。

第4章

智慧社区大数据的建设与运营

本章主要介绍关于智慧社区大数据平台(简称"大数据平台")建设和基于大数据平台建设智慧社区运营体系两大方面。首先,本章给出智慧社区大数据系统的实施框架;然后,详细介绍实施路线的各个步骤及研发能力建设;最后,详细介绍智慧社区运营体系的相关内容。

4.1 实施框架

智慧社区大数据平台实施框架如图 4-1 所示,它包含了该系统建设的各个组成部分,以及系统从战略规划到落地实施的建设流程。其中,信息系统实施框架或流程,以及战略规划(蓝图规划或产品规划)属于"道"层面上的概念,架构设计、系统开发、研发体系和研发能力建设,以及系统运营与运营体系建设属于"术"层面的概念。

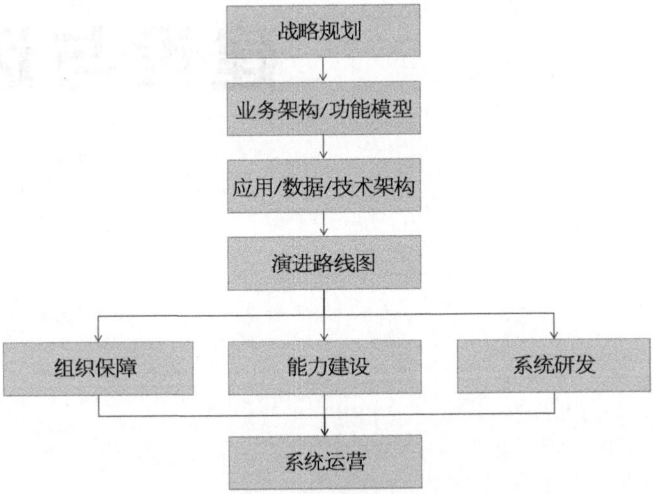

图 4-1 智慧社区大数据平台实施框架图

首先,决策层需要对市场、政策、竞争对手和用户需求等方面做充分的调研分析,基于自身在资金、技术、人员等基础条件上的约束,制定产品、市场、渠道、服务、合作和竞争等方面的目标、策略及规划。

其次,设计系统的功能模型、目标应用、数据和技术架构。架构设计师梳理社区大数据系统在业务、应用、数据和技术方面的现状,明晰系统建设、实施队伍和系统拥有者在组织结构、技术能力、运营能力等方面的情况,以及物业、社区、商家、企业和政府等智慧社区建设参与者的 IT 能力。

再次,分析现状和目标的差距,结合自身资金、技术、人员等方面的约束条件,制定系统建设演进策略和路线,从组织保障、能力建设和系统研发三个方面建设系统。

最后,系统上线后,需要搭建与之配套的运营体系,来满足智慧社区用户需求,吸引商家入驻,销售商品和服务给用户,实现社区自治和辅助的治理。在运营过程中服务社区用户,收集用户需求,完善系统和服务,同时优化用户体验。从而使用户和商户能融入智慧社区系统,愿意为智慧社区建设投入资金,为智慧社区服务和大数据服务买单。因此,整个社区大数据系统的建设,是一个不断演进和迭代的过程,系统运营过程会不断提出新的需求,进而要求系统重新调整战略,修改功能模型、应用、数据和技术架构。

4.2　战略规划

战略规划是指企业或组织为其自身制定长期发展的目标,并制定将其付诸实施的策略和具体规划。制定战略规划分为三个阶段:第一阶段就是明确目标,目标是指在一定时期内所要达到的预期成果,是一个组织在一定的时间内奋力争取达到的、所希望的未来状况;目标具有主观性、方向性、现实性、社会性和实践性五个特征。第二阶段制定规划,即考虑分哪几步、使用什么手段、什么措施、什么方法来达到所设立的目标。第三阶段将战略规划形成文本,以备评估、审批。一般来说,战略规划是一个循环迭代的过程,在多次评审和修改后才能最终定稿。

作为一个平台的建设,其战略规划部分的工作即确定平台的定位、壁垒、市场空间、盈利模式、运营和实施规划等内容。要解决的是"为什么开发社区大数据平台"的问题。需要弄清楚用户是谁?用户的需求是什么?平台的价值和商业风险是什么?对于战略分析工作,包括以下内容:

(1)商业价值分析。确定智慧社区大数据平台在公司战略的地位,或者说该款平台的定位。通过分析选择它采用的商业模式、获利渠道和方式,计算需要投入的成本,给出能够收回成本的时间点及开始盈利的时间点等。

(2)用户痛点分析。分析用户群体及它们的痛点,明确平台的用户群体,以及平台用户群体所具备的特征,平台能够解决用户哪些痛点和用户通过平台能达到什么目标。

(3)市场现状和预期分析。详细分析并洞察市场现状,清楚了解竞争对手是谁,清楚知道和竞争对手相比平台的优势和劣势。分析市场空间的大小,并预测其发展趋势。

(4)平台商业风险分析。分析平台建设存在的风险,并给出解决问题或规避风险的方案。

4.3　功能模型设计

智慧社区大数据平台属于智慧社区服务平台的一部分,智慧社区服务平台通过整合物业、社区商家、企业、街道/居委会及政府相关主管部门的服务，将服务通过线上系统和线下社区服务机构相结合的方式提供给业主、物业等社区用户。社区商家、外部企业、街道/居委会及政府相关主管部门向平台购买服务和产品。这个过程中智慧社区大数据平台，采集和整理智慧社区服务平台、物联网及第三方平台的数据，凭借自身的加工处理等能力，为社区商家、外部企业、街道/居委会和政府相关主管部门提供数据服务。

智慧社区大数据平台作为智慧社区服务平台的核心部分，被称为社区大脑，社区大脑示意图如图 4-2 所示。它具备下列功能：

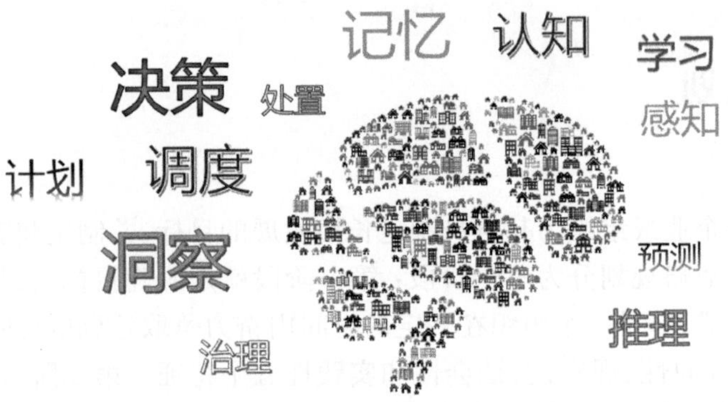

图 4-2 社区大脑示意图

(1) 记忆。指海量信息的采集、整理、存储、查询检索能力，海量信息的全生命周期管理。

(2) 感知。通过眼、耳、口、鼻、舌及皮肤等感觉器官，接触外部世界，并将外部世界的信息反馈给大脑，使大脑能感知外部世界的情况。

(3) 认知。大脑通过接受神经系统传来的信息，经过加工整理与识别，并基于自身所拥有的知识，形成对外部世界的认知。

(4) 推理。为逻辑学思维的基本形式之一，指由一个或几个已知的判断(前提)推出新判断(结论)的过程，可分成直接推理、间接推理等。

(5) 预测。指人们利用已经掌握的知识和手段，预先推知和判断事物未来发展状况的一种活动。

(6) 决策和处置。人体在感受到外部威胁或刺激时，大脑会接收来自神经系统的相关信息，即大脑感知环境的变化，意识到相关事件的发生。大脑通过对事件的认知和已有的记忆，快速决策并生成处置方案，下发命令给身体。身体接收到命令后，按大脑的要求执行命令。

(7) 计划。指将一个大的有截止时间的任务拆解成若干个小任务，安排好小任务的执行先后顺序并避免依赖和资源冲突，为每个小任务安排执行的时间和投入的资源，以及规定每个小任务的产出。

(8) 调度。为了完成一个任务(一件事情)，大脑将整个任务拆解成多个执行单元，确定各个执行单元的先后顺序，分配和调度资源给每个执行单元，并将每个执行单元的执行任务指派给执行者。

(9) 治理。在现实生活环境中，总会有一些虚假信息、谣言或讹传等情况，大脑能够辨别真伪，过滤虚假信息。由于与某些特殊情况，大脑接收到的外部信息会包含内容重复、缺失、失真等错乱现象，大脑通过不断的学习和经验积累，能够借助有效的手段提高数据质量。

智慧社区大数据平台的主要业务流程如图 4-3 所示。智慧社区大数据平台采集智慧社区服务平台、社区物联网、第三方平台等系统的数据，以及社区工作人员通过线下的方式收集到的信息(比如问卷调查、访谈等方式)。其数据格式包括来自关系数据库的格式化数据，应用系统日志等半格式数据，以及视频、音频、图片、文本文件等非格式化数据。所采集数据涵盖家电、水电气热力、购物、安保、安防、出行、医疗、健康、教育和养老等各业务领域的数据。智慧社区日常产生的数据量巨大，需要提供具备数据接收和缓存能力的数据通道(如 Kafka)，使得在数据流量高峰期时不至于丢失数据。

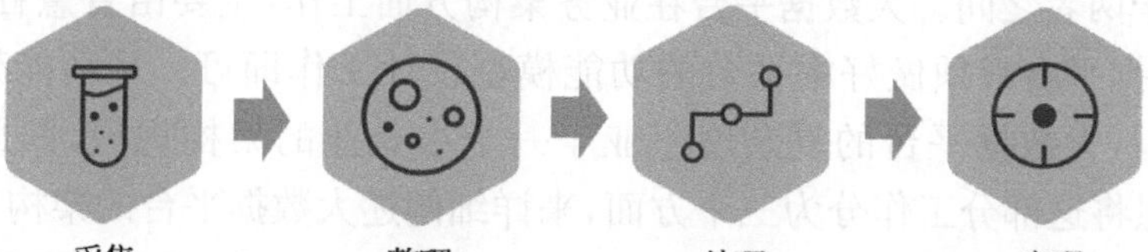

图 4-3　智慧社区大数据平台的主要业务流程图

由于数据来源广泛，对于不同类型的数据也需要采用不同的方式做整理。其中，对于流式数据需要用流式计算技术(如 Storm、Spark 和 Flink)做处理。对于视频、音频、图片和文本文件等非格式化数据，需要通过人脸识别、动作识别、OCR、语言识别和自然语言解析等技术将其转化为格式化数据，同时为了后续查看及失败重新处理的需要，需要将相关文件存入分布式文件系统。由于各种原因，来自不同系统的数据可能存在数据质量、格式等方面的不一致，也有可能存在数据重复、属性缺失和数据标准不一致等情况，通过格式转换、去重、去噪、统一标准和归一化等整理后提升数据质量，最终由 ETL 系统插入数据仓库、分布式文件系统或实验数据空间。

数据在数据仓库中按主题存储，不同主题代表不同业务方向，具体参考 4.4.3 节。

数据经过智慧社区大数据平台的采集整理后，通过实时或批量数据处理引擎，分别执行包括维度计算、宽表整理、用户画像、数据统计、指标计算、事件处置、系统过滤、关联分析和关系分析等处理任务，为后续数据服务和数据应用准备数据。

智慧社区大数据平台通过提供数据查询、数据推送、数据可视化等数据服务，为用户实现业务洞察、事件处置、精准营销、广告推送及数字化运营提供技术保障。

由于数据分析、构建指标体系及构建用户标签体系等过程中，需要模型支持。大部分的模型并非事先存在，需要通过模型训练，训练出满足智慧社区大数据平台需求的各类模型，因此模型训练也是智慧社区大数据平台必备的功能之一。

通过广告、客户增值服务、按流量购买服务和购买算法等途径，实现数据变现。

4.4 社区大数据建设架构设计

根据系统规模的不同，架构设计可分为三个级别：小型独立系统架构、分布式系统架构和企业级系统架构。不同的架构类型，使用的架构设计方法也有一定的差别，比如小型独立系统架构只需要考虑功能和非功能需求的实现和如何与外部系统交互的问题，以及技术、算法（流程和逻辑）、数据结构、部署和安全等方面的设计。而企业级架构设计，需要从战略层面出发做设计和规划，包括业务、应用、数据、安全和部署方面的设计，还需要规划演进路线图。常用的企业级架构思想包括 TOGAF 和 Zachman。分布式系统架构，比如大数据平台、微服务平台等架构设计，介于小型独立系统架构和企业级系统架构之间，因而其架构设计方法介于两者之间。大数据平台在业务架构方面工作，主要由智慧社区平台建设方整体考虑，大数据平台只须做好本平台的功能模型设计工作即可。从功能架构、数据架构和技术架构上看，大数据平台的复杂度不亚于一个小企业的架构规模，因此，下面将按照 TOGAF 的思想将这部分工作分为三个方面，来详细阐述大数据平台的架构工作。

架构介绍如图 4－4 所示。架构工作需要考虑的方面比较多，主要的工作内容包括元素的划分和界定元素间的关系，每个元素具备的属性和能力，以及讲明为什么要这样设计，也就是这样做是基于什么原理。软件架构除了图中提及的内容外，还可以包括研发、部署、运维、交付及运营等相关的技术和团队的建设，这些内容也可以是一个架构设计师应该具备的能力。好的架构设计，需要全方面、多层次考虑架构设计，比如整体与细节、分割与组合、静态与动态、约束与灵活及优雅与性能等方面的考量。

整体与细节的关系是战略与战术的关系，架构设计需要从整体层面一步步细化到细节

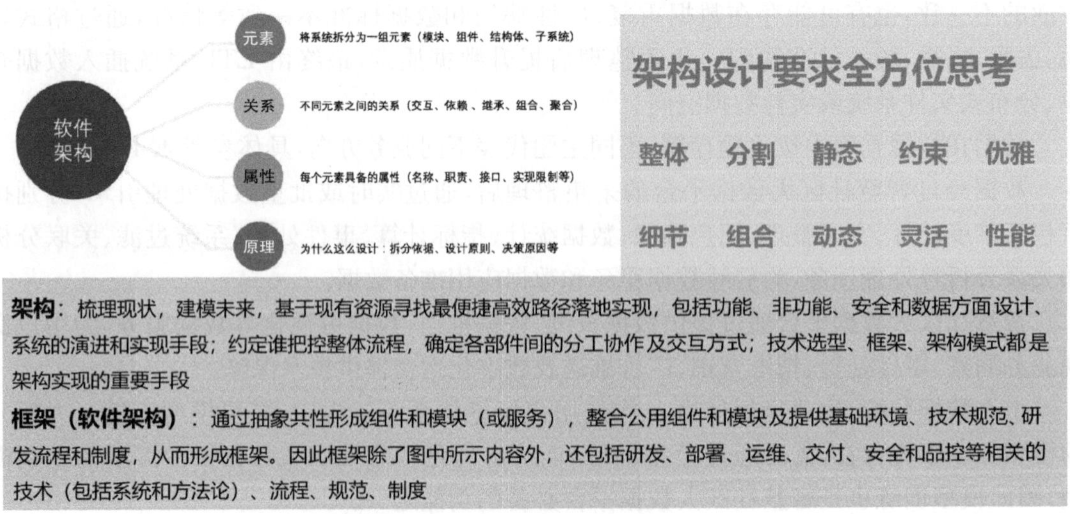

图 4－4 架构介绍

执行层面。架构设计分为业务架构、应用架构、技术架构和数据架构四个方面。每个层面的架构都需要从整体/细节、分割/组合、静态/动态、约束/灵活和优雅/性能方面去设计。为了确保设计的准确性和可行性,有时需要深入了解某项技术具体的实现及原理。

在业务、应用、技术、数据、安全层面上各模块、系统怎么分割,怎么组合和协作,这些方面的设计都是架构设计需要考虑的方面,也就是分工与合作的领域。接下来三节,将从应用架构设计、数据架构设计和技术架构设计三个方面结合社区的业务讲述大数据平台的主要架构工作。

4.4.1 应用架构设计

应用架构设计,即考虑整合系统被分成几个模块或子系统,各模块或子系统分别包含哪些功能及它们之间的合作关系。划分功能时会用到几个原则,比如分层、分领域等原则。应用架构设计关键有两点:

(1) 职责划分,即明确各个逻辑模块或子系统的边界。在功能模块或子系统划分的时候需要逻辑分层,并定义子系统、模块的功能和其中的关键类。

(2) 设计模块或子系统之间的协作,包括如下几点:① 接口协议,即应用对外输出的接口,包括通信协议、消息格式、安全等;② 协作关系,即应用之间的调用关系;③ 数据一致性。

智慧社区大数据平台应用架构设计参考样例如图 4-5 所示。它被分为四大层:第一层为平台基础设施,分为集群管理模块和服务管控模块,它们一起为大数据平台的运行提供了基础设施能力;第二层为大数据平台存储和算力模块,用于为上层业务处理模块提供

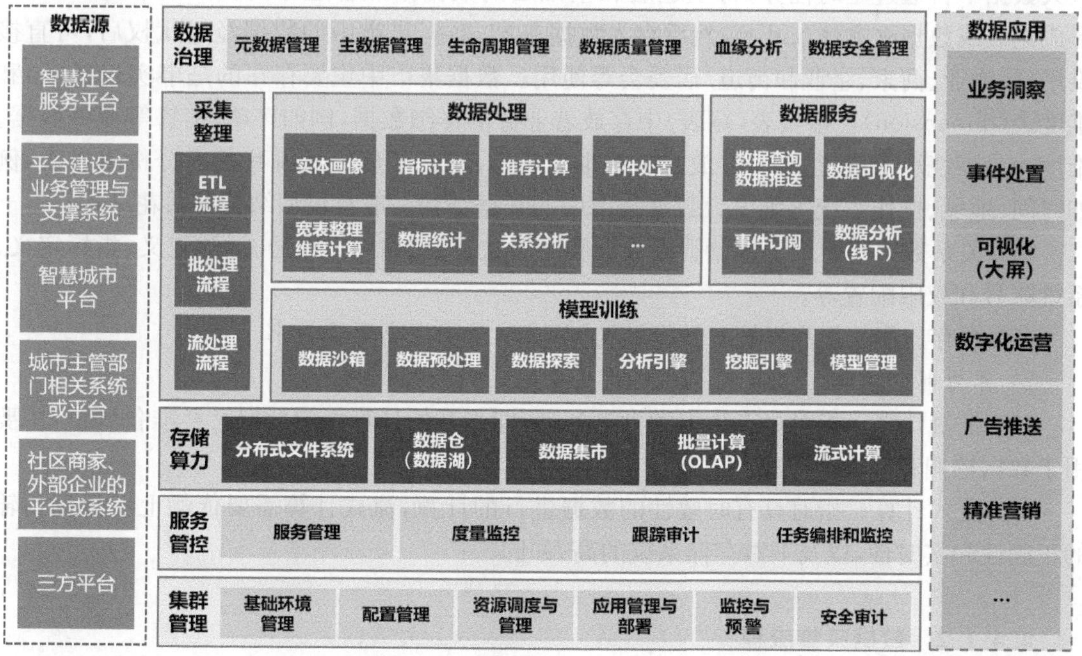

图 4-5 智慧社区大数据平台应用架构设计参考样例

基础服务,即算力和存储功能;第三层为大数据平台业务处理模块,它包含数据采集整理、数据处理、数据服务及模型训练四个部分;第四层为数据治理层,数据治理这一块的功能可参考第 3 章 3.5 节。与大数据平台业务上有往来的系统或平台有两大类:一是为大数据平台提供数据来源的系统,比如智慧社区服务平台、智慧城市平台等;二是消费大数据服务的数据应用系统,比如社区商家的系统和外部企业的平台或系统等。下面对该平台的几个关键功能或子模块做简单介绍。

4.4.1.1 存储和算力

该模块包括存储和算力两部分功能,存储部分功能包含分布式文件系统、数据仓、数据集市、关系数据库和缓存,算力部分功能包括批量计算和流式计算。

1) 存储部分功能

(1) 分布式文件系统。用于存储来自数据源的视频、音频、图片及文本文件等非格式化文件。分布式文件系统在业务上被分成缓存区和业务区,缓存区用于存放待进入业务区的文件,以及在处理过程中处理失败的文件。业务区内文件可通过全文检索系统建立索引,通过全文检索快速查找文件。

(2) 数据仓(或数据湖)。用于按主题存放来自各个系统的数据,它通过面向主题的方式集成和存储数据。其数据量随时间推移而逐渐增多,它是一个信息本身相对稳定的数据集合,常常用于对管理决策过程的支持。数据装入数据仓(或数据湖)以后一般只进行查询操作,没有传统数据库的增删改操作。

(3) 数据集市。用于存储宽表和维度数据,比如用户画像和指标统计结果等。智慧社区大数据平台通过定时任务,将主题层和基础层的数据按照各业务的实际需求进行聚合,形成宽表或数据立方体(cube),然后存入数据集市,数据集市中的数据经过赋权后,可直接供用户、物业、商家、企业和街道/居委会等使用。数据集市中主要存在的是事实表(fact)和维度表(dimension)。事实表(宽表)中存放着业务的详细数据,例如订单、销售等业务数据。维度表是围绕事实表建立的,存放着一些维度属性,定义了可以从哪些角度分析事实表,例如时间、地域、操作系统等维度。数据集市中的数据结构一般有星型结构和雪花结构。

(4) 关系数据库。用于存储管理数据和配置数据,比如用户账号、标签定义、指标定义、系统账号和权限配置等。

(5) 缓存。用于提高系统对数据的访问速度,从而提高系统效率。

2) 算力部分功能

(1) 批量计算。指对静态数据的批量处理,即当开始计算之前数据已经准备到位,主要用于数据挖掘和验证业务模型。

(2) 流式计算。指对具有时效性的数据进行的计算,流式计算需要依赖上游数据传输的正确性和实时性,以及下游存储系统的高吞吐。

4.4.1.2 数据采集流程

数据采集和加工处理,是大数据平台的关键功能。各种数据源的数据采集与汇聚,对数据的加工处理，都发生在这里，它是后续用户画像、指标统计（数据分析）及模型训练的基础。同时，大数据平台的大部分工作都在数据采集和加工处理上。数据加工处理包括数据提取、清洗、关联、比对和标识等处理的步骤，数据采集过程中，会做提取和清洗处理，按采集和处理任务定义，不同类型的业务数据会包含不同的处理流程。

4.4.1.3　数据处理（任务管理）

大数据平台需要提供数据处理流程定义功能，区分不同类型和业务的数据源数据，分别定义数据处理流程，即提供任务管理功能。大数据平台数据处理任务分两大类：一类用于处理流式数据，其任务在数据采集处理阶段完成；另一类为批量处理任务，其工作通过后台定时任务去调用底层模块执行。

4.4.1.4　数据画像与打标签功能

用户画像是画像处理中应用最广泛的场景。用户画像是指根据用户的属性、用户偏好、生活习惯和用户行为等信息而抽象出来的标签化用户模型。或者说用户画像一方面确定用户唯一标识，全面整合用户各类数据，另一方面结合业务需求和运营模式，对用户数据进行分析和挖掘、打标签，最终形成用户全景信息视图。用户画像的价值包括以下几个方面：

1）精准营销

通过打标签后用户群体划分从粗放到精细，使得平台对用户的营销手段、过程、方式更容易被用户接受，从而达到提高成功率的目的。

2）线上推荐

以用户画像为基础构建线上推荐系统，提升营销精准度。

3）数字化运营

通过用户画像，了解用户属性、行为及偏好，根据这些调整用户界面，实现千人千面及优化用户体验和服务流程。

4）其他

通过用户画像对不同群体的用户做统计分析，作为行业报告的数据来源。用户画像数据服务于搜索引擎和广告投放系统。

大数据平台通过打标签的方式对实体对象（如用户、产品、商家等）画像。一般情况下，标签按运算级别分为事实标签（属性、行为、偏好）、模型标签、算法标签（或预测标签），或者属性标签、统计标签、规则标签、算法标签，两个分类方式基本相同。事实标签即属性标签和统计标签，模型标签则是规则标签的另一种说法。标签按产生的来源分为，固有标签、推导标签、行为标签、态度标签和测试标签。标签模型包含原始数据层、事实标签层、模型标签层和预测标签层，共四个层级。

4.4.1.5　数据分析与指标体系

管理学大师彼得·德鲁克有句名言："If you can't measure it, you can't manage it"。

要管理好一个企业或做好一件事情，首先要能“度量”它，也就是是通过对业务的理解，建立指标体系，通过数据去量化它，或者称其为业务“洞察”。通过量化工作，能清楚地了解现状、定位问题，然后给出解决方案和计划。在一件事情的执行过程中，通过采集各类数据，量化工作过程及各种业务指标的变化，用以判断工作效率及工作是否偏离目标，及时做出调整，最终实现业务目标。数据分析整体流程如下：

1）业务理解

首先明确当前数据分析任务的业务目标，也就是明确“需要解决什么问题或实现什么目标”。数据分析目标一般分为两类，一类以监控为目的，另一类以解决问题为目的。

梳理整个业务流程闭环，拆解业务流程（粗分），分析组织结构、分工及其中的职责权利，确定数据来源和数据流向，分析数据质量和可信度。

2）业务度量（搭建指标体系和梳理分析维度）

根据业务流程及分析师对业务的理解，确定衡量业务的指标体系（包括指标定义），根据业务梳理数据分析维度。然后采集整理数据，根据指标的不同类别，建立数据处理任务，定时或实时生成指标数据（事件数据在采集过程中生成，批量统计在定时任务中生成），将结果存入数据集市中。

许多事情并不能够一步到位，指标体系的建立过程也是如此。一般先从战略层面最高层级开始，然后从价值链（或部门）级别到业务细节逐步细化展开，最后将其分为过程和结果两类指标。起初建立的指标体系有可能粒度太粗（处于较高层级），在数据理解步骤（第三步）过程中往往会发现需要细化指标或增加维度，才能定位问题，因此需要回过头来优化指标体系，直到能够定位问题为止。维度问题包含分类问题，有些分类比较明确，很容易确定，而有些分类需要通过数据，训练模型最终得到，这属于机器学习范畴，在后续章节中会详细说明。

在数据采集过程中，需要考虑数据的质量及数据的可信度，这是数据分析任务是否能够成功的一个关键因素。

3）数据理解（即定位问题）

采集来的数据，生成各类指标数据后，需要有评判标准去判定某个指标处于什么样一个水平。因此，在开始定位问题前，需要给指标体系中的各个指标制订判定标准，比如利润率这一指标，在制造行业中，达到5%处于合格水平，达到15%以上属于优秀水平。

在数据质量和数据可信度没有问题的前提下，通过指标标准及横比、纵比等手段定位问题。如果发现某个指标粒度太粗，比如企业利润率这一指标，并不能定位问题，需要细化，比如需要添加事业部和产品维度，需要增加价值链中的各环节投入成本和产出等指标，则回到前面一步，添加相关维度和细化指标体系。

数据分析需求提出方往往看到的是问题的表象，加上其对业务的理解程度、所处的位置和认知能力，对问题的理解往往比较片面，甚至在某些特殊情况下还会刻意隐瞒事实，篡改数据等。数据分析师需要通过指标量化业务，分析各指标间存在的矛盾来确定数据的可信度，分析偏差预见业务的发展结果，逐步深入拨开“迷雾”，最终定位问题。

4）提出方案

定位问题后，分析问题发生的原因，也就是问题的真相。然后，依据现状以及人财物及制度法规等方面的约束，制定切实可行的方案，并给出执行计划及成本估算。

常用的数据分析模型包括AARRR模型（即获取、激活、留存、变现和传播）、5W2H模型、SWOT模型、漏斗模型、PEST模型和4P理论模型等。

4.4.1.6 推荐计算

关于推荐计算的内容，第3章已有相关内容对其说明，这里就不再赘述。

4.4.1.7 关系分析

近年来，随着互联网特别是物联网的发展，全球数据量呈现指数级爆发式增长，大数据平台技术热度不断攀升。越来越多的厂家从大量数据中挖掘出实体与实体关系，并运用于产品推荐等商业活动，关系信息的应用价值日益凸显。大数据技术通过图技术存储和表示不同实体间彼此交互产生的数据内容。大数据生态中的“图”指的是数据结构和图计算，其中数据存储结构由节点V(vertex)与边E(edge)构成，一般用G(V,E)表示。图计算是研究客观世界当中任何事物和事物之间的关系，对其进行完整刻画、计算和分析的一门技术。原则上两个实体之间的关系没有上限，可以有各种关系。实体越多，当然实体间的关系越错综复杂。图数据的典型应用场景包括社交网络、商品推荐等。

4.4.1.8 事件处置(规则引擎)

告警和处置是指通过智慧社区大数据平台的规则引擎，设置事件报警和处置规则，在事件发生时，大数据平台能够根据规则执行相应的处理。比如通过摄像头能分析出社区内是否有人员群聚事件，根据预定义规则，系统发消息（短信、微信及弹窗等）给小区物业负责人和小区安保人员。

规则引擎由推理引擎发展而来，是一种嵌入在应用程序中的组件，实现了将业务决策从应用程序代码中分离出来，并使用预定义的语义模块编写业务决策。接受数据输入，解释业务规则，并根据业务规则做出业务决策。

使用规则引擎可以给系统带来如下优势：

(1) 高灵活性。规则保存在知识库中，可以在规则变动中轻易做出修改。

(2) 容易掌控。规则比过程代码更易于理解，因此，可以有效地来弥补业务分析师和开发人员之间的沟通问题。

(3) 降低复杂度。在程序中编写大量的判断条件，很可能会造成一场“噩梦”。使用规则引擎却能够通过一致的表示形式，更好地处理日益复杂的业务逻辑。

(4) 可重用性。规则集中管理，可提高业务规则的可重用性。而且，传统的代码程序通常会添加不必要的变数，仍然可进行重复利用。

因此，从业务上需要划分大数据平台会接收哪些事件数据，平台通过规则引擎定义事件处理规则。规则引擎的前提是事件处置规则内的所有功能，都需要事先提供专家库。

4.4.1.9 模型训练(机器学习)

模型训练的第一步是分析需求，根据需求及数据特点选择算法。然后，通过算法和数据训练出模型。常见的机器学习算法包括 KNN、决策树、朴素贝叶斯、逻辑回归、支持向量机、AdaBoost、线性回归、K 均值、Apriori 和 FP - Growth 等。

如何选择算法呢？可以根据业务的需求、数据的特性及对算法的了解，选择一种或几种能够满足需求的算法。算法的初选过程如下：

如果目标变量的结果是已知的，或者说样本数据集已经打上分类标签，则选择监督学习算法，否则选择非监督学习算法。如果选择监督学习算法，则再根据目标变量的值是否为连续型做判断，如果是连续型，则选择回归算法，否则选择分类算法。

经过算法初选后，可选的算法仍然会有多种，通过各种算法的特性及其具体适用场景来选择一种算法作为算法的终选。在模型训练过程中，选择算法使用的样本数据，通过样本数据集训练模型，并通过调整算法的参数和样本数据集，来优化模型。模型训练的具体步骤如下(图 4 - 6)：

图 4 - 6 模型训练步骤

1) 数据收集与整理

通过各种 ETL 工具，比如爬虫、FLUME 等，从网上及企业内部应用系统收集整理数据。

2) 数据探索

数据探索主要做的事情是查看数据中的某些值是否为空。查看数据中的某些值是否异常。查看某些特征(属性)的数据是否缺失。当然也可以通过一些可视化工具来探索数据，这样数据存在的问题和特征会更直观。

3) 训练模型

在开始模型训练之前，还需要首先完成数据预处理和数据集分割工作。其次再通过训练任务将样本数据输入算法，最终得到和样本数据相关的模型。模型可通过特殊的方式描述，并持久化的存储系统。

4) 测试模型

通过测试数据测试算法模型，如果不满意算法结果，可以通过调整训练用的样本数据和算法参数来重新训练模型，直到得到满意的模型为止。如果始终无法得到满意的结果，则需要考虑选择另一种算法。

5）使用模型

将模型应用于各种应用场景，比如打标签、指标计算和协同过滤等。

4.4.1.10　数据服务

智慧社区大数据平台的数据变现渠道包括会员增值服务、数据流量收费和数据增值服务（包括数据分析服务、用户画像和行业报告等），其涉及的业务领域众多。智慧社区大数据平台提供数据服务包括如下几个方面：

1）数据查询

智慧社区大数据平台为其他系统或平台（智慧社区服务平台、商家、企业、政府），提供如下所列几种类型的数据：

(1) 接入智慧社区服务平台其他平台或系统的数据。

(2) 智慧社区服务平台自身的业务数据。

(3) 用户画像数据。

(4) 指标数据。

2）数据推送

智慧社区大数据平台，按用户指定的定时或实时方式，将用时间段和检索条件检索出来的数据推送给接收方的平台或系统。

3）事件订阅与处置

智慧社区大数据平台提供各种主题的事件订阅服务，事件订阅方收到大数据平台推送的事件信息后由订阅方平台或系统做后续处理。用户也可以在智慧社区大数据平台制定事件处置规则，由大数据平台在接收到事件后按规则处理。

4）数据可视化服务

智慧社区大数据平台，基于指标数据、用户画像数据、预测数据（模型数据）及设备等实体的一系列数据，通过图形化界面展示给用户。

5）基于数据的线下服务

智慧社区大数据平台为用户提供行业分析、商业评估报告等线下服务。

4.4.2　数据架构设计

数据架构包括数据建模、数据管理和数据治理三部分，如图4-7所示。其中数据管理和数据治理非本节讨论的内容，本节主要讨论数据架构中的数据建模部分。

数据建模包括数据分类、数据分布、数据域划分、主题域划分、概念模型设计、逻辑模型设计和物理模型设计。

1）数据分类

数据分类是智慧社区大数据平台对标企业架构范畴内数据架构部分的重要内容，是从

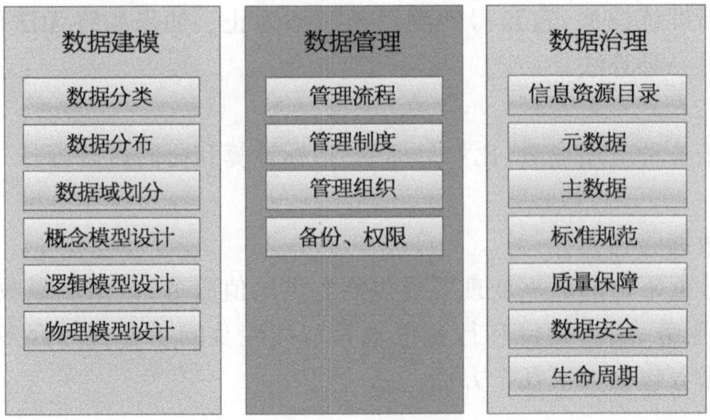

图 4－7　数据架构

数据应用的不同角度对数据进行分类，同时考虑在存储、计算、传输时对应的不同类别数据的相关要求和技术有关实现，是业务和 IT 在数据耦合上的关联核心。智慧社区大数据平台数据分类如图 4－8 所示。

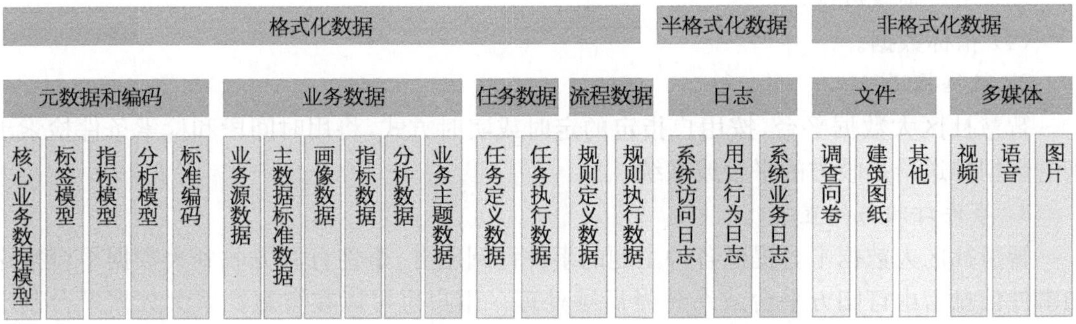

图 4－8　智慧社区大数据平台数据分类

智慧社区大数据平台在梳理数据架构时的数据分类，在数据划分上可考虑为三个层级：第一层为：结构化数据、非结构化数据和其他数据。第二层为：结构化数据划分为元数据和编码、业务数据、流程数据；非结构化数据划分为文件数据、媒体数据等。第三层为：元数据和编码划分为核心业务数据模型、标签模型、指标模型、分析模型和标准编码。业务数据划分为业务源数据、主数据标准数据、画像数据、指标数据和分析数据。流程数据划分为业务流程数据、流程控制数据。文件数据划分为业务报告、业务总结、业务制度和业务相关文件等。媒体数据划分为视频、音频等。相关分类要素的理解，可考虑如下：

(1) 核心业务数据模型。核心业务系统规定的统一数据模型定义。

(2) 指标模型。数据架构中统一规定的指标模型定义。

(3) 分析模型。数据架构中统一规定的分析模型定义。

(4) 标准编码。数据架构中统一的公共数据编码标准。

(5) 业务源数据。各类业务系统中业务数据，独立系统的数据模型。

(6) 主数据标准数据。各类业务系统中符合主数据标准及编码规范的数据。

(7) 指标数据。各类业务主题指标模型下的指标数据。

(8) 分析数据。各类分析主题分析模型下的分析数据。

(9) 业务流程数据。相关业务流程中记录过程状态数据。

(10) 流程控制数据。调配控制业务流程的数据。

调查问卷、建筑图纸、业务报告、业务总结、业务制度和业务相关文件,主要是在数据架构中产生的各类非结构化数据。

视频、音频,用于支撑企业各业务场景下记录的视频、声音等媒体数据。

2) 数据分布

图 4-9 为智慧社区大数据平台数据分布。元数据和编码数据、业务数据中的业务源数据及主数据和标准数据存放于关系型数据库中,比如 MySQL、Oracle 和 DB2 等。这些数据大多通过一主多从和定时导出的方式实现实时和定时备份,以确保数据安全性。通过缓存机制提高数据的访问速度,比如 Redis、Eacache 等。

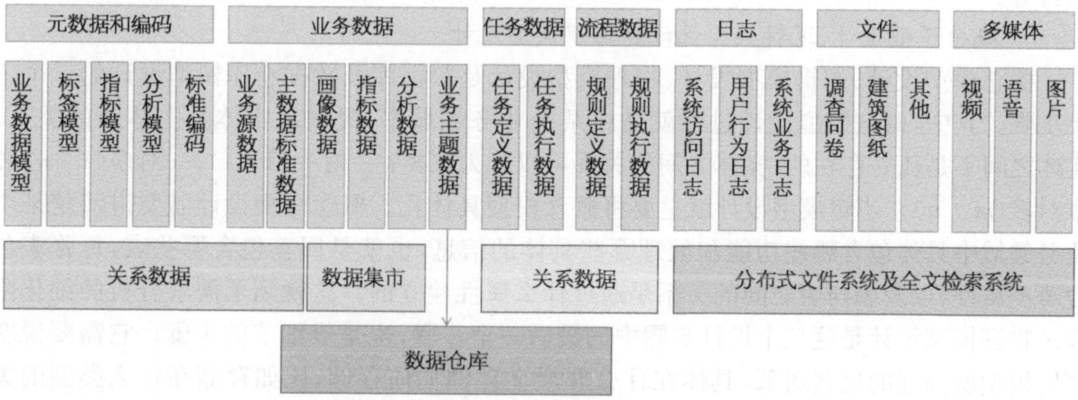

图 4-9 智慧社区大数据平台数据分布

业务数据中标签定义、指标定义和分析模型等数据可存放于关系数据库中,也可以存放于非关系数据库中。业务数据中的画像数据、指标数据及分析结果数据,存放于数据集市中。业务主题数据按照业务主题存放于数据仓库中。

其他数据主要以文件的方式存在,所以绝大多数存储于分布式文件系统中,通过全文检索系统,建立索引提高文件的访问效率。其内容的使用,往往通过分析任务,解析其内容,并提取出有价值的信息,放入主题数据中,最终通过外键指向文件存储的位置。

业务系统往往仅保存最近一年或两年的数据,并不保存全部数量的数据,根据数据规模和增长速度而定。业务系统的历史数据经过归档处理流程后,存放到大数据平台的归档库中。随着时间的推移,业务系统下线或归档库过大,导致存储成本过高,因此这类数据需要走销毁流程,最终删除这些数据。

3) 数据域划分

智慧社区大数据平台的数据域分成业务域与分析域两大类,其中业务域包括居家生活、社区生活、社区服务、社区治理、环境感知与治理、智能交通、社区教育、社区康养、邻里关系和社区活动等业务领域，其数据存储于数据仓库。分析域包括画像数据、指标数据和分析数据，其数据存储于数据集市。

4）主题域划分

在讲大数据平台主题域划分前，需要讲一下大数据平台的数据仓（或数据湖）的作用。大数据平台的数据仓（或数据湖），和传统意义上数据仓库较为相似，其作用有两点：① 业务系统历史数据的归集和有序存放；② 对传统数据仓库的继承，也就是面向主题的分析。因此，大数据平台主题域的划分包含两个方面：一方面是按照业务实体和业务流程梳理出来的主体、主体间的关系和主体相关的事件，另一方面是按照分析主题细化和分析后梳理出来的主题域。

将智慧社区大数据平台的数据域划分为多个域，在业务数据域中按域梳理其业务主体、关系和事件，比如智慧社区教育领域的实体包括产品、学生、教师、订单、课程、成绩和测试等。在分析域中，按照分析需求划分主题域，分析需求包括财务、设备、物业、HR 和销售等。

5）概念模型设计、逻辑模型设计和物理模型设计

概念模型设计、逻辑模型设计、物理模型设计是数据库及数据仓库模型设计的三个主要步骤。其中，概念模型设计过程就是在某个业务领域中，提取出实体及实体间的关系。实体之间不是孤立存在的，实体之间的关系可以分为三类：一对一（1∶1）、一对多（1∶n）和多对多（m∶n）。逻辑模型设计就是要将概念模型具体化。概念模型设计需要讲清楚某个业务领域中具体包含哪些功能和处理哪些具体的信息，也就是回答包含哪些表，每张表包含哪些属性，以及表与表之间的关系是通过什么属性建立的。这就到了需求分析的细化阶段。物理模型设计是这三个设计步骤中的最后一个步骤，也是最细节的步骤。它需要说明逻辑模型所描述的这些对象，具体在什么介质上存储如何存储，比如存储在什么类型的关系数据库中，每张表的字段分别是什么数据类型等。智慧社区大数据系统的概念模型设计具体内容，请参考本书 3.4 节。

4.4.3 技术架构设计

技术架构就是对在业务架构中提出的功能（或服务）进行技术方案的实现，包括软件系统实时选择和运行时设计。技术架构的工作主要包括两个方面：① 技术选型并形成框架；② 针对该框架制定约束或规范。图 4－10 为智慧社区大数据平台技术架构的一个架构模型的参考样例。智慧社区大数据平台技术架构模型包括七个方面。

1）数据源层

数据源层是对数据来源的大概分类，包括来自关系型数据库的数据，这类数据主要是内部应用系统，为来自应用系统的日志等半结构化数据。非结构化的数据包括 PPT/WORD 文档、音频、视频及图片等，为来自物联网传感器和通过爬虫耙取的外网数据。

2）数据采集

数据采集工具包括实时采集和离线采集两类，实时采集包括 FLUME、CANAL 和

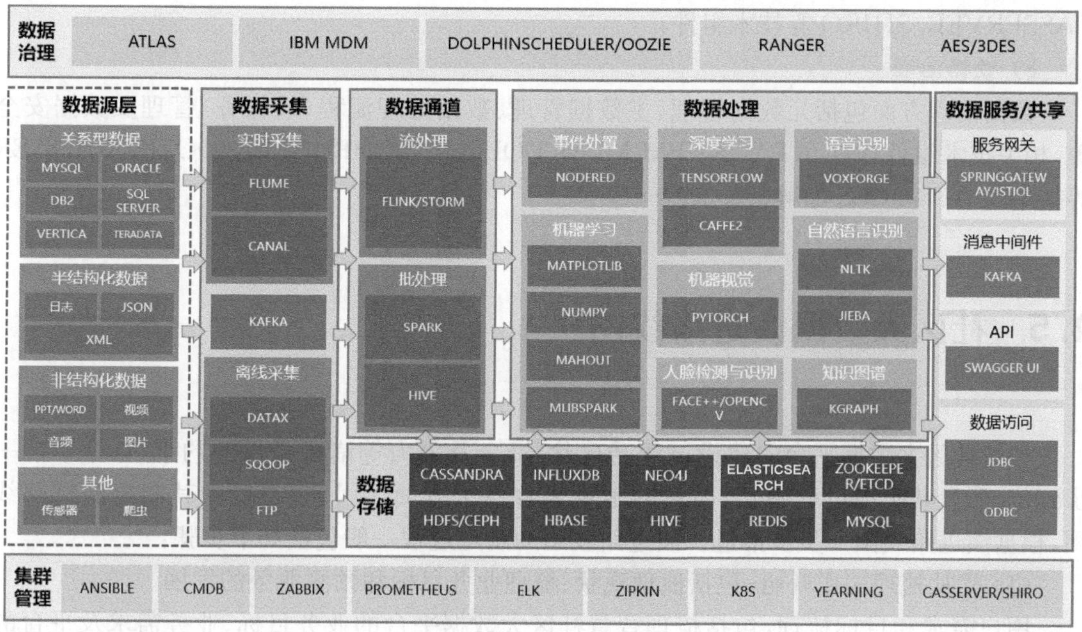

图4-10　智慧社区大数据平台技术架构参考样例

KAFKA，离线采集包括DATAX、SQOOP和FTP。采集来的数据大部分通过数据通道，然后进入数据存储模块。

3）数据通道

数据通道包括流程处理和批处理。其中流程处理采用FLINK或STORM，批处理采用SPARK和HIVE。

4）数据存储

数据存储技术包括分布式文件系统、关系型数据库、NOSQL、时序数据库及图数据等，其相关应用系统包括HDFS/CEPH、HBASE、HIVE、REDIS、MYSQL、CASSANDRA、INFLUXDB、NEO4J、ELASTICSEARCH和ZOOKEEPER/ETCD等。

5）数据处理

数据处理技术包括事件处置、机器学习、深度学习、机器视觉、人脸检测与识别、语音识别、自然语言识别和知识图谱，它们对应的技术分别为NODRED(规则引擎)、MATPLOTLIB(数据探索)、NUMPY、MAHOUT、MLIBSPARK、TENSORFLOW、CAFFE2、PYTORCH、FACE＋＋、OPENCV、VOXFORGE、NLTK、JIEBA和KGRAPH等。

6）数据服务和共享

数据服务和共享方面的技术包括服务网关技术SPRINGGATEWAY、消息中间件技术KAFKA、API技术SWAGGER UI、数据访问技术ODBC和JDBC。对于整个大数据平台来说，集群(平台)管理和数据治理也是必不可少的部分。

7）集群管理

集群管理方面的技术包括监控运维、敏捷基础设施、审计及4A等功能，其技术组件包括ANSIBLE、CMDB、ZABBIX、PROMETHEUS、ELK、ZIPKIN、K8S、YEARNING、

CASSERVER/SHIRO 等技术组件。

8）数据治理

数据治理方面包括元数据管理、主数据管理、数据处理流程（或任务）管理及数据安全等，相关技术组件包括 ATALA、IBM MDM、DOLPHINSCHEDULER/OOZIE、RANGER 等技术及 AES/3DES 加解密算法。

4.5 社区大数据演进路线图

智慧社区大数据平台的建设过程受现状、资金及人力等诸多条件的约束，往往不能一步到位，而且其实现过程漫长，面对的困难来自各个方面。因此，需要为其制定演进路线图，根据演进路线图一步步推进。演进路线图的制定过程一般包括如下步骤：

（1）先从梳理工作开始，包括梳理现状、梳理业务目标和预测业务的发展。

用户需求和目标梳理，包括梳理智慧社区大数据平台的业务目标、业务需求及平台的价值。通过关系人梳理、目标用户群体分析，以及资金、人员、技术和政策法规等约束条件梳理，基于各种约束条件最终确定目标。

业务目标的确定应该遵循 SMART 原则，包括：① 目标必须是具体的（specific），不能泛泛而谈；② 目标必须是可以衡量的（measurable），即数字化；③ 目标必须是可以达到的（attainable），即需要切实可行；④ 目标必须和其他目标具有相关性（relevant），即需要考虑其他目标的约束和支持；⑤ 目标必须具有明确的截止期限（time-based）。

业务发展预测，即预测智慧社区业务未来 3～5 年的发展趋势及业务规模，包括企业在智慧社区方面的业务规模、市场变化和占有率及涉及的业务领域，数据规模和用户规模等预测。

（2）设计目标业务架构或功能模型、应用架构、数据架构和技术架构。

业务架构的梳理和设计包括如下：① 经过战略、市场和价值分析，确立商业模式，即企业如何为顾客创造价值、传递价值、获取价值，并使企业最终实现盈利的方式和方法。② 通过价值流的梳理，分析在新的商业模式下支撑新价值流所需的业务能力，同时也要分析出对现有业务能力的影响。③ 通过价值流的梳理，设计为了实现业务目标所需的组织结构，以及确定各组织的分工，明确其责权利。④ 为确保沟通顺畅，需要梳理和抽象出业务概念，以其作为沟通主数据（或统一语言）。⑤ 梳理和设计为实现业务目标在各业务领域的业务流程。⑥ 设计相关制度和规范，在业务目标实现过程中，用于度量所有参与者的工作量，体现多劳多得的原则，激发所有参与者的潜力和积极性，约束不规范的行为。

应用架构设计包括设计在目标业务架构中的各业务模块分别由什么系统去实现，系统与系统间的合作和分工，以及系统间如何通信，通信的标准和系统的非功能需求设计。应用架构设计的工作，也就是产品规划和产品设计的工作。

数据架构设计包含数据的分类、分布、域划分、概念模型、逻辑模型和物理模型的设计。

技术架构设计包括各个系统的技术选型和技术框架设计。

为了实现架构目标，演进路线图的任务内容须包含技术能力保障和组织保障这两部分。其中，技术保障工作应该为实现系统的功能和非功能需求而设计技术规范、规约和工具，以及设计包括系统研发、部署、运维、运营过程中需要的研发体系、质量控制体系、安全体系和运营体系。组织保障设计工作应该包括相关组织分工的设计，以及流程规范和制度的设计。

(3) 分析目标架构和现状的差距，确定系统建设终止时间及中间过渡架构的设计和实施，制定实施计划，细分任务并落实到具体项目，估算人员、资金等投入成本。

目标架构与现状的差距分析和计划制定。一般情况，目标架构与现状间会存在多个中间架构，因此需要设计架构的实施路线。架构实施路线中需要包含中间架构的规划和设计，并设定演进路线的重要里程碑。架构实现过程中，还需要做技术上或业务上的实验和探索，因此在演进路线中需要包含相关的任务和实施规划。系统演进实施还应包含实施策略的制定，智慧社区大数据平台的整体实施策略建议采用小范围实验（从不同规模、不同地理位置的典型社区开始），完善功能和探索与商家企业及政府的合作模式，将产品、服务、运营和合作等标准化、流程化及制度化，待平台逐步完善和成熟后，然后再大范围推广。

平台演进计划制定过程，首先是切分任务，分析任务的依赖关系，基于任务的依赖关系来排任务执行的先后顺序及任务排期。任务排期一般采用按截止日期倒推的方式排任务。为每项任务分派资源，包括时间、人力、物力和财力等资源。在资源分配过程中，需要考虑资源的超配问题。资源分配过程包括资源计划制定和成本计算过程。为了分阶段检查确认和考核工作成果，以便在实施过程中，能够不断分析与目标的差距和偏离情况，使工作不偏离目标，需要在演进路线中设立里程碑，一般比较关键的设置和中间架构有关。同时，在任务中需要包含其他部门在人、财、物方面的投入，以及组织各种保障来支持任务的完成。

演进路线设计需要考虑的要素包括业务重点、利益、风险和相关性。从时间管理的角度来看，通常会把既紧急又重要的任务排在最高优先级。任务的重要性可以通过业务影响范围、影响人数及每个人受影响的时间三者来评估。因此，演进路线应该与业务重点的优先级保持一致。演进路线应该考虑平台建设方的利益最大化，在各条实施路线中，权衡平台建设方利益和实施效率、产出质量的关系。演进路线应该将变革风险降到最低，需要考虑方案的成熟性、稳定性、可行性、对用户的影响程度、对现有组织和关键人的影响程度。需要考虑系统之间、系统对环境、各阶段任务间的依赖关系。

4.6　社区大数据建设研发运维体系

一个好的研发运维体系，具备强大的问题解决能力，能够快速高质量实现价值交付，也就是具备不一般的研发效能。关于研发运维体系的建设，可以参考CMMI、敏捷开发、DEVOPS等思想。

4.6.1 建设研发运维体系总体思想

1) CMMI

CMMI(capability maturity model integration,能力成熟度模型集成),也称软件能力成熟度集成模型。其目的是帮助软件企业对软件工程过程进行管理和改进,增强开发与改进能力,从而能按时地、不超预算地开发出高质量的软件。其所依据的想法是:只要集中精力持续努力去建立有效的软件工程过程的基础结构,不断进行管理的实践和过程的改进,就可以克服软件开发中的困难。CMMI 为改进一个组织的各种过程提供了一个单一的集成化框架,新的集成模型框架消除了各个模型的不一致性,减少了模型间的重复,增加透明度和理解,建立了一个自动的、可扩展的框架。因而能够从总体上改进组织的质量和效率。CMMI 主要关注点就是成本效益、明确重点、过程集中和灵活性四个方面。

研发能力要想逐步达到产品成熟度最高级别,即 CMMI5,具体为:① 要做到标准化、流程化。包括研发、运维、运营、QA(quality assurance)流程及整体管理流程的标准化,环境、项目管理标准化,统一的技术栈、统一的工具。② 能够实现度量,比如使用 StoryPoint 或 FunctionPoint 来度量工作量。用 SLA、OLA 等来评估服务质量。设立研发工作的 KPI 指标,用统计分析工具来度量流程效率。③ 通过各种思想体系及度量的结果,实现持续改进。总之,CMMI 的核心思想是流程化、标准化、洞察和优化。

2) 敏捷开发

敏捷开发是一种价值观与原则,指导人们更加高效地开发。敏捷开发介绍如图 4-11 所示。敏捷开发以用户需求为核心,采用迭代(时间周期)、增量(循序渐进,功能模块)的方式开发软件,目的在于快速覆盖、响应市场需求。敏捷的核心思想是"先核心后周边"和"小步快跑"。"先核心后周边"是指在实践过程中产品经理将任务拆分,找到关键路径,先实现产品的关键路径或最小化产品,再从产品的核心逐步扩展到周边,逐步完善产品。"小步快跑"即产品的快速迭代,快速试错。

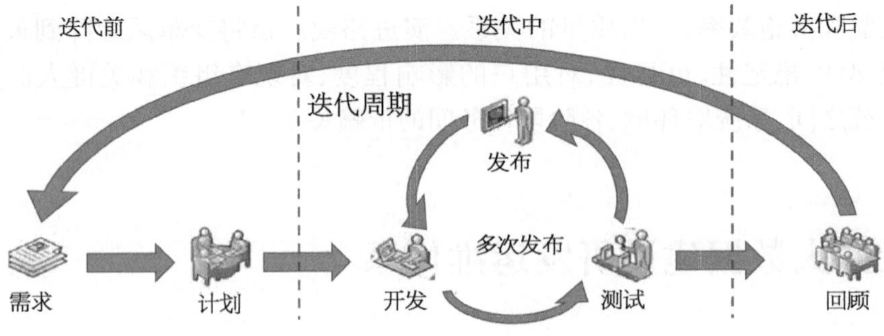

图 4-11 敏捷开发介绍

3) DEVOPS

DEVOPS(英文 development 和 operations 的组合)是一组过程、方法与系统的统称,用于促进开发、技术运营和质量保障(QA)团队之间的沟通、协作与整合。DEVOPS 带来的价值有效率、满意和成本。它包括开发、运维、QA 和安全团队的分工和一系列流程、规章制度,以达到持续快速交付用户价值的目的。DEVOPS 所涵盖的范围如图 4－12 所示。

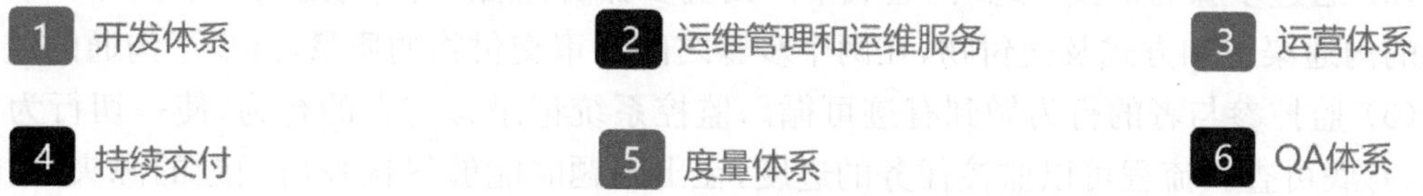

图 4－12　DEVOPS 所涵盖的范围

4.6.2　提升研发效能具体思路

结合 CMMI、敏捷和 DEVOPS,提出了六个提升研发效能的思路,如图 4－13 所示。下面将分别从标准化、分工与协作、反馈速度、度量优化、QA 和安全、平台融合六个方面来说明如何提升研发效能。

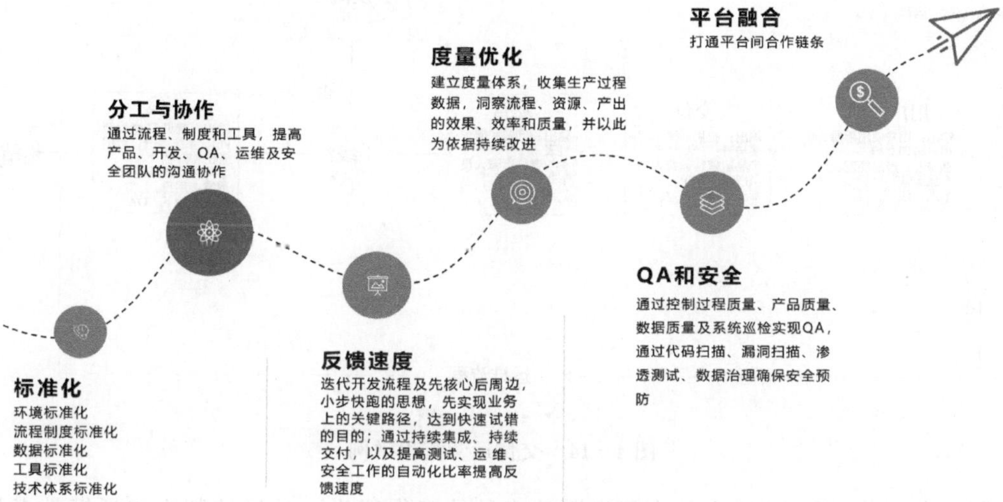

图 4－13　研发效能提升思路

4.6.2.1　标准化

为在一定的范围内获得最佳秩序,对实际的或潜在的问题制定共同的和重复使用的规则的活动,称为标准化。它包括制定、发布及实施标准的过程。为了提高团队的研发(包括项目管理、产品、研发、QA、运维和运营等方面)的效率,必须将流程制度标准化、数据标准化、工具标准化、技术体系标准化、环境标准化。其具体内容分别如下所列:

1）流程制度标准化

流程的作用如下:

(1) 通过约束实现提升工作效率。流程的目的在于通过对行为的约束，让行为向有利于提高效率的方向靠近或导引。因为研发部门是一个整体，很大一部分的工作需要协同来完成，它不是一个人的“自娱自乐”，效率是从约束中来。

(2) 通过步骤的衔接，减少沟通成本。设置步骤的先后顺序，约定上一个步骤和下一个步骤的沟通渠道和方式及交付物，在两个步骤之间评审交付物的质量，减少了沟通的成本。

(3) 监控参与者的行为做到有迹可循。监控系统记录参与者的行为，使一切行为有迹可循、有底可查。流程可以监控任务的进度，在出问题时能够尽快找出问题的源头，同时也方便核算。

(4) 通过统计、量化工作、考核工作。通过流程可以实现工作量的计量功能，从而作为考核工作的参考依据之一。

(5) 规范动作，节约资源消耗。通过流程可以统计在时间、人力等资源方面的消耗，从而给提高效率提供依据，实现节约成本。

因此，研发工作流程标准化非常重要，不可忽视。常见的流程包括研发流程、提测流程、测试流程、部署上线流程、运维流程和事件管理流程等。交付运营流程举例如图 4－14 所示。

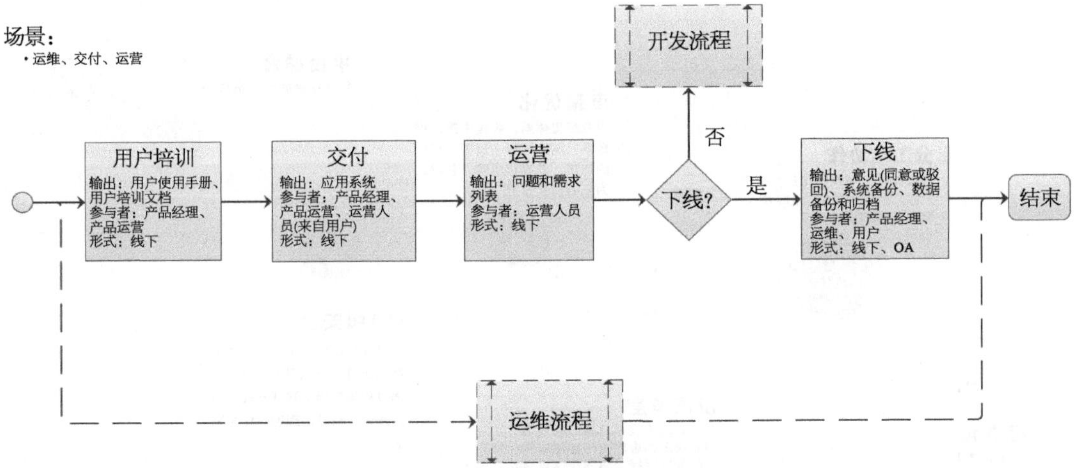

图 4－14　交付运营流程举例

制度和规范，用于激励和约束研发团队成员的工作行为。常见的制度包括绩效考核制度、研发管理制度、运维管理制度和安全管理制度等制度。常见的规范有设计规范、代码开发规范、操作系统目录规范、代码分支和目录规范等。

2) 数据标准化(研发通用语言与技术主数据标准化)

数据标准化，在这里是指研发通用语言和技术主数据的标准化。它是研发部门各团队间的沟通基础。通用研发语言是研发设计的工具，也是产品、架构、开发和 QA 等团队间沟通的工具，UML 语言是常见的通用研发语言之一，不过业界对其褒贬不一。本书建议做设计时可以用功能图、流程图(或活动图)、技术架构图、数据模型图及部署图这五张图，分别来描述系统的功能以及与其他系统的协作关系、具体的算法和逻辑、技术架构和选型、数据架构及系统的部署结构，以此作为简版的通用开发语言。

技术主数据是指在研发部门中，为了不产生歧义，对一些通用的实体（比如系统、工具及常见概念等）做统一的定义（指各团队都能理解和接受的定义）即可。这样能够形成约定，减少团队间的沟通误会和不必要的解释工作。比如"大数据"，产品认为它是万能的，它什么都能做；研发工程师认为它就是一个平台，只能提供存储和算力；架构师对它的看法，又不一样。因此，就必须统一对"大数据"的定义达成共识，以免在沟通过程中各说各的，互相无法理解对方所要表达的意思。

3）工具标准化

工具标准化包括统一的设计开发工具、统一的项目管理和成员协作工具、统一知识库三个方面。

（1）统一的设计开发工具。指研发部门在设计、管理、研发、运维和运营等工作过程中，所用的工具标准化。它涉及办公、产品设计、UED设计、架构设计、开发、测试、运维和运营等各类工具的统一标准。统一的工具将减少学习成本，以及某些不必要的工作。比如如果两个UED设计人员的设计工具不一样，那么他们之间就有可能不能互相讨论和修改对方的设计，特别是一些非面对面沟通的场景，必然增加相关的成本。

（2）统一的项目管理和成员协作工具。指统一使用一款任务协作管理工具，比如JIRA、禅道，使得人们能够很好地完成项目管理的任务，实现项目的任务分割、任务分配、进度管理及实现团队成员间的沟通协作等方面的工作。

（3）统一知识库。指通过知识库的建立，能够有效地将信息/知识积累沉淀下来，并有利于部门内部信息和知识的流通，实现组织内部知识的共享。部门知识库使信息及知识集中化和有序化，便于各团队随时查阅。部门知识库让部门成员快速准确地获取信息，为部门管理、项目管理、产品研发和产品设计等各项工作提供所须知识支持。部门知识库能够更好地利用现有成功经验和案例，让各项工作更高效。通过部门知识库，能够很好地管理部门各方面的知识和信息（文档），规避由于人员流失而导致相关技术等无形资产的流失，减少相关风险。

4）技术体系标准化

技术体系标准化是指统一的技术栈、统一的CICD流程和工具及统一的技术规范和规约三部分。其中，技术栈是IT团队或研发部门为了提升研发效率，减少学习成本，规定产品研发过程中各团队统一使用的技术组合。比如，研发部门中两个团队使用不同的技术栈，一个选择用Java作为编程语言，一个选择用C++作为编程语言，如果两个团队开发的系统功能大致相似或相似度较高，这样会导致在招人、研发、运维和学习等方面重复投入，而且也不利于知识的积累和对某项技术的深入研究，因此一般情况下都会用统一的技术栈。

统一的CICD流程和工具包括规范化编译、打包、部署、发布的持续集成和持续发布流程，以及这两个流程中各环节为实现自动化任务的相关工具。

统一的技术规范和规约包括设计规范、开发规范、代码规范及数据库栏位于命名规范等相关技术规范和规约。

5）环境标准化

环境标准化是指在系统的研发环境、测试环境、预发布环境、生产环境中的运行环境的标准化，以及社区IT环境的标准化。社区IT环境标准化包含社区服务器、IT系统、网络及办公电脑的标准化。

环境标准化工作，有利于运维和运营工作的开展，有利于IT系统的部署和问题排查等工作，也有利于业务规模的扩张。

4.6.2.2 分工与协作

产品的整个生命周期管理繁杂，研发流程包括需求、开发、集成、测试、发布和运营等步骤。分工与协作如图4-15所示。如果采用敏捷开发模式，则包括各个迭代循环更替。在各个环节中，参与的团队或角色众多，包括项目管理、产品、开发、运维、QA、安全和运营等。因此，在规划阶段必须明确各个团队的人员组成和能力需求，明确划分它们的分工，确定各团队的职责权利。建议通过工具和流程及制度来提高协作效率。相关工具包括任务跟踪和管理工具、看板、CICD等，流程包括系统研发流程、测试流程和部署上线流程等，制度包括评审制度、每日例会制度和对外沟通机制等。通过上述的种种手段，最终达到提高沟通效率降低协作成本的目的。

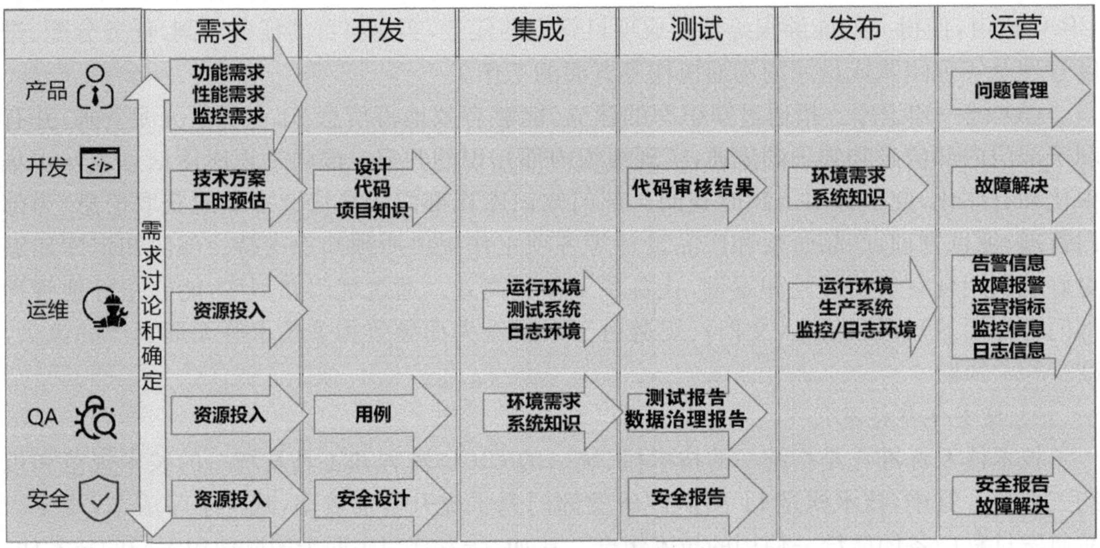

图4-15 分工与协作

4.6.2.3 反馈速度

快速价值交付是敏捷的核心概念之一，可以通过下述三个方面实现快速价值交付。

1）基于产品关键路径，快速迭代

在产品研发第一阶段，使用瀑布开发或敏捷开发模式，开发出最小化产品，也就是涵盖了目标产品关键路径的最小需求集的产品。关键路径产品通过需求方验收后，采用以一到两周作为开发周期的敏捷开发模式，快速迭代产品，不断扩充产品功能，实现“小步快跑”，同时减少试错的成本，从而实现快速价值交付。

2) 敏捷基础设施

敏捷基础设施也可称为基础设施即代码(Infrastructure as Code)或可编程基础设施(Programmable Infrastructure),基础设施即代码可以将基础设施配置完全当作软件编程来进行。基础设施即代码可通过编程的方式管理虚拟机或容器的生命周期,替代传统的手动配置方式。从而使得基础设施极具弹性,能够快速、高效、准确的进行重复性扩展。云计算IAAS层及基于容器云的PAAS,通过虚拟化技术和容器技术管理主机、容器、网络和网址等物理资源,实现资源的快速分配和回收,为微服务技术框架提供了基础部件,两者为实现快速价值交付提供了敏捷的基础设施。

3) 持续集成和持续交付

持续集成(continuous integration, CI)可以帮助开发人员频繁地(有时甚至是一天数次)将代码更改或合并到共享分支或主干中。一旦开发人员所做的更改被CI流程合并,CI流程就会自动构建应用并运行不同级别的自动化测试(包括单元测试和回归测试)来检查这些更改,用于分析改动代码的影响范围。这意味着测试内容涵盖了从类和函数到构成整个应用的不同模块。如果自动化测试发现新代码和现有代码之间存在冲突,CI可以更加轻松地快速发现和修复这些错误。

持续交付(continuous delivery, CD)通常是指整个流程链(管道),它自动监测源代码变更并通过构建、测试、打包和相关操作运行它们以生成可部署的版本,基本上没有任何人为干预。持续交付在软件开发过程中的目标是自动化、效率、可靠性、可重复性和质量保障(通过持续测试)。持续交付包含持续集成(自动检测源代码变更、执行构建过程、运行单元测试以验证变更),持续测试(对代码运行各种测试以保障代码质量),以及(可选)持续部署(通过管道发布版本自动提供给用户)。

"持续"二字用于描述在软件开发领域中包含的几个核心概念/最佳实践。它并不意味着"一直在运行",而是"随时可运行"。相关几个核心概念如下:

(1) 频繁发布。持续集成或持续发布背后的目标是能够频繁地交付或发布高质量的产品价值。交付频率是可变的,它基于研发团队的现状和研发能力,由开发团队或公司来定交付频率。一般情况为一周、两周、一个月或一天交付一次。对于一些互联网企业来说,一天可能需要多次交付,其交付频率可谓频繁。其最终目标是在可重复、可靠的过程中为最终用户提供高质量的产品更新。

(2) 自动化流程。自动化流程是实现高频率价值交付的关键,包括环境准备、编译、打包、测试、分析、版本控制及部署等流程和工作的自动化。

(3) 可重复。如果用户使用的自动化流程在给定相同输入的情况下始终具有相同的行为或产出,则这个过程应该是可重复的或称其为幂等的。也就是说,如果用户把某个历史版本的代码作为输入,用户应该得到对应相同的可交付产出。这也假设用户有相同版本的外部依赖项(即用户不创建该版本代码使用的其他交付物)。

(4) 快速迭代。在自动化工具和标准流程的作用下,代码的集成、测试、检查及部署的时间极大缩小,在每个研发周期中,这个部分的工作所占用的比例越来越小,因此快速迭代能够得以实现。现在,研发效能达到极致的某些互联网公司,能够达到一天实现多次部署和发布。当然某些特殊情况下，某些自动化步骤会很慢，价值交付的速度要视情况而定。

4.6.2.4 度量优化

企业数字化的目的之一是提高企业的管理和运营效率。其中的关键手段是度量，也就是对现状的洞察。团队管理和企业管理有相似之处，其中研发工作的度量是定位问题的关键，CMMI 模型通过 FP 工具度量研发团队的工作，研发团队工作的度量工具不仅仅只有 FP 工具，还包括以下几个方面：

1) 工作量的度量指标或工具

FP 和 SP 分别是 CMMI 模型和敏捷开发中估算工作量的工具。功能点估算法 FP 是软件项目管理众多知识中比较有技术含量的一个。功能点估算法是基于功能复杂度、数据复杂度和交互复杂度及加入一些调整因素来评估工作量。它无须知道软件使用何种开发技术，它从用户的角度进行估算，因此其评估出来的工作量比较准确，但是过程相对比较耗费工作量。SP 是敏捷开发过程中常用的工作量评估工具，它是基于一个参考故事点来评估某项任务的工作量。使用 SP 评估一项工作任务的工作量的多少，是通过该项任务的工作内容和参考故事点的比较来确定的。SP 设定参考故事点的工作量为 1，如果待评估点的工作量是参考点工作量的三倍，则其 SP 赢得值为 3。通过 SP 的方法，可以快速评估团队内各项任务的工作量，但其不足之处在于，由于不同企业或团队间对于参考点的选择不同，对于同一个产品其工作量的结果会不一致。

2) 服务约定

SLA 和 OLA 是研发运维及运营团队对内和对外制定的服务标准，SLA 和 OLA 的内容，后续章节会详细介绍，这里不再赘述。

3) 产出质量

对于产出物或交付物质量的度量分两个方面，即过程质量和最终产品质量。通过缺陷数量、重大缺陷比率、缺陷修复时间、缺陷修复次数和缺陷漏报率等指标度量过程质量或最终产品质量。

4) 用户满意度

通过用户投诉、用户评价等渠道获取用户对产品满意度的评分。

5) 创新和分享

创新和分享是研发部门的核心价值之一，如果一个研发团队缺乏创新能力、缺乏对新技术研发与吸收能力，那么将难以作为驱动企业业务效率提升的动力。知识分享是新技术引入和推广的有效途径。因此，将新技术研发和分享作为度量指标之一。

通过各种指标可以快速了解研发团队的现状，发现研发团队的工作在哪些方面存在欠缺，针对相关问题，制定出有针对性的行之有效的方法和手段，最终实现研发效能的提升。

4.6.2.5 QA 和安全

QA 又称质量保证体系，有各种标准，比如 ISO9001 质量管理体系和 CMMI(软件能力成熟度集成模型)等。本节主要讲的是应用系统全生命周期的质量控制。系统的全生命周期质量控制包括研发过程质量控制、半成品和成品质量控制、数据质量控制及系统巡检来管控系统质量。

过程质量控制一般通过研发各阶段的评审工作及半成品的测试来实现，评审工作包括需求评审、设计评审、用例评审和问题解决方案评审等。

测试是半成品和成品质量控制的重要手段，通过制定测试方案及测试方案的执行来完成整个测试工作。测试方案包括测试范围、测试策略（即选用哪些测试方法完成不同类型的测试工作）、测试资源、进度安排（包括测试计划和测试用例）、发布标准和风险说明等。测试方案中测试计划的执行主要包括测试用例的编写、用例测试、修复 bug 及重测等工作。现在，很多团队也通过自动化手段来提高测试工作的效率，包括自动代码评审、自动化测试和每日构建等方法。

数据质量的管控属于数据治理的范畴，它的实现需要数据治理团队和 QA 团队协作来完成，相关内容请参考第 3 章数据治理相关部分的内容。

系统的巡检工作是在系统上线后，进入运营阶段期间，由 QA 团队来完成。其中涉及的工作内容和度量指标如下：

1）系统指标

巡检过程中通过分析系统的 CPU、负载、内存、网络和磁盘等指标，发现有无异常情况及波动情况，或者资源不足的情况，及时发现潜在风险。

2）慢接口

通常响应时间（ResponseTime，RT）指执行一个请求从开始到最后收到响应数据所花费的总体时间，即从客户端发起请求到收到服务器响应结果的时间大于 3 s 的接口需要重点关注，极端并发场景下容易导致整个系统雪崩。

3）慢查询

数据库慢查询需要重点关注，随着数据量上涨，需要对慢查询进行优化。

4）错误日志

通过错误日志去发现系统隐藏的一些 bug，避免这些 bug 被放大，甚至极端情况下会导致故障。

5）分支管理、文档管理、代码 review

安全保障方面重点工作在预防，通过代码扫描、漏洞扫描和渗透测试等工具帮助系统减少攻击面和漏洞，同时通过数据治理等管理手段，保证信息的安全。

4.6.2.6　平台融合

前面讲工具标准化的时候介绍过，DEVOPS 体系包含诸多工具或平台，这些工具或平台如果“各自为政”，最终必定导致产生“信息孤岛”。它们将无法协作，从而无法发挥整体效率。这个问题和很多企业信息化建设所面临的问题是一样的，企业信息化建设初期，由于没有整体规划，实际业务上又有需求，因此上了大量的系统，各个系统间“老死不相往来”。但是企业各部门间的业务流程是相通的，由于系统间不通，部门间的协作效率变得很差，最终都要面对系统整合的问题。

因此，在建设研发运维体系初期，就需要在工具和平台建设上做好整体规划，做好分工，设定业务流程，以及制定相关的标准。以进度管理和沟通平台为核心，整合其他系统或平台，实现平台融合，从而发挥它们的整体效率。

4.7 基于大数据的智慧社区运营体系

智慧社区运营和企业运营一样，以降低成本、增加收益、提高效率为根本目的。智慧社区运营包含智慧社区服务平台数字化营销和数字化运营，也包含智慧社区自身的运营。基于大数据的智慧社区运营体系如图 4-16 所示。

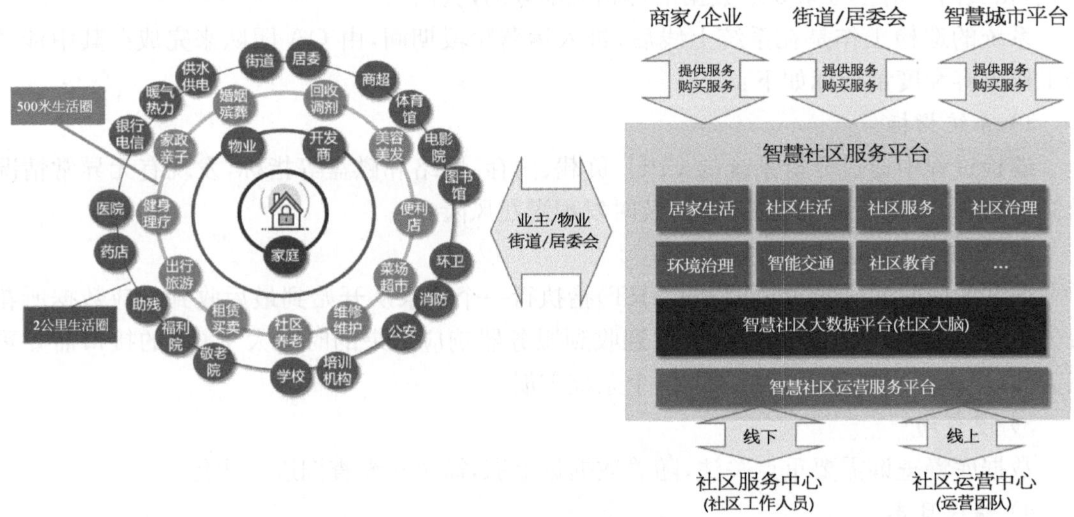

图 4-16 基于大数据的智慧社区运营体系

智慧社区运营工作由两类团队完成，分别是社区工作人员和社区运营人员，其中社区服务中心设立在社区内或社区周边，其工作职责如下：

(1) 系统上线初期，以线下的方式为社区用户提供，包括业务拓展、用户培训和平台宣传等服务。

(2) 业务发展到一定程度后，以线下的方式为社区用户组织并提供社区团购等活动。

(3) 以线下的方式为社区用户提供，协助物业保障社区安全和管理物业。

(4) 以线下的方式为社区用户提供养老、医疗、购物、交通和教育等服务。

(5) 以线下的方式协助公安、消防、居委会及公益组织等政府部门和组织完善社区治理。

(6) 以线下或线上的方式接受报障、投诉、建议和求助。

(7) 主动到社区收集用户需求。

社区运营中心设立在平台总部，其工作职责如下：

(1) 事件处理和问题处理(包括事件处理二线人员、三线人员和事件经理,以及问题处理团队)。

(2) 商务谈判和渠道扩展。

(3) 产品(包括设备、活动、服务等商品)营销。

(4) 社区服务平台运营。

(5) 管理和维护平台为社区用户、商家、企业、政府部门和社会组织提供的线上服务。

(6) 以线上的方式接受报障、投诉、建议和求助等。

社区运营团队,通过数字化营销来增加社区服务平台流量实现增收,通过各种方式吸引商家和企业,使其愿意为社区建设投入资源,共同为社区住户及访问者提供优质的服务,并实现共赢。通过改善用户体验、提升服务质量和完善服务内容等方式来提升用户满意度和黏度,从而使用户愿意为社区服务买单。

社区、园区等是城市的基本单元,犹如"细胞"和人的关系。社区治理是政府城市治理的一部分,城市治理工作如何指导社区治理工作?社区治理工作如何协作城市治理工作?

智慧社区智能服务平台的运营工作包含面向社区用户的 TOC 部分,面向物业、社区商家和企业的 TOB 部分,以及面向政府和社会组织的 TOG 部分,本节从六个方面来介绍。

4.7.1 运营服务平台事件和问题管理

智慧社区智能服务平台包含如下功能:

(1) 受理用户报障、投诉、建议、求助及自动发现异常等方式,发现问题、解决问题,并从中创造用户需求,从而到达增效收益的目的。

(2) 产品营销管理和维护。

(3) 平台数字化运营。

(4) 合作商家管理。

(5) 产品维护和管理。

(6) 平台基础数据维护和管理。

4.7.1.1 运营服务平台的事件管理流程和制度

图 4-17 为运营服务平台的事件管理流程和制度示意图。用户通过线上(Web、热线、小程序和 APP 等)方式上报故障、问题咨询、困难求助、给予建议和提出意见到服务台。用户也可以到社区服务中心,通过线下的方式将自己上述诉求告诉服务台或一线处理人员,一线处理人员将相关信息提交到服务台。智慧社区服务平台的物联网系统通过分析,发现设备故障、人员群聚或异常闯入等事件,自动通过平台接口,将事件上报到服务台。服务台首先登记事件,然后根据用户提交的事件内容,尝试解决问题,如果不能够解决,则逐级上报,逐级处理,直到事件被关单为止。如果事件处理完成,则关单并让用户确认和对服务评

价。一般问题直接转上一级处理，如果较为严重的问题，直接转到事件经理处理。整个事件处理团队包括服务台、一线二线三线处理人员和事件经理，其中服务台和一线处理人员在社区服务中心，其他人员在社区运营中心。

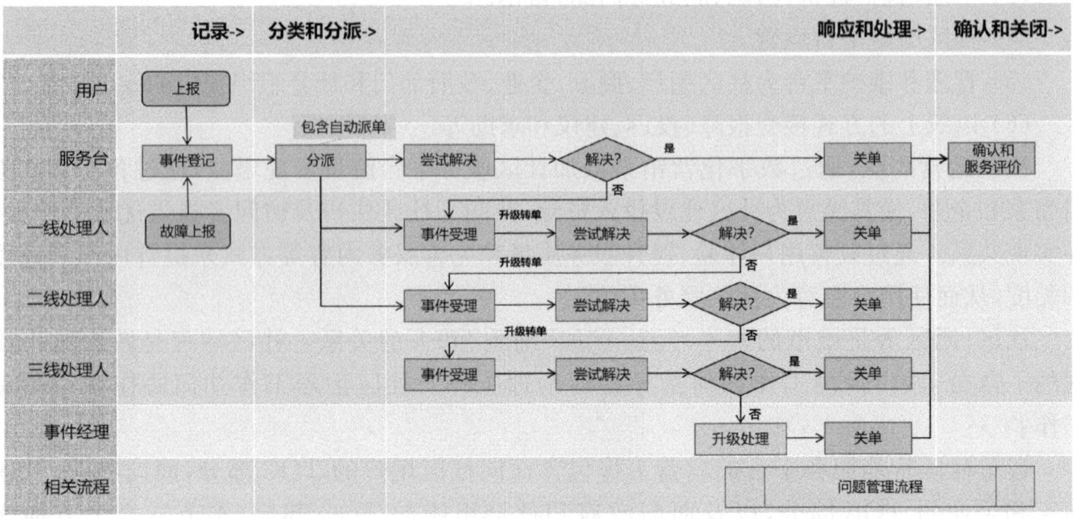

图 4-17 运营服务平台的事件管理流程和制度

事件响应和处理速度要求在服务协议规定的范围之内，因此某些比较复杂的事件只能给出临时方案，真正的解决方案在问题管理流程处理，所有问题管理流程由产品营运或产品经理发起，进入问题看板管理。

4.7.1.2 运营服务平台的问题管理流程和制度

问题是一个事件反复出现的表现，问题管理流程的实施，可以分析出引发事件的根本原因，通过变更彻底解决该问题。与事件管理的区别在于，事件管理强调以最快速度恢复业务，采取手段可以是多种，甚至诸多事件的发生通过重启机器来解决。这类事件或许频繁发生，俨然发展成为一个问题，但临时的手段不利于问题管理的研究。如果把事件管理称为“治标”，那么问题管理则是“治本”。问题管理实施目标是根除同类事件的反复出现。

事件和问题的关联关系如下：

(1) 事件流程直接面向用户，问题流程只面向 IT 内部和运营团队内部。

(2) 事件管理主要目标是尽快帮助客户恢复服务和脱离困境，往往通过一种临时的解决办法来实现，问题管理主要目标是发掘事件产生的根本原因，并寻求最终解决方案。

(3) 问题管理中，解决问题的速度不是首要考虑的要素。

问题来源于两类：一类为事件管理流程，另一类为内部团队在平台运营过程中发现的问题。问题提交人通过平台登记问题，问题经理识别问题有效性，然后指定问题处理人。问题处理人分析问题，提出解决方案，方案审核通过后，实施该方案。在问题解决人从分析问题到方案实施的过程中，都有可能需要外部团队或企业的支持。问题解决方案实施后，验证其效果，如果问题得以解决，则关闭问题，将相关信息整理成知识提交知识库。运营服务平台的问题管理流程和制度如图 4-18 所示。

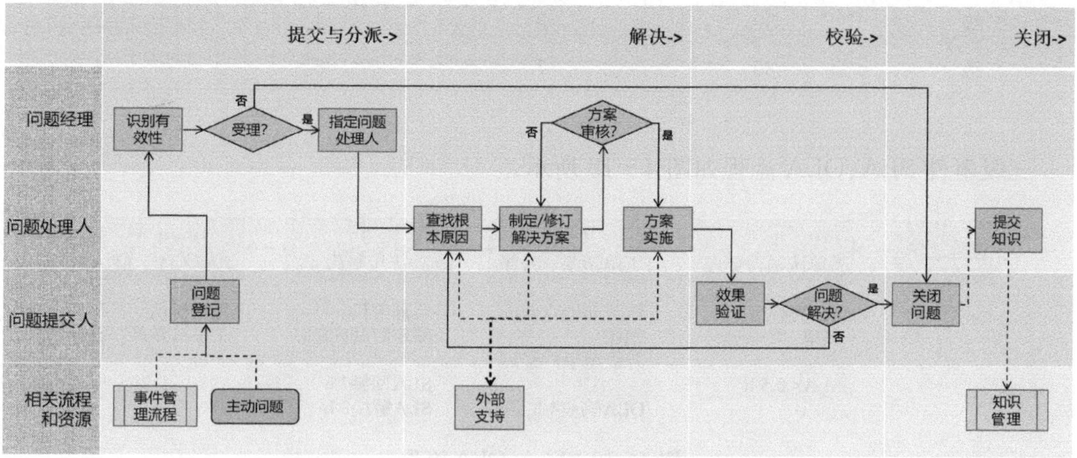

图 4-18　运营服务平台的问题管理流程和制度

4.7.1.3　运营服务平台服务水平的度量

大数据平台在事件/问题处理过程中所起到的作用包括以下几个方面：

1）事件定级

平台收到事件上报后，通过大数据系统分析影响范围（包括受影响人数量、受影响的社区功能、受影响的设备设施和个人财产等）、损害程度、经济损失及人身伤害程度等方面的严重程度，来确定事件的等级。由于事件受理人（服务台）的个人在知识水平、社会经验和逻辑分析能力等条件的限制，无法对所有各个业务领域的事件做出快速准确的事件定级。因此，可以通过大数据平台，结合知识库和算法模型，完成快速准确的事件定级。

2）服务效率和工作量的度量

通过大数据平台，收集问题和事件的基本信息和处理过程信息，统计所处理事件和问题的数量和得分（按事件和问题的复杂度评定事件和问题得分），考核事件和问题处理团队的工作量的数量和质量。

通过大数据平台，收集问题、事件的基本信息和处理过程信息，计算事件和问题的处理时间，评定团队的服务效率。评定事件的服务水平可以用服务水平协议（service level agreement，SLA）和操作级别协议（operational level agreement，OLA）两个指标，评定问题的服务水平可以用 SLA 指标。SLA 服务级别协议，是服务提供方和客户之间就服务提供中关键的服务目标及双方的责任等有关细节问题而签订的协议。OLA 操作级别协议，是服务提供方和组织内部部门就某个具体服务项目的提供而达成的协议。社区服务平台的事件整体服务承诺 SLA 和 OLA，事件级别见表 4-1。

表 4-1 事件级别

事件级别	响应时长/min	预警时长/h	解决时长/h	OLA/h
一级	15	1	2	1
二级	30	3	4	2
三级	30	7	8	4

三级事件 SLA、OLA 流程如图 4-19 所示。

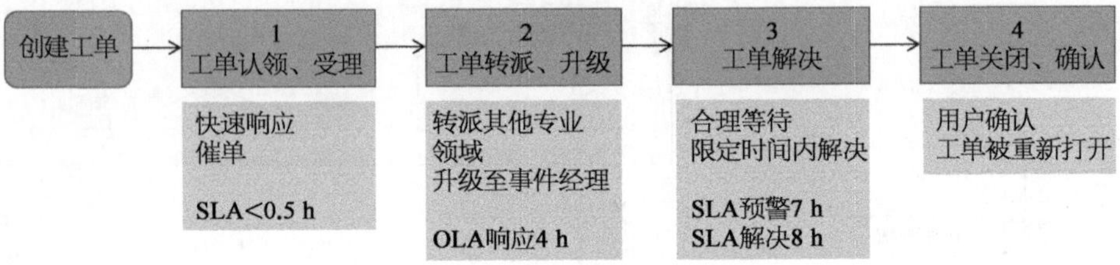

图 4-19 SLA、OLA 流程

4.7.2 智慧社区数字化营销体系

社区服务产品涵盖社区业务的各个方面，比如物业方面的产品有视频监控设备、门禁系统和显示屏等，养老方面产品有上门护理、挂号预约服务、社区护理等，社区生活方面有购物、旅游等相关产品的团购。在众多可选产品中，以哪种产品作为社区营销的突破口，各种产品以什么样的次序引入社区，各类产品中来源渠道和商家如何筛选，商业合作模式如何确定，以及产品如何营销，这些都是智慧社区服务平台运营工作需要重点考虑的问题。其中，产品的数字化营销是和大数据平台相关性最高的一项功能，下面着重介绍产品的数字化营销方面的内容。

在介绍数字化营销前，先了解一下营销的 4P 理论。所谓 4P，即地点（place）、价格（price）、促销活动（promotion）、产品（product）。营销的本质就是解决通过什么途径、以什么样的价格策略、用什么的方法和手段吸引用户的目光，激发用户的购买欲望，最终购买产品的问题。

4.7.2.1 地点

投放渠道或拓新渠道，包括搜索引擎、自媒体、信息流和自建社群等线上渠道。搜索引擎是传统拓客渠道，常见的搜索平台包括百度、搜狐、360 搜索和搜狗。自媒体包括微博、微信公众号、微信朋友圈、官网和抖音等视频平台。信息流包括头条、网易、知乎、爱奇艺和快手等。自建社群包括微信群、论坛等交流、分享群。线下渠道包括拓客活动、广告等。

4.7.2.2 价格策略

常见的价格策略如下：

(1) 高端路线,即较高的产品价格,主要面对高端消费群体,主推产品或服务的质量和高附加值。

(2) 低端路线,产品定价低,薄利多销靠走量。

(3) 价格差,先高定价,然后通过打折优惠活动卖产品。

(4) 满减,即消费满多少额度即减多少金额,比如某火锅店的每天每桌每次消费满200元、优惠50元的活动,其实是打折活动的另一种形式。

(5) 会员制,根据消费能力给会员定级,普通用户无法享受优惠,不同会员级别享受不同的优惠待遇。

(6) 隐形歧视,先抬高定价,然后通过复杂的活动派发优惠券。

(7) 积分兑换,会员通过消费或通过完成各种活动获取积分,通过积分兑换规则,兑换商品。

4.7.2.3 促销活动

常见的产品促销推广方法如下:

(1) 增值服务,比如买手机送三年维保。

(2) 交叉销售或捆绑销售,比如将相关性较强的两本书捆绑到一起打包销售。

(3) 增量销售,比如买一瓶送一瓶。

(4) 联盟权益,比如在购买社区服务平台上的某款智能家电产品的同时赠送本平台上某课程产品的体验课。

4.7.2.4 产品

常见的产品包装方法如下:

(1) 明星代言,比如找某位明星做品牌代言人。

(2) 吹嘘产品功效,比如"滴滴香浓,意犹未尽"。

(3) 产品体验,比如某宝网上卖茶叶的某商家,购买茶叶时送的用于试吃的小袋装香菇。

(4) 洗脑宣传,比如"牙口好,胃口就好,身体倍棒,吃嘛嘛香"。

在实现将产品推荐给用户,并卖给用户的过程,包含分析现状、设定营销目标、战术设计、方法选择、创意设计和执行跟踪等步骤,整个过程离不开数字化技术的支持。其中现状分析阶段,需要解决的问题包括如何细分用户,获得用户需求,如何将合适的产品推荐给需要的用户。智慧社区大数据平台的用户画像系统,通过建立标签体系,收集来自各种渠道的信息(在系统建设初期,数据主要来自线下收集,比如调查问卷、拜访等),然后给用户画像(初期也是通过线下的方式实现),通过画像细分用户群体,了解用户需求和市场现状,并有针对性的制定产品营销目标、战术、方法及设计创意。最后,按计划执行上述任务,在执行的过程中,智慧社区大数据平台不断收集相关数据,并通过预先设定的指标,统计出相关指标值。根据标准判定任务执行过程中营销工作的效率和效果及目标的达成情况,根据这些信息,营销团队适时调整营销策略、方法和创意,以期达到最佳营销效果。

4.7.3 智慧社区数字化运营体系

营销的工作是将产品卖给客户，或者将用户拉到平台，也就是为平台引流。运营的三个关键为引流、转换和留住用户（提高用户黏性）。其工作就是解决上游产品，到下游客户之间问题的一个流程。AARRR 是 acquisition、activation、retention、revenue、refer 这五个单词的缩写，分别对应用户生命周期中的五个重要环节：获取用户、提高用户活跃度、提高用户留存率、获取收入、自传播。AARRR 模型因其掠夺式的增长方式也被称为海盗模型，同时它也是一个典型的漏斗模型，可以用来评估连续的业务流程节点转化率。通过该模型可以有针对性地对出现问题的重要节点进行优化，达到提升 ROI 的目的。

运营的目的很简单，就是为了把产品（或服务）卖给客户和留住客户。在引流方面，运营工作包括内容运营（即写软文推广）、用户运营、活动运营和产品运营四个大类。它们互相独立又互相联系。由这四类运营方式，近几年又延伸出许多分类，比如社群运营和渠道运营等。

在获客（引流）方面，上一节已有详细叙述，请参考前面的内容。在激活用户方面推广渠道的质量是一个非常重要的因素。质量差的推广渠道带来的是大量的一次性用户。严格意义上说，这种不能算是真正的用户。质量好的推广渠道往往有针对性地划定了目标人群，其为平台带来的用户通常比较容易成为活跃用户，与平台的预期人群有很大吻合度。另外，在选择推广渠道时一定要先分析平台的特性及目标人群，选择适合本平台的才是最好的。在留存方面，一般情况下留住一个老客户的成本要远远低于获取一个新客户的成本。所以，留住老顾客不让其流失是很重要的工作。如果有老顾客流失的情况，一定要弄清楚用户是在什么时候流失的，是什么原因导致它选择离开，有没有什么方法可以挽回。在获取收入方面，任何企业或平台，其最终目的都是要获利的，获取收入其实是平台运营最核心的部分。平台的盈利模式有多种，最常见的是产品付费、服务付费、广告和会员费等。用户是收入的来源，只有用户基数大转化率高，获利才能扩大，因此提高活跃度和留存率是扩大获利的基础。

智慧社区服务平台的数字化运营也是基于 AARRR 模型实现数据分析工作的。整体上基于 AARRR 模型建立指标体系，比如在用户获取方面设定的指标包括渠道曝光量、渠道转化率、日新增用户数、每日 APP 下载量和获客成本等。在激活用户方面设定的指标包括日活跃用户数和活跃用户占比等。在提高留存方面设定的指标包括次日留存率、第三日留存率、第七日留存率和第三十日留存率等指标。在增加收入方面设定的指标包括客单价、付费用户占比、付费用户的平均收入和生命周期价值等。裂变方面设定的指标包括转化率、转发率、K 因子（邀请数量 * 转化率）。通过设定的指标，平台收集相关数据到数据仓库的相关分析主题中，通过平台预设定的定时和实时任务，计算出相关指标的值，并根据判定标准给出判定结果。这样就可以通过数据平台，了解智慧社区服务平台的运营工作情况，作为优化各个环节运营工作的依据。

4.7.4　以物业服务作为营销工作的突破口

物业和社区基本属于互相依存，互相促进的关系。物业为社区提供包括社区日常养护、小区治安、车辆管理、保洁和收缴费等日常服务，为社区用户提供基本的生活保障。社区和物业息息相关，是社区服务中的基础部分，因此也是智慧社区服务平台营销工作的重点和突破口。

物业在社区管理中，通常提供的服务如下：

1）日常养护

小区的物业公司基本职责之一就是维护小区内各类基础设施和设备的日常运转，保障这些设施和设备能够正常运行，为居民生活提供便利。社区生活的基本配套设备包括供水、供电、供暖、燃气、网络、排水、排污系统、电梯、监控和各种辅助设备，公共设施包括花圃、水池、运动、图书馆和会议室等设施。物业负责对这些设备和设施定期地进行养护，让其维持良好的运行状态，延长设备的使用寿命。另外设备和设施出现故障时，物业要负责及时处理各类小修、急修工作。

2）社区治安

小区的物业需要负责小区内部的治安管理，比如人员出入管理、访客管理、邻里纠纷调解、危险物品管控、高空抛物管理和日常巡检等确保社区安全的管理责任。

3）社区资产管理

小区的物业所管理的社区资产包括公共空间、绿地、停车场、停车位、健身房、游泳池、广告位、业主委员会办公室和物业管理公司的办公用地等。

4）清洁服务

小区物业负责清理住户日常生活中产生的生活垃圾，负责小区公共区域的日常清洁工作，以及小区建筑外墙的清洁工作。对于一个小区来说，搞好清洁绿化工作可为业主和住户创造良好、舒适的工作、生活环境，是物业的重要责任之一。

5）其他

比如代收水电燃气取暖等费用、车辆管理等。

社区物业管理所涉及的业务众多，如果单靠人手来处理，将须投入大量人力和物力，而且无法高效响应用户需求及发现和解决问题。

智慧社区服务平台相较传统社区物业服务，具备的优势如下：

(1) 服务产品及渠道多样化。平台通过自身优势，汇聚了诸多商家的设备、产品和服务，让物业能够从价格、地域和品牌等方面有更多的选择。

(2) 服务自动化(效率高)。信息化技术、物联网技术、视频监控技术等技术，以及平台的事件和问题管理系统和机制，能够及时、快速的发现和定位问题，并在第一时间通知物业和相关人员，平台提供的规则引擎将依据预先设定的处置规则，自动做出相关处理，从而有效保护相关人员生命安全、减少个人和公共财产损失。

4.7.5 与社区商家相关的运营工作内容

"500 米生活圈"也就是小区周边距离小区步行 10 min 范围内的社区商家，它形成了社区生活的一个"生活圈"。该生活圈为社区业主和居住者提供有关便利店、菜市场、超市、维修、维护、养老、房屋买卖和租赁、美容美发、废品回收、婚丧嫁娶、家政、亲子、健身、理疗、出行、旅游、休闲及娱乐等一系列有关于"生活"的所有选择。"生活圈"如同一套完善的自然生态系统，为业主和住户提供各种满足它们日常生活等各方面需求的商品或服务。

智慧社区服务平台作为社区"500 米生活圈"的唯一入口，基于该平台智慧社区运营团队通过组织商家，以社区商城和社区团购等方式为社区业主和住户提供商品或服务。社区运营服务平台和团队，负责评审商家资质，管控商品和服务的质量，接受和响应用户投诉，不断提高服务水平和质量，以提升用户满意度为己任，最终使用户和社区商家都能获益。平台的社区商城，采用 O2O2C(online to offline to configuration)的商业模式，提供便利店、菜市场、超市、维修、维护、养老、房屋买卖和租赁、美容美发、废品回收、婚丧嫁娶、家政、亲子、健身、理疗、出行、旅游、休闲和娱乐等相关商品和服务。大数据平台通过智慧社区服务平台收集用户行为、商品销售、商品投诉、设备维护、设备故障、社区环境和物业人员行为等各类信息，然后通过标签体系为用户打标签，为产品、事件归类，同时通过预设的指标库计算各类运营指标。然后，通过大数据平台上的数据服务，辅助商家实现精准营销、数字化运营和投诉处置等工作。

4.7.6 与外部企业相关的运营工作内容

社区外部企业包括为社区提供医疗、娱乐、健身、学习的医院、药店、商超、体育馆、电影院和图书馆等私营企业，提供助残、敬老、儿童福利等慈善类服务的助残组织或机构、福利院和敬老院等，提供教育培训服务的学校、课外培训机构等，提供金融、电力、暖气、热力、供水和排水等公共服务的国有企业，提供公安、消防和环卫的政府机构等，它们组成了社区的"2 公里生活圈"。这些为社区提供服务的企业或机构，它们的产品或服务通过智慧社区服务平台提供给客户后，其运营团队需要和智慧社区服务平台运营团队合作，给智慧社区服务平台运营团队培训产品和服务相关知识，建立运营服务流程，使企业或机构的运营团队和智慧社区服务平台的运营团队能够融合成一体，为社区用户提供服务。智慧社区大数据平台搜集相关数据，通过用户画像系统和协同过滤技术，将企业或机构的产品推荐给有效用户，从而增加了企业或机构的产品或服务的用户流量。智慧社区大数据平台通过数据服务将用户画像推给企业或机构，企业运营团队通过相关信息能够全面了解用户和其需求，并有针对性地提供咨询和服务，从而促成产品或服务的售出。智慧社区大数据平台通过统计分析，将企业的运营指标定期推送给企业或机构，使其能够优化运营管理流程和运营管理方法。智慧社区大数据平台为企业或机构实时推送事件(比如产品服务投诉、产品故障等)，使其能够快速发现问题、定位问题，且为解决问题提供建议，从而能快速准确地解决用户遇到的困难，进而提高服务质量和提高用户满意度，最终留住客户。

4.7.7　与社区治理相关的运营工作内容

智慧社区通过综合运用现代科学技术，整合区域人、地、物、情、事、组织和房屋等信息，统筹公共管理、公共服务和商业服务等资源，以智慧社区服务平台为支撑，依托领先的基础设施建设，提升社区治理和小区管理现代化，促进公共服务和便民利民服务智能化的一种社区管理和服务的创新模式。

社区数据众多，比如人口、民政、党建、文化体育、卫生计生、人力资源社会保障、食品药品安全，社会管理、公共服务、民生需求，以及单位、个人提供服务等的海量信息。由于涉及大量社区业主、访客的个人数据，比如身份证、人脸、指纹和健康等信息，政府应该制定相应的法律和法规及规章制度，规范和约束个人数据的使用范围等。

依托智慧社区服务平台，通过智慧社区大数据平台及运营服务团队，为提高居民生活的便利性，协助政府及公益事务，代办民生事务，建设基于社区治理的便民服务。智慧社区平台通过上述工作，协助政府完成社区治理和实现社区便民服务，从而获得政府的补贴、资助和扶持，以及赢得政府在智慧社区服务方面的采购合同。

政府在老旧社区改造的过程中，应该同时引入建设智慧社区的概念，加大对智慧社区建设的投入，或者为智慧社区建设做前期规划，为后期智慧社区建设做铺垫工作。

智　慧　社　区　大　数　据

第5章

智慧社区安全与隐私保护

智慧社区建设的目标是通过对社区数据的收集、整理、加工和分析，建立社区大数据库，整合现有的各类服务资源，从中挖掘一些规律，提高社区管理的效率，改善民生，提升社区品质，为人们的生活和工作提供更加便利、舒适和个性化的高效服务。比如通过整合社区地理信息和人口数据，建立应急响应平台，解决老龄化带来的社会问题，为社区空巢老人、孤寡老人等群体提供及时服务。由于社区大数据收集的数据对象包含区域内的民生数据、综治数据、城管数据和党建数据等信息，因而数据体量巨大且类型丰富，这些数据来源于各类现实世界的探测器、物联网终端对现实世界的感知、识别和采集。从数据类型上可将其分为两类：① 结构化数据，比如社区居民户籍信息等，大约占社区数据总量的 10%；② 非结构化数据，比如社区音频数据、视频数据、居民位置信息等，大约占社区数据总量的 90%。数据获得者只需要对采集到的数据进行加工处理，并按照特定的算法进行数据分析，便能够从中获得居民日常生活的规律，从而为社区治理提供决策参考。事实上，哪里有数据，哪里就有数据安全问题。本章将从社区大数据安全的角度，对社区大数据应用中存在的隐私风险、隐私保护现状和面临的挑战、隐私保护的法律法规和关键技术等方面做一介绍。

5.1 社区大数据隐私风险概述

5.1.1 社区大数据隐私泄漏风险点

近几年，各类信息泄漏的事件层出不穷。大到一个企业的信息泄漏，比如 2016 年各大媒体报道雅虎在 2013 年和 2014 年发生超过 10 亿个账号数据被盗。小到个人的信息泄漏，例如，某居民在家门口登记了某培训机构课程的试听账号，从此以后，他会接二连三地接到不同培训机构的推销电话。随着数据体量的增加，通过人肉搜索方法就可以从浩瀚的公网信息中搜集一个人的隐私信息，包括此人的通信方式、生日、年龄、学历、家庭住址、家庭成员和工作地点等。现在，这已经成为一个黑色产业，可以说，在信息技术发展环境之下，没有一个人敢放心地使用数据。在各种智能设备、音视频终端互联的数字时代，在当下监管制度和技术尚未完善的环境中，社区大数据隐私的泄漏风险都发生在如下环节：

(1) 在信息收集过程中，容易出现违背信息收集的“必要性”原则。传统的数据收集方式采取的是定向搜寻，比如通过各种统计年鉴和报表获得欲研究问题的相关内容。而大数据应用之下的数据收集是按照设定好的算法进行海量收集及汇集，数据来源丰富，随着智能终端设备的发展，数据更是呈现出“井喷式”的增长，这使得个人的隐私数据变得可视与可追踪。

(2) 在大数据的存储管理中,用户数据被存储在第三方,由于目前还缺乏成熟的数据管理服务,因此,不可避免地存在敏感用户数据被暴露的风险。当用户习惯将照片存在网盘上,或者是分享喜、怒、哀、乐的照片在微信或微博中,又或者为了获得某些"指尖服务"而登记了个人信息,包括个人喜好等,这些数据如果都汇集在一起,就是一个巨大的数据池。数据存储的单位也从过去的GB级到PB级,发展到现在的EB级、ZB级,这对数据存储和管理的安全性提出了更高的要求。由于它们分布在不同的网络服务器中,可称为"云端服务器",而各个服务器提供商管理和维护水平参差不齐,当云服务器遭受攻击后,通常用户是不会被告知隐私信息已被泄漏。"道高一尺魔高一丈",未知的安全漏洞、新兴的网络攻击手段使数据的存储安全面临巨大挑战。可以说,保障数据的存储安全是避免大数据隐私泄露的重要一环。

(3) 在数据分析过程中,借助反向身份识别技术和预测性挖掘手段对大数据进行多维度、跨区域的融合和关联,最终为数据拥有者提供统计、决策和推荐等服务。例如,用户在网上下载的电影、用户手机发出的定位信息,甚至是用户被监控摄像机所拍下来的步态都可以被数据拥有者用来识别。个人数据量获得的越多,数据拥有者了解用户的信息量就越大,在现代数据科学的发展下,最了解用户的人可能是数据分析服务提供商。

(4) 在数据使用过程中,个人和企业都可能存在无意或是恶意传播、倒卖他人隐私数据的情况,使得用户不堪其扰。比如一些网站在公开招聘录取信息时,没有对个人的出生日期、手机号码等涉及个人隐私的内容进行脱敏处理就直接公布在互联网上,这给倒卖个人信息的个体或团体留下了可乘之机。而中国人的隐私意识又长期处于缺位的情况,公私领域界限模糊,很多公民对自身隐私权利不甚了解,是否隐私权被侵犯,被侵犯后也不确定是否应当保护、如何保护等。关于隐私及隐私权的界定等法律相关内容将在5.3节大数据隐私保护的法律法规部分进行探讨。

5.1.2 社区大数据隐私侵权的特点

1) 隐私侵权更容易和更普遍

随着社区数字化管理和智慧化发展水平的提升,数据隐私泄露的问题成为社区大数据应用中亟待解决的问题。由于在建立社区数据库时,个人必然存在主动或被动地提供大量个人数据信息的情况,数据获得成本低,获得的数据完整、准确,如果提供数据管理服务的运营商缺乏自律,将导致社区中的个人隐私数据被盗取、被泄露和被贩卖。因此,相比较于传统的数据信息管理方式,大数据互联互通使得受害人群容易扩大,隐私侵权的发生变得更容易,也更普遍。

2) 隐私侵权行为更隐蔽

社区居民信息大多数都涉及个人的隐私数据,例如,家庭成员构成信息、家庭住址、就业单位和私家车的车辆信息等,信息的数字化,导致日常生活变成可量化,线上与线下的居民生活规律通过数据分析技术可以被轻松预测与跟踪,隐私在不经意之间被侵犯。对于社区居民来说,他们可能是数据的所有者和提供者,却不是数据的掌控者,被无意间挖掘出的隐私信息有哪些、由谁掌管、被用在何处、使用目的等，都不知情。因此，相比传统时代，在数字科学的时代，隐私的侵犯手段更为隐蔽。

3）隐私侵权损害更严重和更多样

随着数据存储的速度、容量的不断提升，社区居民的一切在线行为都可被永久存储，社区网络空间的可搜索性和永久存储性，有可能加重隐私被侵权者的精神损害和名誉损害的程度。同时，隐私侵权造成的损害可能不仅局限于精神损害和名誉损害，而且也可能涉及经济利益、不公平对待和人身损害等。与传统隐私侵权后果相比，社区大数据隐私侵权损害后果更严重和更多样化。

5.2 大数据隐私保护的现状与挑战

5.2.1 大数据隐私保护的重要性

随着计算机的出现，各种纸质化的信息以数字化方式进行存储、管理和共享，而互联网技术的发展也深刻地影响和改变了人类社会，整个社会信息化和网络化发生了深度融合，物联网技术、智慧城市、移动设备和社交网络等不同领域交相辉映，对于一个智慧社区来说，可以收集的用户数据数以百计，可以帮助决策者从已发布的数据中尽可能多地分析出有价值的信息，并做出正确的决策，降低风险，让政府的管理有的放矢，形成社区同社会、政府、居民的合作共治。然而，根据大数定理，在有规律的随机事件大量重复出现的条件下，数据会呈现必然的统计特性，即当分析的对象从“数据”到“大数据”时，会产生量变到质变的提升，所获得数据量越多，通过数据科学技术得到的价值就越多。因此，即使在大数据环境下对个人隐私数据进行匿名技术、加密技术等方式的隐私保护处理，有心之人还是可以利用大数据的关联分析、深度学习等人工智能方法进行个人身份的反向识别，关联出更多用户的隐私信息。

可以说，在当前技术、制度与监管尚未完善的情况下，身处大数据环境中的每个人，既是大数据应用服务下的受益人，也可能是大数据被滥用的施害人或受害人。因此，对于智慧社区来说，要充分考虑和重视大数据平台的安全隐私问题，才能有效地保障智慧社区的稳定发展。

5.2.2 大数据隐私保护的现状

1）法律层面

随着大数据隐私泄露事件的频频爆出，世界各国已开始高度重视数据安全、个人数据隐私监管和保护等问题。吉贝克信息技术（北京）有限公司董事长、中国科学院大学金融科技研究中心主任刘世平在《清华金融评论》中针对大数据时代个人隐私及隐私权保护的论述中提到：中国、欧盟、美国、印度、澳大利亚、新加坡和韩国等都已实施网络可信身份相关的战略，来保护隐私，提高身份信息的安全性。其中，美国、欧盟和中国等都出台了各种法律和法规来加强对社会公共数据和个人隐私数据的保护。

(1) 美国。出于对产业利益的考虑，美国对数据保护的态度一直坚持以市场为主导，以行业自律为主要手段，以政府监管为辅助的模式。随着近几年隐私泄露丑闻的频频出现，美国也在不断完善相关的法律监管体系，以平衡产业利益和隐私保护之间的关系。例如2018年6月颁布的《加州消费者隐私法》(California Consumer Privacy Act)规定，企业必须公开与个人信息原定使用场景和用户预期不一致的使用行为，用户有权撤销第三方对个人信息的使用。2019年6月颁布的新《内华达州数据隐私法》涉及互联网隐私，要求互联网网站和在线服务的运营商遵循消费者的指示，不得出售其个人数据。而违反者可能会导致运营商收到禁令或每次违规最高被处以5 000美元的民事处罚。2020年2月美国纽约州参议员Kirsten Gillibrand在华盛顿进行的国会隐私辩论会中提议制定《数据保护法》(Data Protection Act)，并设立专门的联邦数据保护局(Data Protection Agency, DPA)。据当时的新闻报道称，DPA是一个独立的执行机构，负责保护个人隐私，并限制个人数据的收集、披露、处理和滥用。

(2) 欧盟。欧盟在信息的保护立法和实践中走在了世界的前沿，经过近30年的摸索，建立起以《欧盟数据保护指令》为核心的信息数据保护体系。2018年5月，欧盟具有里程碑式的个人隐私保护法案《通用数据保护条例》(General Data Protection Regulation, GDPR)正式实施。GDPR被称为“史上最严格的数据保护法”。英国《独立报》称，这场被舆论称为“互联网诞生以来的最大变革”，旨在通过更严格的法律保护欧盟所有公民的数据隐私安全，并加强对企业管理个人信息的监管。所有从事个人数据处理的自然人和法人的不合规行为都可能导致高额罚金，并导致法院诉讼和名誉损害的后果。

(3) 中国。《中华人民共和国网络安全法》(2017年6月1日起实施)、《中华人民共和国数据安全法》(2021年6月通过，自2021年9月1日起实施)和《中华人民共和国个人信息保护法(草案)》(2021年4月26日)是我国数据和网络安全的三部基础法律。《中华人民共和国网络安全法》关注重点是“网络本身的安全”，立法目的是维护网络空间主权和国家安全、社会公共利益，要求网络运营者应当按照等保制度的要求，履行网络安全保障义务，并细化了网络运营者应采取的具体措施，包括制定内部安全规范、确定网络安全负责人、采取防范病毒攻击的技术措施、监测网络运营、留存网络日志和采取加密措施等。《中华人民共和国个人信息保护法(草案)》则侧重于个人权益的保护，是为了维护公民个人的隐私、人格、财产等利益。《中华人民共和国数据安全法》在保障数据安全的同时关注数据处理活动与数据开发利用。对数据进行分级分类，明确了开展数据活动的组织、个人承担数据安全保护义务，个人信息和重要数据的收集、数据处理使用和安全监督管理的相关标准，落实数据安全保护责任，还特别规定了境外司法执法机构要求提供境内数据时的处理方式。

在未成年人隐私保护方面，我国也有相应的法律规定。2019年10月1日实施的《儿童个人信息网络保护规定》是我国第一部专门针对儿童个人信息网络保护的立法，标志着我国儿童个人信息保护工作正式进入法律轨道，进一步充实了我国儿童个人信息网络保护的法律依据。该规定指出,网络运营者应当设置专门的儿童个人信息保护规则和用户协议,并指定专人负责儿童个人信息保护,并明确任何组织和个人不得制作、发布、传播侵害儿童个人信息安全的信息。违反该规定的,由网信部门和其他有关部门依据职责,根据《中华人民共和国网络安全法》等相关法律法规规定处理。构成犯罪的,依法追究刑事责任。

总之,大数据隐私保护是一个综合性问题,需要政府、监管部门和运营商的共同协作。而我国现有的法律体系还不够完善,随着《中华人民共和国数据安全法》的落地,各地将陆续出台符合各自特点的具体条例和措施,数据立法关注的焦点也将更集中在数据确权、数据交易、数据垄断、隐私保护等议题上。

2) *技术层面*

大数据隐私保护的关键技术可大致分成数据存储阶段的隐私保护技术,数据访问阶段的隐私保护技术和数据发布阶段的隐私保护技术。在数据的存储管理阶段,如数据水印技术、数据加密技术等。在数据的访问阶段,如基于角色的访问控制技术、认证技术和威胁发现技术等。在数据的发布阶段,如基于数据失真的技术、数据发布匿名保护技术、基于限制发布的技术等。目前,也有研究者提出将区块链技术应用在大数据隐私保护中,如在视频数据隐私保护方面,可以采用区块链的"去中心化"理念,建立视频数据的安全防盗链机制,包括设计动态密钥,在视频内容中插入哈希校验,在视频访问网站的 URL 地址中加入动态哈希值、时间戳防盗链和流媒体防盗链等。

随着新的攻击方法出现,传统的隐私保护模型需要不断改进和创新。比如,微软研究院在 2006 年提出的差分(differential privacy, DP)隐私保护模型是近年来学术界隐私保护研究热点之一,该方法同时引起了数据挖掘、数据库和机器学习等多个领域的关注。但当技术在具体场景落地时还面临着许多挑战,比如,怎样实现隐私保护和数据可用性自适应的调节、高维度大数据集的效率问题该如何优化等,这些都是值得深入探讨和研究的问题。关于大数据隐私保护的关键技术将在 5.4 节进行更为详细的介绍。

5.2.3 大数据隐私保护面临的挑战

大数据时代拓宽了社区管理服务的深度和广度,如社区信息订阅、楼宇管理、户籍管理、社区事件指挥调度管理和社区决策分析管理等。如前所述,以大数据为依托的智慧社区在汇集、整合、存储和使用各结构类型数据的时候,不可避免地面临着隐私数据的安全保障问题。具体而言,基于社区场景的大数据隐私保护实践中面临的主要挑战集中体现在以下几个方面:

1) *数据收集时缺少主动式的隐私保护技术*

传统的隐私保护技术是基于加密技术、机器学习和社交网络的被动式技术,不支持用户主动参与到数据的管理中来,一旦数据生成并被收集,用户便失去对数据的控制,同时,每个用户作为数据的生成者对隐私的理解和隐私保护的需求不同,比如用户身高,有的用户并不介意公开这些个人信息,而有的用户则觉得涉及个人生物特征的信息都属于隐私。因此,对于海量规模且动态增长的大数据来说,传统的隐私保护技术难以适应实时性的差异化隐私保护需求，这是大数据隐私保护面临的挑战之一。

2）多源数据的融合加剧隐私泄露的风险

大数据的数据来源多种多样，通过网络探测器感知、物联网智能终端采集的数据类型多种多样，不同的数据源形成不同的数据集，不同的数据集有不同的监管者，尽管监管者采用各种防御措施来防止数据隐私泄露，如加密技术、认证技术、匿名技术和访问控制技术等，但数据隐私泄露还是时有发生。而在大数据环境之下，数据互通互联，当这些数据集之间通过数据科学技术进行融合，再采用聚类、分类和深度学习等信息技术处理后，数据之间的相关性被揭示，用户的生活习惯、行为规律和个性特征等隐私信息被挖掘，数据融合无疑是在加剧隐私泄露的风险。因此，各数据集的监管者不能仅孤立地考虑每个数据集的隐私处理情况，还需要考虑通过计算数据融合之后的数据集的隐私风险程度，从而采用更为严密的隐私保护措施，这也是大数据隐私保护一个非常关键且具有挑战性的问题。

3）隐私泄露缺少事后补救

大数据的信息所涉及的个人或团体非常多，因此一旦发生隐私泄露、侵权，造成的损失可能无法估量，如涉及人身安全、财产安全和名誉损失等，依靠个人力量难以应对大数据隐私侵权的后果。因此，如何在大数据隐私泄露发生之后进行妥善的事后补救，很大程度上依赖于相关的法律法规、行业监管和服务商的自律等。

5.3 大数据隐私保护的法律法规

智慧社区治理既要运用大数据技术来提高社区现代化管理的效能，也要兼顾对居民隐私权的有效保护，平衡社区治理中的公共利益与居民个人利益。

5.3.1 隐私与隐私权

一直以来，隐私与隐私权的法律界定和法律属性都存在争议。《中华人民共和国宪法》第三十八条至第四十条对公民人格尊严、住宅不受侵犯、通信自由及通信秘密的宣告涉及保护公民隐私的意蕴，是隐私保护的宪法渊源。在智慧社区治理中，隐私信息具有明显的私权利属性，同时，也具有一定的公共利益属性，获取和分析这些数据信息是社区治理实现智能化与精细化的重要资源。总之，隐私是自然人不愿意对外公开的个人领域里的信息和事务，即个人不愿意被他人知晓和干预的私人信息、私人活动和私人空间。

我国法律在相当长一段时间内缺乏对隐私权的明确界定。隐私权一般来讲是指自然人享有的对其个人且与公共利益无关的个人信息、私人活动和私有领域进行支配的一种人格权，可以理解为个人的私密信息（包括但不限于信息、活动、空间等内容）受到法律保护的权利，即未经当事人允许或者法律授权，任何个人、企业、组织不得随意探知、储存、分析、利用、公开他人私密信息的权利。2021 年 1 月 1 日起施行的《中华人民共和国民法典》第一百一十条的规定明确使用了隐私权的表述，并将其与第一百一十一条规定的个人信息区分，意味着把隐私权作为一种具体的人格权来保护。

5.3.2 智慧社区隐私与隐私权的新内涵

大数据隐私是大数据技术通过运算和处理衍生出的新型个人隐私的简称。大数据隐私保护是防范通过用户信息的多次迭代运算造成对用户隐私的过度分析和动态隐私数据的泄露和侵害。因此，在智慧社区场景下，居民个人或社区集体的大数据隐私不再是单纯的静态隐私，而是对居民基础信息进一步加工处理后形成的动态关联的社区数据信息。一旦居民个人隐私被侵犯，侵害结果往往还会与财产利益直接挂钩，或者是被侵权人的利益损失。在大数据时代下，居民个人的隐私权已经从单纯的人格权转化成以人格权为主兼财产权特点的复合权利。总结来说，智慧社区场景下大数据隐私具有如下特征：

1）社区大数据隐私信息量大

社区大数据隐私不仅包含人的身份识别信息，比如姓名、电话、住址和证件号码等，还能够全面覆盖一个人的性格、消费倾向、价值需求、行为习惯和实时的空间位置变化信息，甚至能够通过技术手段非常清晰、高概率地预测居民个人未来的行为。因此，在智慧社区场景下隐私信息的体量巨大。

2）社区大数据隐私信息类型多

社区数据来源丰富，比如社区网络留言、出行记录、浏览记录和地理位置等一系列形式多样的数据信息都是智慧社区平台的数据内容，因此隐私信息也涵盖音频、文本、视频和图片等多种类型。

3）社区大数据隐私价值密度低

社区数据服务商通过对大量社区数据进行数据分析，从中挖掘具有价值的内容，这些内容体现的是数据内在的相关性、规律性和特征，仿佛大浪淘沙般，价值密度低。

4）社区大数据隐私实时更新

大数据时代下社区居民的隐私信息具有动态性、实时性。例如，各种探测器的射频识别数据（人像、姿态等）、地理位置信息等，都一直在动态、实时地更新和变化着。这也是社区大数据隐私保护在技术处理上的要求远高于传统静态隐私保护措施的原因之一。

5.3.3 智慧社区隐私侵权的界定和特征

《中华人民共和国侵权责任法》第二条对侵犯隐私权的范畴有相关的界定，但在智慧社区环境下侵犯隐私权的行为也表现出一些新的特征，主要体现在以下几个方面：

1）社区内侵权行为主体的复杂化

通常认为侵权是个人对个人隐私的侵权，但在智慧社区大数据应用环境下，侵权的主体向着多元化的方向发展，比如为了保护公共利益使用视频监控技术的社区管理部门。比如人们司空见惯的社区摄像头，许多个人行为规律一旦通过大数据分析将暴露无遗。因此除了个人,社区大数据收集者和管理者都可能成为大数据时代个人隐私侵权的主体。

2) 社区内侵权行为方式的多样化

智慧社区的建设伴随着大数据等互联网技术的革新,由此涌现出的许多新兴的互联网产品和社交应用,比如短视频软件、直播软件、语音识别和人脸识别等,这些应用软件在丰富居民社会生活的同时,也带来了侵权危机,比如人肉搜索,正是大数据应用下典型的隐私侵权行为。因此,进入智慧社区时代后,侵权行为主体结合高、新、精科技,以过去无法预想的多样化的手段侵犯居民的个人隐私权。

3) 社区居民侵权损害的扩大化

智慧社区环境下,利用大数据技术使得原本价值密度极低的数据中所蕴含的潜在财产价值得以被提炼出来,因此隐私权的财产属性不断增强,隐私权被侵犯带来的经济损失也逐渐增大,比如电信诈骗、支付宝盗刷等,将对社区居民造成更大的损害。

4) 社区隐私侵权因果关系的模糊化

进入大数据时代,由于新型的社区大数据隐私侵权技术性强,行为方式更加隐蔽,形式多样,行为与结果之间的因果关系也因此变得模糊。

5.3.4 我国大数据隐私权法律保护存在的问题

在智慧社区治理方式下,居民个人利益与社区公共利益之间的平衡受制于社区治理结构及其能力,特别是政府与社会的互动状况:一方面,大数据技术的运用为居民参与智慧社区治理提供了平台,促进了民主协商;另一方面,社会对智慧社区的治理水平提出了更高的要求,既要能为社区治理精细化、现代化服务,也要能遵循民主和法治的价值理念,在依法合理的边界内展开。目前,我国民法领域的多部法律对大数据隐私侵权的规定存在分散性和宽泛化的不足。

1) 智慧社区大数据隐私侵权责任认定问题

如《中华人民共和国侵权责任法》第二条虽然明确规定了隐私权是一项重要的民事权益,侵害他人隐私权应当承担相应的侵权责任,但对于大数据隐私的特殊性和具体的隐私侵权责任认定问题没有详细的规定。这导致智慧社区发生大数据隐私侵权问题时,找不到相应的法律适用条件。

2) 智慧社区涉外大数据隐私侵权问题

《中华人民共和国涉外民事关系法律适用法》第四十六条规定,通过网络或采用其他方式侵害隐私权等人格权的外籍人士也适用被侵权人常居所在地的法律。因此,对于智慧社区治理中如果出现外籍者侵害他人隐私权的情况,也适用中国法律。另外,2021年6月公布的《中华人民共和国数据安全法》第三十一条规定,关键信息基础设施的运营者在中华人民共和国境内运营中收集和产生的重要数据的出境安全管理,适用《中华人民共和国网络安全法》的规定;其他数据处理者在中华人民共和国境内运营中收集和产生的重要数据的出境安全管理办法,由国家网信部门会同国务院有关部门制定。《中华人民共和国数据安全法》第三十六条规定,非经中华人民共和国主管机关批准,境内的组织、个人不得向外国司法或者执法机构提供存储于中华人民共和国境内的数据。但在司法实践中由于相关配套制度规定还不够完善，智慧社区涉外大数据隐私侵权问题往往面临着补救难、执行难的局面。

3) 智慧社区大数据隐私和隐私权界定问题

大数据隐私并非单纯的个人信息隐私，大数据隐私涉及数据分析背后对个人行为习惯等特征信息的动态关联和预测，单纯的信息保护已经很难对大数据隐私进行有效的监管。

因此，只有厘清大数据隐私权及数据运用的权限所涉多方权利之间的边界，才能对隐私权形成有效的保护，数据利用与数据开放机制才能可持续和健康地发展。

5.4 大数据隐私保护技术

随着大数据和人工智能技术高速发展，智慧社区大数据安全和隐私保护技术已经历了深度变革。以数据为核心的数据驱动模式成为大数据时代的各个技术的最基本特征。社区大数据的安全和隐私保护，从本质上来说，就是对社区各类数据的综合处理过程，即基于全流程全周期的数据安全保护机制。社区大数据隐私保护技术为社区大数据提供离线（如数据发布）和在线（如数据安全查询、挖掘）等应用场景下的隐私保护，防止攻击者将数据包含的属性、记录、位置和特定社区用户的个体相关联进行攻击，降低攻击者识别、泄露、攻击个体用户的可能性。

对于社区大数据安全与隐私保护技术的研究同样围绕数据发布、存储、分析挖掘和访问控制等数据安全的全周期过程来展开，包括数据存储加密、数据传输加密、数据安全审计、数据访问控制、大数据动态匿名技术、大数据静态匿名技术、数据脱敏、同态加密、数据泄露检测和数据权限管理等相关原理、应用及其中亟待解决的问题。

本节将从所涉及的社区大数据安全和隐私保护技术角度，对大数据发布隐私保护、大数据存储隐私保护、大数据挖掘隐私保护及大数据访问控制等相关技术展开论述。

5.4.1 大数据发布隐私保护技术

为了使社区大数据资源成为促进智慧社区发展的高效动力，提升智慧社区的智慧表现，其根本就在于对智慧社区感知终端采集的各类数据进行挖掘、分析、发布、更新和共享，实现智慧城市的互动、智能演化。大数据生命周期中，数据发布阶段面临着几个风险点：一是大数据发布的动态性；二是数据使用者也可能是攻击者；三是针对同一用户的个人信息数量巨大，且来源多，容易通过信息碰撞而造成个人信息泄露。

因此，需要在数据发布之前对数据进行脱敏处理，以保证用户数据可用的情况下，高效地、可靠地去掉可能泄露用户隐私的内容，满足数据隐私保护需求和大数据分析应用要求。

数据匿名技术是实现隐私保护的数据发布(privacy preserving data publishing，PPDP) 最常用的技术手段。

数据匿名技术是指在公开发布包含一定用户信息的数据之前，对数据进行预处理以避免个人信息泄露的技术。数据发布匿名就是在确保所发布的信息数据公开可用的前提下，隐藏公开数据记录与特定个人之间的对应联系，从而保护个人隐私。数据匿名技术的目的是切断原始数据集中数据所有者和敏感信息之间的一一对应关系，产生满足隐私保护需求又保证数据可用的匿名数据集。

5.4.1.1　静态匿名技术

静态匿名技术是指数据发布方通过对数据的准标识码进行处理，将具有相同的准标识码多条记录组合记录集合，即等价组。主要技术包括 K-匿名、L-多样性匿名、T-闭合等。

1) K-匿名

K-匿名是 1998 年由 Latanya Sweeney 和 Pierangela Samarati 提出的一种数据匿名化方法，其基本思想是保证公开的数据中包含的个人信息至少 K-1 条不能通过其他个人信息确定出来。举个例子，假设某社区公开数据使用了 K 阶匿名保护，如果攻击者想确认一个人(如小明)的敏感信息(购买偏好)，通过查询他的年龄、性别、邮编，攻击者会发现社区发布数据里至少有 K 个人是有相同的年龄、性别、邮编。这样攻击者就没办法区分这些数据到底哪个是小明的了，从而也就保证了小明的隐私不会被泄露。

2) L-多样性

K-匿名方法虽然解决了链接攻击问题，但是对数据的敏感属性没有做任何约束，其主要缺点是防止属性泄露。攻击者通过敏感数据与个体进行关联分析，实现对个体隐私的背景知识性攻击和匿名性的同质性攻击，从而导致隐私信息的泄露。为了解决同质性攻击和背景知识攻击所带来的隐私泄露，Machanavajjhala 等人提出了 L-多样性模型。在公开的数据中，对于那些关联属性相同的数据中，敏感属性必须具有多样性，这样才能保证用户的隐私不能通过背景知识等方法推测出来，L-多样性保证了相同类型数据中至少有 1 种内容不同的敏感属性。

L-多样性案例分析见表 5-1。表 5-1 中有 6 条相同类型的数据，其中 4 条的购买偏好是电子产品，其他两条分别是图书和家用电器。那么在这个例子中，公开的数据就满足三阶多样性的属性，攻击者就无法通过一直的背景知识(小明不喜欢购买图书)来推测小明的购买偏好。

表 5-1　L-多样性案例分析

姓　名	性　别	年龄/岁	邮　编	敏感数据
				购买偏好
*	男	(20,30)	35000 *	电子产品
*	男	(20,30)	35000 *	电子产品

（续表）

姓　名	性　别	年龄/岁	邮　编	敏感数据 购买偏好
*	男	(20,30)	35000 *	电子产品
*	男	(20,30)	35000 *	电子产品
*	男	(20,30)	35000 *	图书
*	男	(20,30)	35000 *	家用电器

3）T-闭合

T-闭合是指为了保证在相同的等价类属性组中，敏感信息的分布情况与整个数据的敏感信息分布情况接近且不超过阈值T。在L-多样性基础上，T-闭合方法考虑了敏感属性的分布问题，要求所有等价类中敏感属性值的分布尽量接近该属性的全局分布。如通过小明的信息查询结果中，工资分布就和整体的分布类似，进而很难推断出小明工资的高低。数据保证了简单的K-匿名、K-多样性及T-闭合等属性，也基本保证了对敏感属性（工资和购买偏好）的保护。T-闭合案例分析见表5-2。

表5-2　T-闭合案例分析

姓　名	年龄/岁	邮　编
小明	35	350017

姓　名	年龄/岁	邮　编	敏感属性	
			工资/元	购买偏好
*	(20,30)	35000 *	6 000	电子产品
*	(20,30)	35000 *	10 000	电子产品
*	(20,30)	35001 *	8 000	电子产品
*	(20,30)	35001 *	7 000	电子产品
*	(20,30)	35001 *	12 000	图书
*	(20,30)	35001 *	7 000	家用电器

5.4.1.2　动态匿名技术

针对大数据的持续更新特性，学者提出了基于动态数据集的匿名策略，保证每一次发布的数据都能满足某种匿名标准，同时，攻击者也无法联合历史数据进行分析和推理。这些技术包括支持新增数据重发布匿名策略、m-invariance匿名策略等支持数据动态更新匿名保护的策略。

5.4.1.3 大数据中的匿名并行化处理

大数据的巨规模特性使得匿名技术的效率变得至关重要，数据匿名并行化处理是主要处理技术之一。该技术将匿名算法并行化，使用多种技术加速匿名算法的计算效率，从而节省了大数据中的匿名处理的计算时间。目前，使用已有的大数据处理工具与修改匿名算法实现方式是大数据环境下数据匿名技术的主要趋势，这些技术能极大地提高数据匿名处理效率。

5.4.1.4 基于差分隐私的隐私保护数据发布

传统以匿名模型为基础的隐私保护方法通常需要做出特殊的攻击假设和背景知识，而且未能实现对数据隐私保护的强度进行量化评价，所以在实际应用中将具有较大的局限性。

例如，某社区发布了业主工作单位的数据，并称社区有10个业主工作单位数据，其中有3个人是在私企，其他7个人在机关单位。如果攻击者知道其中9个人的工作单位信息，就可以知道第10个人的工作单位。这样通过比较公开数据和既有的知识推测出个人隐私，就称为差分攻击。

Dwork于2006年提出了差分隐私的概念，作为密码学中的一种手段，其保护的是数据源中一点微小的改动导致的隐私泄露问题。差分隐私的提出为隐私发布提供了新的思路，其基本思想是对原始数据的转换或是对统计结果添加噪声来达到隐私保护的效果，以此来减少基于数据关联性的攻击。其目的是提高统计数据库查询的准确性，并减少识别个人记录的可能性。简单来说，差分隐私就是用一种方法使得查询10个信息和查询其中9个的信息得到的结果是相对一致的，那么攻击者就无法通过比较(差分)数据的不同找出第10个人的信息。这种方法就是加入随机性，如果查询10个记录和9个记录，输出同样的值的概率是一样的，攻击者就无法进行差分攻击。

差分隐私技术主要关注两个方面的问题：一方面如何保证算法是否满足差分隐私，从而确保数据隐私的安全；另一方面在保证数据隐私安全的前提下，尽可能地减少噪声带来的误差，以提高数据的可用性。

5.4.2 大数据存储隐私保护技术

1）大数据加密存储技术

传统的DES、AES等对称加密手段，虽然能保证对存储的大数据隐私信息的加解密速度，但是其密钥管理过程较为复杂，难以适用于有着大量用户的社区大数据存储系统。传统的RSA、Elgamal等非对称加密手段，虽然密钥易于管理，但算法计算量太大，不适用于对不断增长的社区大数据隐私信息进行加解密。数据加密加重了用户和平台的计算开销，同时限制了数据的使用和共享，造成了高价值数据的浪费。

随着互联网的发展和云计算概念的诞生，以及人们在密文搜索、电子投票、移动代码和多方计算等方面的需求日益增加，同态加密(homomorphic encryption)变得更加重要。同态加密是一类具有特殊自然属性的加密方法，其基本思想是基于数学难题的计算复杂性理论的密码学技术。Rivest 等人在 1978 年首先提出同态加密概念，其基本思想：不使用私钥解密的前提下，能否对密文数据进行任意计算，且计算结果的解密值等于对应的明文计算的结果，即对经过同态加密的数据进行处理得到一个输出，将这一输出进行解密，其结果与用同一方法处理未加密的原始数据得到的输出结果是一样的。这个特性对于保护信息的安全具有重要意义，利用同态加密技术可以先对多个密文进行计算之后再解密，不必对每一个密文解密而花费高昂的计算代价，可以实现无密钥方对密文的计算，密文计算无须经过密钥方，既可以减少通信代价，又可以转移计算任务，由此可平衡各方的计算代价，实现让解密方只能获知最后的结果，而无法获得每一个密文的消息，可以提高信息的安全性。

将同态加密算法用于社区大数据隐私存储保护，可以有效避免存储的加密数据在进行分布式处理时的加解密过程。同态加密技术的应用，并不会对原始数据进行解密，而是会通过社区大数据挖掘算法的应用，直接开展针对加密数据的复杂计算操作，并且可以得到同态加密之前结果。通过同态加密技术可以在一定程度上解决云计算数据私密性这个技术难题。

2) 大数据审计技术

智慧社区大数据的优势就是云存储技术的应用。云存储技术具有高扩展性、弹性储量性和快速部署等，为政府和企业解决了软硬件不断增加，以及管理、维护数据量大等方面的问题。然而，云存储的数据所有权与管理权分离的特点，使得云存储面临安全风险，目前主要通过采用云存储中的审计技术来防止数据被用户篡改。云存储审计指的是数据拥有者或第三方机构对云存储中的数据完整性进行审计。通过对数据进行审计，确保数据不会被云服务提供商篡改、丢弃，并且在审计的过程中用户的隐私不会被泄露。

数据拥有者通过云数据完整性审计技术要求云数据向自己提供完整性证明。目前主要的云存储审计技术模型为 Ateniese 等人提出的数据持有性证明（provable data possession，PDP）模型和 Juels 等人提出的数据可恢复证明（proof of retrievability，POR）模型。PDP 模型实现了对服务器上的数据的完整性验证和动态删除和修改。POR 模型主要使用纠错码技术和消息认证机制，确保远程数据文件的完整性和可恢复性。

随着技术的进步与发展，智慧社区大数据的云存储技术研究热点与趋势将主要集中在以下几点：① 云存储的数据量不断增大，数据类型愈发丰富，数据结构的异质化，如何提供更加高效、安全的审计服务？② 社区大数据的线上互动频繁、云端数据的动态操作可能更加频繁，社区大数据管理平台应如何应对如此频繁的数据动态操作？

5.4.3 大数据挖掘隐私保护技术

社区大数据包含着大量的个人隐私数据，如个人信息、运动轨迹和图像特征等，对于社区大数据的挖掘是指对于海量的社区数据进行持续的提取、清洗与分析，深入探寻隐含在海量数据中的各类知识和规则。随着不同数据源的信息碰撞挖掘过程的深入，隐含在数据中的隐私数据存在泄露风险，需要着重考虑大数据挖掘的个人信息隐私保护技术，即在保护隐私前提下的数据挖掘，包括对原始数据集进行必要的修改使得数据接收者不能侵犯他人隐私及保护隐私产生的模式，限制对大数据中敏感知识的挖掘。

智慧社区的数据挖掘隐私保护既要做到智慧社区大数据平台各模块在数据挖掘过程中保护相关隐私数据，而不窃取或泄露其他数据源（平台）的隐私数据，又能保证达成数据挖掘的整体预期效果。从目前来看，对于隐私保护的数据挖掘技术主要包括关联规则、聚类及分类等技术手段，除此之外，还可以采取相关管控措施，强化对于各平台的规范和约束管理，切实保障在开展大数据挖掘的同时，尽量降低泄露数据隐私的概率。

随着数据挖掘、机器学习和人工智能等技术研究与应用的不断深入，大数据分析的能力越来越强，这对保护个人隐私也提出了更为严峻的挑战。具体如下：

（1）隐私度量问题。隐私有不同的定义，是一个主观概念，它受不同地域文化、传统、习俗的影响，根据不同的人、时间的变化而变化，难以对其定义和度量。隐私保护具有一定的相对性，不同的行业对隐私保护程度定义的标准不同，统一隐私保护的度量标准是最终实现数据安全共享、保护数据隐私的基础，这是最基础也是最难衡量的指标。

（2）隐私保护的理论框架问题。当前，数据保护技术有数据聚类、差分隐私和匿名化等技术方法，但在实际应用中存在一定的局限性。能否研究出大数据环境下具有开创性的隐私保护研究理论，这是一个基础性挑战，需要计算机科学技术、管理科学、社会学和心理学等多方面的知识研究。

（3）隐私保护算法的可扩展性。隐私保护技术往往针对不同的数据挖掘算法采用分治的机制和策略，适用于关联规则、分类、回归和聚类等多种数据挖掘模型。但是针对大数据的规模运算，需要形成适应多种数据集的通用方法，设计可扩展性强、效率高的算法来实现隐私保护也是一个挑战。

（4）数据源的异构性。随着移动通信、嵌入式和定位等技术的发展，人们获取数据的能力得到了极大的提高，数据量及维数都大大增加，当前可用的隐私保护算法主要用于同构数据，但实际上大部分是异构数据，因此，如何用有效方式处理异构大数据将是未来研究的新挑战。

5.4.4 大数据访问控制技术

社区大数据访问控制技术主要用于决定哪些用户可以以何种权限访问哪些社区大数据资源，从而确保合适的数据及合适的属性在合适的时间和地点，给合适的用户访问，其主要目标是解决社区大数据使用过程中的隐私保护问题，主要技术包括基于角色的访问控制（role-based access control，RBAC）、基于时空域的角色访问控制（spatio-temporal role based access control，STRBAC）、基于属性的访问控制（attribute-based access control，ABAC）及基于属性加密机制的访问控制（attribute-based encryption access control，ABEAC）。

1）基于角色的访问控制技术

基于角色的访问控制技术是实施面向企业安全策略的一种有效的访问控制方式。其基本思想是，在用户与权限之间引入角色的概念，利用角色来实现用户和权限的逻辑隔离，即用户与角色相关联，角色与权限相关联，用户通过成为相应角色的成员而获得相应权限。这种方法可根据用户的工作职责设置若干角色，不同的用户可以具有相同的角色，在系统中享有相同的权力，同一个用户又可以同时具有多个不同的角色，在系统中行使多个角色的权力。

用户与权限的分离在一定程度上实现了最小特权原则，其优势就在于不必在每次创建用户时都进行分配权限的操作，只要分配用户相应的角色即可，而且角色的权限变更比用户的权限变更要少得多，这样将简化用户的权限管理，减少系统的开销。通过对角色的授权来控制用户对系统资源的访问，通过为用户分配角色可实现对数据的访问权限控制。

2）基于时空特性的角色的访问控制技术

针对实际环境中空间信息系统访问控制需求，在经典的基于角色的访问控制技术中引入时间和空间要素，将基于角色的访问控制模型与时间约束和空间约束结合；利用角色的优点进行时间角色扩展和空间角色扩展以更适用于空间信息的访问控制，适用于对时间和空间要求高的安全系统中，特别是对普适计算环境中的访问控制有重要意义。

3）基于属性的访问控制技术

其通过将各类属性（如用户属性、环境属性和资源属性等）组合起来用于设定用户访问权限，使用主体和客体的属性作为权限基本判决依据，实现了多对多的访问控制，能够很好地将策略管理和权限判定分离，具有更高的灵活性，可以更好地支持大规模信息化系统的细粒度访问控制及动态的访问控制。

基于属性的访问控制技术不需要预先进行复杂的角色设计，有效地避免RBAC中的角色爆炸问题，可以较好地支持主客体的动态加入。其中，主体的匿名性隐藏了主体的访问痕迹，系统得到的信息是用户属性和被访问的客体，而无法获得主体身份，为匿名访问的实现提供了基础。因此，基于属性的访问控制技术是解决大数据环境下访问控制的有效手段。

4）基于属性加密机制的访问控制技术

其为云存储系统的访问控制提供了一种细粒度访问控制技术。在属性加密机制中，密钥和密文均与一组属性集合相关，若访问者持有的属性集合，须满足密文中的访问结构时才能解密密文。属性加密可分成两种基本类型：基于密文策略的属性加密（ciphertext-policy attribute based encryption，CP－ABE）和基于密钥策略的属性加密（key-policy attribute based encryption，KP－ABE）。

5.5 社区大数据安全体系

当前，全球正处于第四次工业革命，大数据、人工智能、物联网、云计算和区块链技术等新一代信息技术为人类文明的发展提供蓬勃的动力。社区是城市管理的基层单位，是市民的主要生活区域。作为人类社会活动区域的基础单位，社区的建设和管理也随着社会的数字化和智能化的提高不断向前推进。

随着大数据和人工智能技术的推广和应用，智慧社区建设成为智慧城市建设的一个重要组成。各类终端采集和监控设备、数据存储、分析和应用系统广泛用于社区管理，给社区的便民服务和综合管理带来了巨大的便利。同时，海量数据的采集和汇聚也带来信息泄露，为数据买卖提供了可乘之机，给社区居民带来巨大的风险隐患。因此，加大社区大数据的安全治理，构建社区大数据安全体系成为大数据时代推进社会治理体系和治理能力、保障公民隐私，维护公民合法权益的重要工作内容之一。

5.5.1 社区大数据系统的安全隐患

在信息化背景下，社区大数据系统的正常运行是一切工作顺利开展的基础。如同其他的大数据系统，社区大数据的安全范畴包括抵御各类干扰手段的直接攻击或间接攻击，防止各类方法对系统软硬件实体和运行环境的物理破坏，保证用户数据的保密性、完整性和可用性。因此，分析社区大数据的安全隐患是开展大数据安全体系的基础。

1) 社区大数据基础设施的安全隐患

社区大数据的基础设施涵盖了数据的采集、存储、传输及处理过程中涉及的各类软、硬件设施及其存放环境，承载了社区大数据系统的物理环境。因此，社区大数据基础设施的安全隐患主要包括系统存放环境、软硬件设备、数据采集设备及传输介质的安全问题。

具体而言，大数据基础设施的隐患包括环境安全、设备安全和介质安全三个方面：① 人数据设备存放的机房可能遭受地震、雷电、台风和雨水等自然灾害的破坏，导致机房出现漏水、墙面破损、强电击穿和电磁屏蔽失效等问题；② 由盗窃、火灾和人为毁损等方式引起设备的物理损失，出现不可逆的硬件损坏，导致系统瘫痪，不能正常运行；③ 系统的通信介质被干扰或破坏，导致链路信号被截获、传输信号遭受电磁干扰和传输通道被破坏，从而引起传输信息被非法获取、通信链路被切断等问题。

2) 数据传输的安全隐患

数据传输承担系统各节点的数据传输和流转，是大数据系统的大动脉，涉及信息的保密性、完整性、可用性外，还与信息的真实性、可控性和可审查性密切相关。数据传输的安全性包括网络硬件资源和网络服务软件的安全性。网络传输介质和设备安全通常由基础设施的安全措施进行保护。数据传输的重点更多专注于网络安全策略的漏洞、网络传输系统软件的安全漏洞。上述问题主要表现为网络操作系统和各类终端存在“后门”和安全漏洞，网络防火墙安全策略配置不当，系统授权设置不合理，存在“空口令”，系统未及时升级，系统管理人员有意识或无意识未按规定操作等，造成数据在传输过程中被窃取、篡改和丢失。

3) 社区大数据存储的安全隐患

数据量大、生成速度快、数据类型多样是大数据广为人知的特点，目前以 PB 量级为代表的大数据应用给现有的数据存储技术带来巨大的挑战。就数据存储能力而言，分布式并行存储架构已经能较好地应对现有的数据存储规模。同时，作为一个以网络连接的完整系统，分布式系统内进行数据流转同样必须防止窃取和篡改情况的发生。在数据存储过程中，存储系统的软件或硬件的故障、损坏和失窃可能导致数据丢失和泄露。在存储系统的管理过程中，管理者的人为过失或主动过失可能导致系统授权和访问控制机制失效、系统被入侵、数据备份机制和恢复技术未能落实，进而导致数据被篡改、盗取或破坏。综上所述，数据的机密性、完整性和真实性是社区大数据存储的主要隐患。

4）社区大数据软件的安全隐患

社区大数据软件包括操作系统和各类大数据应用软件系统。作为管理计算机系统软硬件资源分析、协调程序运行的核心组件，操作系统是整个系统的灵魂。作为一种庞大且复杂的软件系统，操作系统潜在大量的漏洞，在互联网环境下使用时常提供远程过程调用协议（remote process call，RPC）服务来接收远程调用和操作，如果使用和管理不当，如设置"空口令"或"弱口令"、使用共享密钥、权限设置不合理等，极易受到黑客入侵和病毒攻击，导致系统被控制和破坏、数据被窃取、篡改和删除，从而影响整个社区大数据系统的正常运行。此外，社区大数据系统中运行各类定制开发的应用系统软件，承载各类管理和服务业务的信息化实现。目前，常见的应用软件通常以计算机网络为基础，采用三层架构以 Web 方式提供服务，易受到攻击者以 SQL 注入漏洞、文件上传漏洞、跨站脚本攻击（XXS）、跨站请求伪造（CSRF）和远程代码执行等方式进行攻击，非法获取系统权限从而进行违法活动。

5）社区大数据管理的安全隐患

数据作为新时代的"石油"，正以其独特的价值，成为信息时代不可或缺的基础资源。根据我国 2013 年颁布并实施的《信息安全技术公共及商用服务信息系统个人信息保护指南》的定义，个人信息是指可为信息系统所处理、与特定自然人相关、能够单独通过与其他信息结合识别该特定自然人的计算机数据。根据该指南的定义，个人信息内容一般包括个人敏感信息和个人一般信息，可用于明确指向为某个特定的自然人。在社区大数据系统中，相关数据包括人脸信息、车辆信息、家庭基础信息、通信信息、轨迹信息、金融信息、物流信息和消费信息等一系列公民个人信息。借助现有的大数据分析技术，通过社区各类信息系统中存储的公民个人信息进行搜集和分析，形成居民乃至家庭各维度的画像，可被非法持有者用于信息骚扰、恶意推销、损毁名誉、冒名诈骗、银行卡盗刷和敲诈勒索等一系列违法行为，甚至引发入室盗窃、抢劫、绑架和暴力讨债等犯罪行为，对居民的合法权益乃至人身安全带来巨大的安全隐患，严重危害社会安全。

5.5.2 社区大数据的安全体系架构

5.5.2.1 社区大数据系统的安全技术架构

根据本书 3.1 节可知，社区大数据安全可从数据收集层、数据存储层、数据处理层、数据治理与建模层、数据应用层等各个层面开展，其数据内容主要围绕社区，相应的安全技术架构如图 5－1 所示。社区大数据系统的安全技术旨在保障支撑社区管理和服务事务的顺利开展，在打破各类信息系统的烟囱、实现数据共享交流的同时保障社区整体联动能力的提高，提升政府公共服务水平，助力服务型数字化政府落地“最后一公里”的实现。

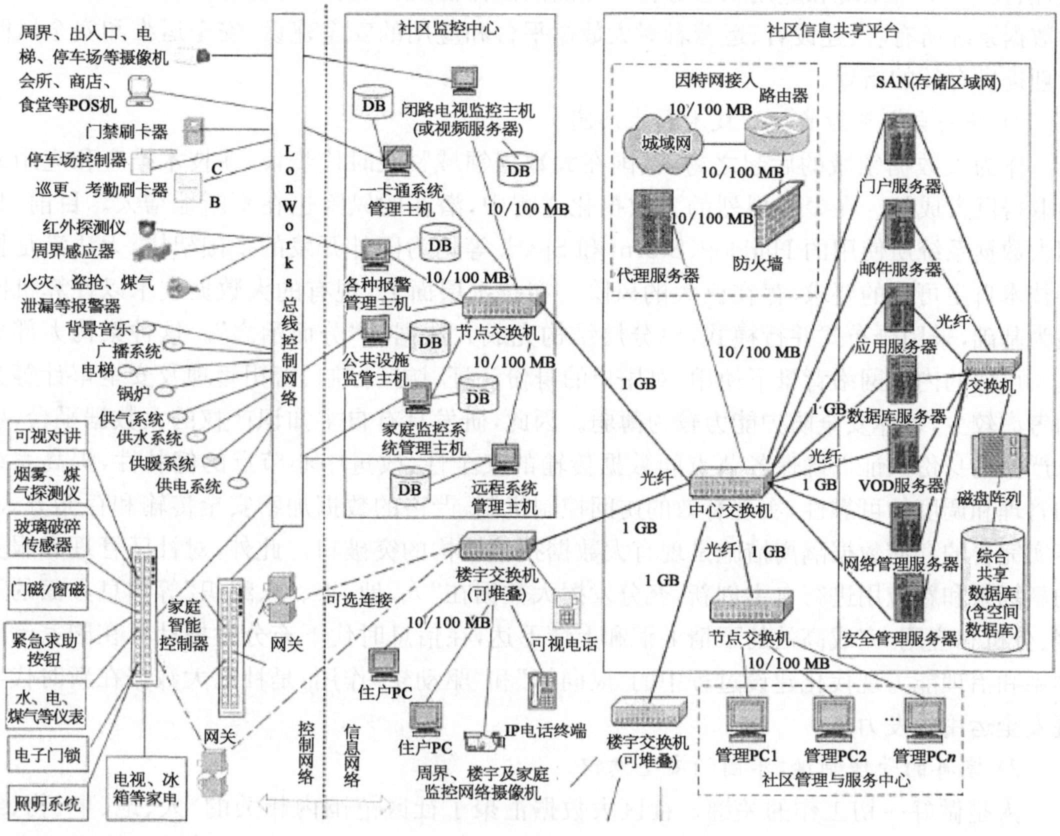

图 5-1　社区大数据系统的安全技术架构

随着大数据技术的快速发展，各种新应用和新场景不断丰富，新架构、新平台和新软件不断涌现，社区大数据的安全问题也在面临不断变化。但总体而言，社区大数据安全涉及基础设施、数据存储、数据传输、数据使用和数据管理等多个层面，受到环境、网络、系统、数据和用户等多个要素的交互作用，涉及学科领域广泛，影响因素众多，相关技术复杂，是一项综合性安全系统工程。

5.5.2.2　社区大数据的安全需求

1) 健全的法律规范

作为一种全新的社区管理和服务业态，社区大数据急需国家制定并出台完善的法律法规体系，为社区大数据提供规划、建设、管理和使用的顶层设计和指导依据。自 2016 年起，我国先后已出台《中华人民共和国网络安全法》《信息安全技术——大数据服务安全能力要求》《信息安全技术——个人信息安全规范》《信息安全技术——个人信息安全影响评估指南》《信息安全技术——网络信息安全等级保护基本要求》和《信息安全技术——个人信息去标识化指南》等一系列关于大数据、网络和信息安全的相关法律法规和国家标准。但是,在针对大数据基础平台和上层大数据应用的安全规范和指南方面,我国仍缺乏覆盖管理、工程、技术、平台系统和应用服务等各个方面的法律法规。在社区大数据安全领域,无法使大数据系统所有者、建设者、运营者对大数据平台和应用的安全建设、安全运维和安全风险管理提供有效的指导。

2) 安全自主可控的核心技术和生态圈

作为大数据领域的后起之秀,我国在大数据领域紧跟时代步伐,在技术推广和应用方面取得巨大成就。在轰轰烈烈的大数据化进程中,潜在的风险也在不断地增大。目前,我国大数据系统所使用的 Hadoop、Storm 和 Spark 等均为国外开发的基础架构,无法满足核心技术自主可控的要求,存在巨大的风险。在技术层面上,现有的大数据技术以计算机网络为基础,采用分布式并行模式,以分层结构完成大数据的"分而治之"。这种架构大部分基于可信的内部网络背景下使用,对用户的身份认证、访问控制、密钥管理及安全审计等方面考虑较少,整体安全防护能力较为薄弱。因此,研发具有自主知识产权的大数据平台,引入严格的身份认证以确保各节点间数据传输的安全性、改进中心节点的健壮性,提高系统的管理和调度的可靠性,实现有效的访问控制机制、严格的数据加密安全传输和存储方式,落实完善的存储数据隔离措施是现有大数据技术架构的突破口。此外,对社区管理和服务的新场景和新应用进行自主创新,充分发挥大数据在"人、地、事、物、组织"等信息方面的汇聚、分析和应用,完成高效的下情上汇和上情下达,在信息时代下充分发挥社区在国家治理体系和治理能力现代化建设过程中的"风向标"和"驱动轮"作用,是社区大数据在新时代实现安全运用的发力点。

3) 完善的管理制度,牢固的安全意识

人是做好一切工作的关键。社区大数据汇聚了社区范围内相关的"人、地、事、物、组织"等各方面的海量信息,数据涉及面广、敏感度高、价值大,系统结构复杂、技术难度较大。实现系统的管理和运行,保障数据在全生命周期内的安全存储和使用,须制定完善的管理制度并切实履行,落实岗位职责,责任到人,对系统管理者和使用者进行系统使用和安全意识的培训,才能保证系统的合规使用,避免人为因素带来的系统安全和数据泄露风险。

5.5.2.3 社区大数据的安全体系

综合社区大数据的相关安全隐患及其技术架构,大数据安全体系架构可归纳为基础设施安全、数据存储安全、数据传输安全、数据使用安全和数据管理安全五个部分。各部分根据其成因又可以分为人为因素和技术因素两个方面。而人为因素主要包括系统管理和系统使用。技术因素包含硬件安全和软件安全两部分。最后,所有的安全要素必须架构在法律、法规及各级管理制度和规范之上,有法可依、有据可查是社区大数据安全体系构建的基础。综上所述,社区大数据的安全体系架构如图 5-2 所示。

立足数据生命周期,梳理社区大数据系统各环节的安全隐患,构建社区大数据安全体系,是切实保障社区大数据的安全、防止个人信息泄露和保护公民隐私的重要措施。

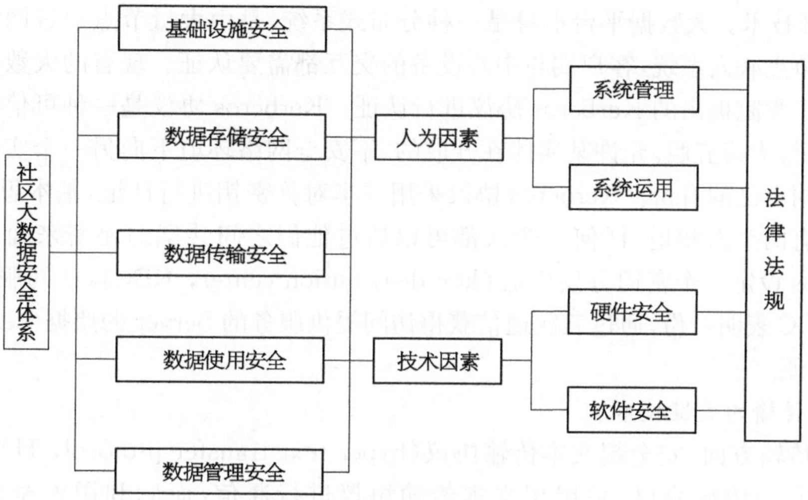

图 5-2 社区大数据安全体系架构

5.5.3 社区大数据的安全措施

面对大数据技术的发展和普及，社区大数据的业务场景逐渐增多、涉及的数据量越来越大、对实时计算的要求越来越高，导致传统安全防护技术难以应对新的局面。主要问题体现为：传统的加密和解密技术成为计算性能的瓶颈，海量数据的访问控制需要配合动态的数据权限才能满足，传统的数据安全管控措施不足以应对实时的数据传输要求，大量数据的多次流转和交换使得数据泄露的概率更大。因此，社区大数据的安全措施需要在传统安全技术上另辟蹊径。

5.5.3.1 社区大数据安全的关键技术

社区大数据为智慧社区的建设提供了一个实时大数据平台，是智慧城市的基石。数据是社区大数据安全的核心内容，根据社区大数据的技术架构及安全隐患，从采集、存储、传输、检索和发布等五个方面的数据安全技术是确保社区大数据安全的关键。

1) 数据采集的关键技术

社区大数据系统采用多媒体终端、物联网和互联网进行信息的采集和录入，内容包括社区的地理、人口、相关企业法人、车辆、房产和物流等基础信息，实时反映社区的社情民意，是政府和居民互动的信息源头。为避免采集过程中出现数据损坏、丢失、泄露和窃取等安全问题，边缘计算和认证技术是确保信息采集安全的重要技术。

(1) 边缘计算。指在靠近物或数据源头进行数据的处理和应用程序的运行，甚至某些功能服务的实现也可以从中心服务器前移至系统网络的边缘节点上。以人脸采集为例，结合边缘计算的视频监控技术可以在摄像终端实现采集对象的特征提取，避免了原始数据在传输时占用大量带宽和内容泄露的风险。

(2) 认证技术。大数据平台本身是一种分布式系统，是由大量节点通过网络连接而成的集群。各节点联入系统，客户端与中心设备的交互都需要认证。现有的大数据平台一般基于麻省理工学院提出的 Kerberos 协议进行认证。Kerberos 协议是一种可信任的第三方认证服务，现行为第五版，允许某实体在开放的、不安全网络环境下向另一个实体以一种安全的方式证明自己的身份。Kerberos 协议采用共享对称密钥进行认证，基本思路是：如果一个秘密只有两个人知道，任何一个人都可以通过他们之间共享的秘密来确定对方的身份。Kerberos 设定一个密钥分发中心(key distribution center, KDC)，访问服务的 Client 需要先到 KDC 表明身份，通过三次通信获得访问提供服务的 Server 的票据(service ticket, ST)，完成认证。

2) 数据传输的关键技术

在数据传输方面，安全超文本传输协议(hyper text transfer protocol, HTTP)是一种常用的网络安全传输协议，采用超文本传输协议进行通信，而后利用安全套接层协议(secure socket layer, SSL)/安全传输层协议(transport layer security, TLS)对数据包进行加密，保证数据在中间传输环节既无法被获取也无法被篡改。

3) 数据安全存储技术

社区大数据系统收集并存储了社区相关的海量信息，并在运行中频繁流转、访问和使用数据，易受到病毒或非法入侵而导致数据泄漏。因此，社区大数据的存储安全性得到不到保证将极大影响其应用价值。为应对数据存储安全问题，数据加密、备份与恢复等成为大数据系统进行数据存储必备的关键技术。

(1) 数据加密。为一种常用的数据保护技术，通常包括对称加密算法、非对称加密算法和哈希函数。对称加密使用同一密钥进行数据的加密和解密，常用的对称加密方法包括 DES、AES、RC5、CAST-256 和 MARS 等算法。非对称加密算法使用一对不同的密钥，一般使用公钥进行加密，使用私钥进行解密。相比而言，对称加密算法比非对称加密算法快，但收发双方需要先使用安全信道进行密钥交换之后才能进行数据传输。非对称加密算法则无须考虑密钥交换的安全性，但加解密运算的效率较低。一般而言，在大数据环境下数据的加密需要综合使用对称加密算法和非对称加密算法，使用非对称加密模式发送对称密钥相关信息，而后使用对称密钥方法在双方之间进行加密数据传输。此外，哈希函数作为一种不可逆的加密算法，虽然不能直接用于数据内容的加密，但可用于消息完整性校验。通过哈希函数可以把任意长度的信息映射为固定长度二进制串的哈希值，以检测数据是否被篡改。典型的哈希算法包括 MD5、SHA-2 和 SHA-256 等。

数据加密在保证系统数据安全的同时也带来了一个新的问题。大数据系统内数据量极为庞大，需要去除系统中的重复数据以提高系统存储空间的利用率。但是，根据数据加密中的语义安全要求，加密后的数据不允许与原文有相似性，即相同明文在加密后具有相同密文，这给加密数据去重带来了困扰，需要加密数据去重技术进行处理。收敛加密(convergent encryption, CE)是最早提出的一种加密去重方法，先把数据内容放入一个哈希(Hash)函数生成哈希值，而后用该哈希值作为密钥对内容进行对称加密。CE 方法原理比较简单，在消息锁定式加密框架(message-locked encryption, MLE)下满足 PRV $-CDA

安全性。

(2) 数据的备份与恢复。指防止人为操作、自然灾害和系统故障等因素导致数据丢失的必备技术。数据的备份技术主要有LAN备份、LAN Free备份和SAN Server-Free备份三种。其中，LAN备份可用于所有存储类型的数据备份，LAN Free备份和SAN Server-Free备份则只适用于SAN架构。LAN备份是指服务器、备份服务器和存储设备都接到LAN上，备份过程中数据流全部经由LAN传输，生产服务器的备份数据可直接由磁盘到内存再存到设备，或者先存到备份服务器，再由备份服务器将数据存到存储设备。这种方式对LAN带宽占用较大，不适合大数据量备份。LAN Free备份的数据流从服务器直接通过存储区域网络(storage area network, SAN)的交换机将数据备份到存储设备。LAN Free备份不会占用LAN的带宽，但是备份过程中的数据仍然会占用服务器的CPU资源。SAN Server-Free备份的数据不经过服务器的总线和内存，服务器使用SAN的File Server Storage空间，备份时将File Server Storage中的数据直接备份到存储设备中，使其只须专注于对外提供服务，减轻了服务器的压力。

4) 数据安全检索技术

信息检索是实现大数据价值的重要途径，如何确保对数据进行安全检索是大数据时代的研究热点。数据安全检索技术涉及身份认证技术、访问控制技术、密文检索技术和私有信息检索技术。

(1) 身份认证技术。为确保数据安全访问和检索的第一个环节。传统的身份认证技术主要包括账号和密码组合认证、手机认证、UKey认证、人脸识别认证和指纹认证等，大致分为秘密信息认证、信物认证和生物信息认证三类。随着大数据技术的普及，鱼叉式网络钓鱼、水坑攻击、路过式下载攻击、社会工程学、即时通信工具和社交网络等高级持续性威胁攻击(advanced persistent threat, APT)对用户信息的窃取，综合运用上述三类认证方法进行用户认证成为一种常态，即多因子认证技术。多因子认证技术须组合完成两种以上的认证才可完成整个认证过程，大幅度提高系统的安全性。

(2) 访问控制技术。指通过设置一定的策略或权限对客体进行授权，阻止未授权用户的非法访问。访问控制技术一般分为四类：自主访问控制(discretionary access control, DAC)、强制访问控制(mandatory access control, MAC)、基于角色的访问控制和基于属性的访问控制。具体为：① 自主访问控制。指对客体拥有控制权(拥有权)的主体可将客体的访问权限部分或全部转授予其他主体，并根据需要进行回收。DAC一般采用访问控制列表技术实现，简单易行，但不适用于对大量用户授权的场景。② 强制访问控制。指按系统事先设定的策略对客体进行权限控制，权限设定根据资源的属性进行分配，安全性高于自主访问控制，但灵活性较差。③ 基于角色的访问控制。指将客体映射到系统角色，客体通过角色的权限进行访问。RBAC对不同的角色赋予不同的权限，角色间存在继承、联系和限制关系，角色的权限可按需调整，实现了对客体权限的动态管理。RBAC克服了DAC由于灵活性而造成安全性较弱的问题，同时解决了MAC的灵活性不足的问题。④ 基于属性的访问控制。指将用户属性、资源属性、环境属性进行组合，形成不同的客体权限，实现粒度更小的访问控制。在大数据环境下，ABAC的访问控制机制更为灵活，可采用不同策略设置客体权限，扩展性好。

(3) 密文检索技术。为保证数据存储的安全，存储的数据通常会使用各类加密技术将其进行加密，这导致对数据的检索只能在下载后进行解密才能实现。为此，密文检索技术成为信息安全检索的重要技术。密文检索技术最早由 Song 等人在 2000 年提出，允许云服务器直接在密文数据上进行检索，同时确保用户的明文数据和检索方式的保密。由于该方案的检索时间随数据量线性增长，故不适用于大数据领域。在密文检索机制中，参与方主要为数据所有者、数据检索者和服务器。数据所有者为数据构建索引并将数据加密，最后将两者一并上传到服务器。需要检索时，检索者将检索条件生成陷门并发送给服务器。在接收到陷门，服务器使用索引和陷门进行运算，得到满足条件的结果并发送回检索者。检索者使用密钥解密服务器送回的加密检索内容即可得到所需的明文。此外，服务器发回的检索结果可能不完全满足检索要求，需要对解密后的明文进行二次筛选。目前，密文检索技术主要有对称密文检索技术(symmetric searchable encryption, SSE)和非对称密文检索技术(asymmetric searchable encryption, SSE)两类：① 对称密文检索技术适用于对称密钥环境，数据的所有者和检索者为同一用户，具有拥有密钥、上传加密数据和生成陷门的权限，一般用于单用户场景；② 非对称密文检索技术适用于非对称密钥环境，拥有公钥的用户可以提交加密数据，拥有私钥的用户可以生成陷门并进行检索。非对称密文检索技术主要用于多用户场景。

(4) 私有信息检索技术(private information retrieval, PIR)。即一种查询用户与数据库拥有者在各自私有信息互不泄露的情况下完成查询的技术。PIR 最早由 Chor 等人于 1995 年提出，目的是确保用户的查询隐私。保护私有信息检索的主要方法有两类：一类是基于信息论的私有信息检索协议，设置多个数据库副本，将查询信息采用编码方式进行隐藏，实现私有检索信息的保护；另一类是基于计算的私有信息检索协议，使数据库服务器无法在有效时间获得用户的查询信息，达到用户检索信息保护的功能。目前，私有信息检索的理论研究比较成熟，其实现主要通过对多个数据库副本提交不同的查询后对最终结果进行合并来完成。

5) *数据安全发布技术*

数据发布是将经过大数据分析处理后的结果向终端用户进行展示的工作，即大数据系统的输出环节。合法合规、不泄密、保护隐私是数据发布的基本要求，需要数据安全发布技术进行保证。数据安全发布技术主要包括数据脱敏技术、安全审计和数据溯源等方面。

(1) 数据脱敏技术。指对敏感信息通过脱敏规则进行变形，实现敏感隐私数据的可靠保护。数据脱敏技术的基本原则是在确保数据原有特征、业务规则和数据关联不变的情况下对数据进行改造，包括数据安全等级划分、数据脱敏方法确定等环节。数据安全等级划分是数据脱敏的基础。通过数据安全等级划分，将社区数据进行梳理，按照数据的业务场景、归属和价值确定不同的安全等级，以便确定数据脱敏处理的要求。一般而言，数据脱敏程度与其安全等级相对应，安全等级越高的数据脱敏变形程度越大，数据脱敏操作一般先从等级最高的数据开始处理。数据脱敏的常见处理方法包括替换、混洗、数值变换、加密、敏感、遮挡等，而且经过脱敏后的数据是不可逆的。

替换是一种最常用的数据脱敏方法，使用伪装数据完全替换原有的敏感数据。替换的具体方法包括：① 将所有敏感数据都替换为唯一常数的常数替代法；② 从中间表中以特定算法或随机方式选择数据进行替换的查表替代法；③ 用指定函数将敏感数据转换为替代数据的参数化替代法等。替代算法的选择取决于效率、业务需求等多方要素的均衡。

混洗使用跨行随机互换的方式对敏感数据进行脱敏，目的在于破坏其与本行其他数据的关联。混洗可以从有效数据范围、数据统计特征等角度保证部分业务数据与使用脱敏后数据看起来相近，同时也削弱了脱敏效果。混洗一般用于保留脱敏数据特定特征且数据量大的场景。混洗如果用于小数据情况时可能导致数据被还原。

数值变换法将数值和日期等类型的数据通过随机函数进行可控调整，在确保原始数据统计特征的同时实现数值的伪装。该方法可通过调整变动幅度控制原始数据的统计特征和真实度。

加密指对敏感数据进行加密处理。加密数据的意义在于对原始涉密信息进行屏蔽，避免信息泄露。加密脱敏对数据安全有一定影响，如果加密方式选择不当或加密强度不足是可能导致信息泄露。同时，加密本身需要消耗系统的计算资源，对于在大数据环境下需要额外的系统开销。此外，加密数据与原始数据的差异较大，"真实性"较差。因此，加密的脱敏方式一般不建议使用。

遮挡脱敏方法使用特定符号对敏感数据的部分内容进行替换，使敏感数据仅公开部分内容。该方法可以保持原有数据的基本形式，同时还可实现数据的脱敏，是一种使用广泛的脱敏方法。

(2) 安全审计。指依照相关法律法规对与系统安全有关的活动记录进行查验和审查，查找安全隐患和漏洞，并对系统数据安全进行整体评估，追查事故成因并进行处理，确保数据得到有效保护和合法利用的系统性工作。安全审计的常用技术包括基于日志的审计技术、基于网络监听的审计技术、基于网关的审计技术和基于代理的审计技术等。

① 基于日志的审计技术。主要依赖数据库管理系统的日志审计功能，对网络操作及本地操作进行审计，监控数据的非法操作并实时报警。该方法直接运用系统自带日志监控功能，系统兼容性好，同时也带来系统开销的增长。此外，日志审计技术无法实现细粒度的数据审计，不利于数据溯源的实现。由于日志审计只能在单个应用系统上进行的审计，难以进行统一的审计策略配置和日志分析。

② 基于网络监听的审计技术。指将数据库的访问数据流映射到交换机的端口上，通过对映射端口流量进行分析以实现数据库的访问审计。该审计方法不会给服务器增加额外系统开销，易于实现，风险低。但是，该方法只能审计时间、IP、端口等会话级别信息，无法对内容进行审计，适用于强调业务性能而非数据保密要求的审计场景。

③ 基于网关的审计技术。指在数据存储系统前部署网关设备，对进出数据存储设备的数据流进行截获并审计。该技术基于互联网审计技术，除了能对记录进行审计之外还能对控制信息进行审计，弥补了基于网络监听审计记录的不足。网关审计技术主要运用在数据运维审计的场景。

④ 基于代理的审计技术。指通过在数据存储系统中安装相应的审计代理实现审计策

略的配置和日志采集。该方法的技术原理与日志审计类似，但无须消耗被审计主机自身的资源，审计粒度更小，更适用于大数据环境下的审计工作。同时，在大数据环境下，数据存储于不同的软件和硬件中，在采集过程中可能存在兼容性问题，还可能对存储系统的稳定性和可靠性产生影响。

(3) 数据溯源技术。出现于20世纪90年代，用于跟踪数据的起源和重现数据的历史。在大数据领域，数据溯源可实现对数据在其全生命周期中的操作进行标记和定位，以便在发生数据安全问题时能够追溯其出现的环节及责任者。数据追溯主要方法有标注法和反向查询法。此外，还有数据追踪方法、双向指针追踪法、利用图论思想、专用查询语言追踪法等，文献提出的以位向量存储定位等也是有效的数据溯源方法。

标注法是一种简单有效且应用广泛的数据溯源方法。该方法用标注的方式来记录原始数据的一些重要信息，如背景、作者、时间和出处等，并将标注和数据一并传输，依据记录处理的历史信息追溯数据的过往状态实现获得数据的溯源。标注法使用简单，但需要额外的存储空间存储标注信息，无法进行细粒度数据溯源，不适用于大数据环境下的数据溯源。反向查询法也称为逆置函数法，其基本原理是根据转换过程反向推导，由结果追溯到原数据的过程。该过程一般通过逆向查询或构造逆向函数实现查询求逆，其关键是要构造出逆向函数。所构造的逆向函数的性能直接影响查询的效果。同时，反向查询法只有在需要时才计算，因此又被称为 lazzy 方法。相比于标注法，反向查询法比较复杂，但所需的存储空间较小。

5.5.3.2 社区大数据的安全措施

社区大数据安全隐患主要涉及基础设施安全、数据存储安全、数据传输安全、数据使用安全和数据管理安全等多个方面。只有从数据生命周期角度出发，全链条、全方位、全视角地审视社区大数据的安全隐患，才能有效控制社区公民信息泄露的主要源头之一，从而斩断黑色数据产业链，从根本上扭转侵犯公民信息犯罪案件"百打不死，死而不僵"的尴尬局面。

因此，社区大数据的安全措施应从以下几个方面进行制定。

1) 加强员工安全意识培训

近年来，一系列泄密事件究其原因主要在于员工严重缺失安全意识，加强安全意识的相关培训刻不容缓。

(1) 定期进行员工的安全意识培养，强化员工对大数据安全相关法律法规的学习和掌握，引导并督促员工切实落实相关安全和保密制度。

(2) 在开展信息安全培训的同时，不定期进行安全制度考核，激励员工积极关注社区范围内各项系统的操作安全和数据安全。

2) 建立完善的保密制度

(1) 对系统数据和文件实行分级管理，按照数据或文件的重要性进行分类，将其限制在指定的管理层级范围内，避免核心资料的随意存储和传播。

(2) 与离职员工做好工作交接，按照制度流程，全面妥善接收工作资料，避免社区关键信息外泄。

(3) 与核心人员签订竞业协议或保密协议，以合同的法律效应，有效防止核心机密的泄露。

(4) 严格控制便签、笔记本、文件袋等办公用品的摆放，及时清理和归档，避免因此造成的泄密。

(5) 加强对办公设备的监管，必须设置登录密码并定期更换，离席必须锁屏。

(6) 重视对过期文件的销毁工作，最好进行粉碎处理，切不可随意扔进垃圾桶完事。

(7) 推行无纸化办公，尽量减少文件的打印，避免文件随意打印造成的信息泄露。

(8) 设置防护措施，限制通过U盘、硬盘的拷贝及网络传输行为，避免信息外泄。

(9) 定期进行信息安全检查，全员参与查漏补缺，逐步完善保密制度。

3) 系统性实施安全技术措施

(1) 做好物理环境安全，机房和办公用房应设置在防水、防风和防雨的建筑内。

(2) 机房和办公场所应有专人值守，做好机房区域隔离设置，安装电子门禁系统和视频监控系统，对进入人员进行严格管理，进出人员做好审批和报备制度。

(3) 按国家相关法律法规对基础设施、各类系统的软件、硬件和网络设施进行信息安全等级保护评测。

(4) 做好内外网隔离措施，对电磁辐射屏蔽、有限数据和无线数据传输信道等进行定期巡查，做好技术保障。

(5) 制定系统设备的技术措施和应急预案，定岗定责指派专人进行负责，定期进行隐患排查和应急演练。

(6) 定期对社区现行各类应用系统进行全面检查，发现漏洞后及时进行系统修复，避免漏洞被黑客利用造成机密泄露。

(7) 网络线路，对入网用户进行身份认证和权限管理，在网络中部署入侵检测和监控审计设备，做好服务器的管理和维护。

(8) 办公操作系统尽可能使用国产正版软件，定期更新系统补丁程序。

(9) 完善身份认证技术，根据用户权限制定系统访问控制策略并确实保障策略的实施，并对系统进行用户行为审计。

4) 密切监管数据的存储和使用

根据2018年《信息安全技术——网络安全等级保护基本》的要求，数据存储和使用相关技术措施如下：

(1) 大数据平台应提供数据分类和分级安全管理功能，供大数据应用针对不同类别和级别的数据采取不同的安全保护措施，明确重要数据进行自动脱敏或去标识的使用场景和业务处理流程。

(2) 定期备份数据，检查储存的能力，最好能配置存储设施的状态感知。

(3) 严格控制数据库系统的访问控制，满足细粒度的授权访问控制管理能力。

(4) 应在数据清洗和转换过程中对重要数据进行保护，以保证重要数据清洗和转换后的一致性，避免数据失真，并在产生问题时能有效还原和恢复。

(5) 应跟踪和记录数据采集、处理、分析和挖掘等过程，保证溯源数据能重现相应过程，溯源数据满足合规审计要求。

(6) 应定期评审数据的类别和级别，如需要变更数据的类别和级别，应依据变更审批流程执行变更。

(7) 严禁使用非专用存储设备违规直接连接存储设备进行数据操作。

社区大数据系统是智慧城市的基石，它增强了政府的社会感知能力和应变能力，让政府施政更具“温度”“智慧”和“远见”，是提高社会治理体系和治理能力的重要手段。同时，社区大数据系统汇聚了海量公民的隐私信息，如何在隐私保护和信息利用的博弈中取得平衡至关重要。立足网络和信息安全技术，社区大数据安全体系从法律法规、人员管理、基础设施建设、设备管理、系统运用和数据管控等角度进行全方位梳理，提出管理和使用的系统性框架，给出了相关的管理和技术性措施，以确保社区大数据系统在社会治理、治安防控和便民利民等方面充分发挥其应有的作用。

第6章

智慧社区大数据实践案例和发展趋势

大数据应用目前还处于一个发展阶段，还需要不断的探索，未来大数据将成为智慧城市的核心技术。前面章节介绍了大数据的相关知识，本章将介绍大数据技术在世界一些国家智慧城市、智慧社区当中的实践，以及对智慧社区未来发展趋势的展望。

6.1 实践案例

6.1.1 发展背景

自 IBM 于 2008 年提出“智慧地球”和“智慧城市”概念以来，与“智慧城市”密切关联的“智慧社区”也在全球范围内快速兴起。相对而言，美国、日本、欧洲和新加坡等发达国家和地区的智慧社区起步较早，发展较快，经验丰富。

近年来随着国家对基层治理的重视，人们已经难以满足目前的社区服务，传统的社区服务存在各模块和部门之间难以有效沟通及联动等问题。针对这一问题，研究社区治理模式的相关部门一直在着手于积极利用信息化手段进行社区服务和管理的创新，不断寻找提升治理能力的方式方法，运用大数据技术构建智慧社区，设立更高效的合作机制。

6.1.2 大数据对智慧社区的作用

大数据技术在智慧社区中的作用主要体现在以下四个方面：

(1) 采集社区居民信息、地理信息，以及社区和周边企业的相关信息数据。通过建立统一的智慧社区服务平台和智慧社区大数据平台，可解决“信息孤岛”“信息烟囱”等问题，推进各部门的协同管理，使社区治理更有条理、更加精准和更具时效性。

(2) 基于智慧社区大数据平台，可以建立一个小区所有参与者的沟通平台，听见每个居民的声音，分析居民的意见和社区舆情的数据。故而管理者可清楚了解社区存在的问题，及时化解社区不稳定因素，避免出现可能造成社会不良影响的问题。

(3) 基于智慧社区大数据平台，还可以建立社区针对老人、残疾人、小孩等人群的紧急呼叫平台，及时向这些人群提供便捷的服务。建立社区老年人的健康信息数据，实现社区的养老服务智慧化，达到数据的可分析、可监管、可查询，也可以成为城市人口健康大数据的来源。

(4) 社区民众的消费服务等信息数据具有大量的商业价值，对于服务行业来说，“新零售”的概念就是以这些数据为基础去做的精准营销。说得简单点，每个个体有怎样的需求，商家就会在其未进行消费的时候就已经将这些需求摆放在其面前。

6.1.3 中外智慧社区理念及差异

智慧社区论坛(ICF)认为,社区可以是一个城市,也可以是乡镇,也可以是市区,它能以统一的方式进行行动,且具有独特的身份,在我国的社区一般指居民委员会的管理范围。

国外有些案例中的智慧城市与智慧社区定义不相同,两者之间的界限不明显,而我国区分比较明确。国外智慧社区发展各有特色,美国重视信息技术、欧洲聚焦在交通与能源领域、新加坡从公众生活切入、日本强调节能减排与防灾和韩国注重生活的智能化。智慧社区对于我国而言,每个地方理解和发展的重点不是相同的,智慧社区建设因地区所处位置、居民需求及当地政府倾向不同,如北京以民生服务信息化建设、上海和江苏以社区管理智慧化、杭州市以社区生活网络化分别作为特色。

虽然理念不同,但是各个国家都十分注重大数据的应用,因为大数据可以让人们的决策更加科学、合理,让人们的生活更加智能、便利,这是大数据时代之前的信息化时代给不了的,大数据可以覆盖人们身边的各个场景。

6.1.3.1 国外

1) 美国

美国拥有全世界第一个智慧城市,所以也拥有全世界第一个智慧社区,它的特点是重视智能化建设。美国非常注重智慧社区的理念,并将其提高到了国家战略的高度,迪比克市便是典范之一。

在美国智慧社区的发展中,众多巨头企业也纷纷加入政府的队伍中一起建设,例如,思科注重于打造社区的一体化和推动全球化,微软倾向于人机交互操作系统和互联网的应用、建立智慧社区服务体系。科技企业对于智慧社区服务体系建设的参与,让美国政府可以从基础建设事务中抽离出来,从而更好地专注于社区的规划与顶层设计。随着智慧社区的建设逐渐引起关注,美国政府出台了《白宫智慧城市行动提倡》,将智慧社区的建设上升了一个高度,明确了每个参与部门的投资要求和分工职责。

在美国迪比克市,计划利用物联网技术将城市的所有资源,包括水、电、交通和公共服务等数字化并连接起来,监测、分析和整合各种数据,进而使政府和企业智能化地响应市民的需求并降低城市的能耗和成本。比如为所有住户和商铺安装数控水电计量器,其中包含低流量传感器技术,防止水电泄漏造成的浪费。同时搭建综合检测平台,及时对数据进行分析、整合和展示,使整个城市对资源的使用情况一目了然。更重要的是,迪比克市将这些信息向个人和企业公布,使他们对自己的耗能有更清晰的认识,对可持续发展有更多的责任感。

2) 日本

日本是一个自然资源相对匮乏的岛国,其智慧社区建设从自身基本国情出发,因地制宜、扬长避短、建设特点鲜明。自 2012 年日本开始研究并推广弹性智慧社区,即智慧社区应具有抵抗灾害,在灾害发生时维持运行并具有在灾后快速恢复的能力。目前,以智慧防灾为目标的弹性智慧社区项目已经在日本东北部易受地震灾害冲击地区启动。

日本智慧社区是从基础设施开始，自下而上地进行建设，原因是日本智慧社区主要建设目的是以节能减排与智慧防灾为重点。日本政府的政策是支持和鼓励企业的进入，让物联网、大数据应用到社区中，基础建设推动社区设施的更新，提高社会的服务能力，促进互联网产业的发展。在水的智能化管理中，排水及供水系统分别应用实时监控和传感器技术来分析每个居民对于水的需求，从而实现分区域、分质供水。另外日本的防灾体系、智慧医疗等也是参照自下而上、多角度的建设。对于管理部分，日本社区采取的是社区居民自治和政府管理的组合管理机制，在管理中政府更多的是提出社区建设上的一些指导与规划，不进行过多的干预，并和社区居民自治相结合。这种管理机制能助力社区建设，让居民的自治、自主能力变强。在数据信息方面，日本政府让内部的部门进行数据的共享，之后将其拓展到每个部门之间的数据共享，以此来完成一个共享的、综合的数据库。

3）新加坡

新加坡全力朝着智慧花园型城市国家的方向发展，建立起一个“以市民为中心”，市民、企业、政府合作的“电子政府”体系，让市民和企业能随时随地参与政府各项机构事务中。目前，新加坡的市民和企业可以全天候访问 1 600 多项政府在线服务及 300 多项移动服务，这为新加坡人的衣食住行和企业的商业运作带来了极大的便利。

新加坡智慧社区的建设，在管理方面政府为主导地位，社区居民为辅助地位，是政府主导与社区高度自治相结合的治理模式。新加坡智慧社区在商务系统、政务系统、医疗系统和文娱系统实现数字化升级，从而在各个方面，比如物流服务、商业服务、医疗服务和物业服务等实现为社区居民提供日常生活的便利化、智慧化。

4）韩国

2003 年韩国政府推出“U－Korea”发展战略，希望把韩国建设成智慧社会。“U”是英文单词“ubiquitous”（无所不在）的简写。这个发展战略以无线传感器为基础，把韩国所有的资源数字化、网络化、可视化、智能化，从而促进韩国的经济发展和社会变革。对于智慧社区建设韩国力推政府行政服务智能化，着重于智慧教育、智慧交通与智慧医疗等。

2011 年韩国推出了“智能首尔 2015”计划，此计划的基础是民众对于智能设备的使用，从而保证可以听到每个民众的声音。在社区中，当拥有带定位功能设备的老人、儿童或残疾人等离开指定范围内，报警信号将以文字的形式发送给社区相关工作人员、监护人，从而使其避免发生事故，通过数据库对此类事件记录的不断积累，再通过大数据技术进行分析可以更好地避免此类事件再次发生。此外，首尔市政府的在线预订系统为市民提供实时的公共服务搜寻、预订及支付，预订系统列有 150 多项业务，分别隶属于教育、基础设施、文化旅游和商品一级医疗等项目，该在线预订系统最终将要纳入 3 万多项公共服务，分别由首尔市政府及其附属机构提供。

6.1.3.2 中国

1）北京市

北京“十二五”（2011—2015 年）期间智能城市建设步伐加快，为实现从“数字北京”到

"智慧北京"的跨越,这期间北京启动了共1 672个智慧社区的建设,涉及366万户家庭、969万人口和近58%的城市主要社区,其中有43个街道实现了智慧社区的全覆盖。截至2016年年底,北京市共建成智慧社区2 221个,覆盖了75%的城市社区。北京市智慧社区发展主要围绕民生服务信息化展开,旨在通过智慧社区建设提高民生服务信息化水平,提高居民办事服务效率、促进居民生活智能化发展、提高社区生活舒适程度、打通管理者与居民的沟通渠道。

在北京市的朝阳区,这里每一个街道都有自己独特的地方,以发展自身特点为重点,形成了围绕智慧养老、智慧交通、智慧生活、智慧安防展开的智慧社区。在智慧社区当中,比如在便民服务方面使用网络平台助力智慧化,将手机终端作为智慧社区建设的基础,涉及公共服务、政务服务、便民服务、公益服务等各个方面。通过建立微信、微博两个平台与社区居民进行有效的互动,以此来得知居民的需求及建议,对居民反馈及时做出回应,先在线上进行回复,再对需要线下来解决的问题进行线下解决。依托网络安全模式中心建立智慧安防体系,利用物联网技术连接社区出入口的监控视频进行实时传输,并且共享信息,同时预警系统与当地公安进行信息联动,以此来完成碰到突发事件进行自动报警。此外,在流动人口较为集中的社区,还建成了流动人口的智能管理平台,将流动人口纳入了综合管理范围,加强了地区综合管理指挥中心系统的性能,全面构建了地区立体化安防平台。结合区域特色加强社区智慧交通引导,在易拥堵路段和重点区域设置电子感应监测设备,通过数据的收集,对数据进行分析,助力社区内的道路通行畅通,同时通过系统联动的形式得到车位分时使用情况,使停车资源得到最大化利用。整合既有资源搭建智慧养老服务平台,应用大数据在社区的居民信息,并以此为基础,将社区内的老年人口进行了细致划分,实现了对老年人个性服务需求的精确预估和定位,为有需求的老人提供便捷的养老服务。

2) 上海市

2012年8月,上海正式启动智慧社区试点工作。上海智慧社区建设水平不断提高,智慧应用范围逐步扩展。2016年年底,上海市经济和信息化委员会编制了《上海市推进智慧城市建设"十三五"规划》提出了要不断推动公共服务便捷化,推进智慧社区建设,围绕居民生活的便捷性、安全性及和谐性等建设标准继续推进智慧社区建设,使社区公共服务向集成化发展、使社区治理更为人性化,同时推广智能化家居,推动信息化手段向各个社区渗透,深化智慧社区的试点示范,将这种应用模式在全市范围内推广。

智慧社区试点的内容围绕社区生活、公共服务供给、社区管理、智能小区和智能家居等方面推出了各项智慧应用,上海智慧社区建设社区综合信息库,其包含应用支持、服务支持、服务资源提供、数据交换等基础的系统。应用大数据技术整合所有与社区业务相关的数据资源,并且对这些数据进行逻辑上的分类,然后进行存储、分析和利用,来助力社区了解居民的需求。对社区采用一卡通的形式,此卡不仅包括数字门牌、社区卡等,还可以通过人脸识别、身份证和手机应用相融合,形成实名制信息管理和应用的场景。此卡不仅是社区各类活动的钥匙,也是在使用过程中充实数据库的一个渠道。建设统一的社区服务平台,实现资源优化。建设一体化社区服务平台,居民通过这个平台进行公共服务和实时资讯的查询，实现资源共享，还可以在平台上得到居民及时的反馈信息，帮助公共服务质量得到提升。建设社区公共管理平台，此平台的侧重点是区域网格化管理，并结合物联网技术对社区的实时情况进行监测、响应，提高社区管理的实效化与精细化程度。内容包含公共设施管理系统、门禁管理系统、城管通系统、停车管理系统、地理信息系统、安全生产管理系统和重大突发事件应急系统等。

3）浙江省杭州市

在2015年11月《中国线上线下互动（O2O）城市实力20强榜单》中，浙江省杭州市仅次于北京市被评为亚军。杭州市智慧社区要具有"快捷""慧生活""智连线"三大核心功能。通过移动设备的运用，杭州市的创新应用智慧社区发展在全国也颇为优秀。2015年6月，浙江省民政厅正式发文，通过使用移动网络大幅度提升社区管理者服务范围。

杭州智慧社区，通过为社区建立电子信息和服务档案，增强便民服务、利民服务智能化水平，构建集社区新闻、生活资讯和便民服务等多领域的信息系统，实现社区生活数字化、网络化、智能化、互动化和协同化。通过设立网上服务大厅保证社区居民公共事务办理网络化，吸引居民关注进而参与社区事务，推动社区服务线上、线下全面接合，实现社区与居民互通、居民与社区、物业及业委会互动。

4）江苏省

江苏作为创新社会治理实践的先锋，积极探索符合新时代特性的社会治理新道路，围绕社区的基层，加强社区管理的网格化和服务的智慧化，推行基层治理智慧化，完成智慧社区的建设，不断提高社区现代化水平、治理精细化水平和智慧化水平。

江苏智慧社区的治理主要围绕智慧服务、智慧政务和智慧技术等方面开展。如利用物联网技术、GPS技术、信息显示屏和语音汇报系统等技术建设智慧社区平台。约有1/5的社区把技术集中落实于政务服务与综合管理，包括网格化管理平台、智能化社会综合管理平台等。还约有1/5的社区利用大数据及其他技术来应用于民众服务、医疗、教育和养老等方面，带来智慧化体验。另外还有一小部分涉及民众自治的范畴。关于对社区民众的诉求收集，江苏近90%社区采用统一的系统平台，运用微信、手机软件和数字互动电视等来为居民提供各种的服务。例如，南京的锁金村，通过开发手机上的软件为社区居民提供"一站式"便利化服务，包括社区物业服务、O2O和生活缴费等。再例如，常州的薛家镇，则利用数字电视集公共服务、居民自治、城市管理、社会服务和互助服务于一体，提升居民生活幸福指数。此外，微信公众号平台以简单的操作性和低技术门槛的优势成为1/2以上社区智慧化管理的首选工具，社区居民可以通过这个平台获取社区资讯、预约服务等。

6.1.4 国内外智慧社区的启示

虽然各个国家智慧城市、智慧社区侧重方向不同，但是在大数据技术的应用、顶层设计、多元利益相关者有效参与、小范围试点向大范围推广等方面存在共性。大数据在智慧城市和智慧社区中扮演什么样的角色呢？大数据是智慧社区、智慧城市的"能量石"，在拥有互联网、物联网、云平台等信息化技术的支撑，智能化终端普及的环境下，大数据给城市发展、转型及实现便捷的公共服务带来了巨大发展空间，大数据必然会改变社区的传统服务方式，也会改变人们的生活方式。

关于国外社区的模式，主要有政府主导、政府主导与社区自治、政府、企业和公民三方合作、政府与企业合作四种模式。社区规划和政策支持的提出是政府的主要作用，同时提供部分资金，而企业和民众则更多提供科技、信息和资金的支持，共同协作建设惠民智慧社区。从中国智慧社区的建设情况来看，绝大部分采取了政府扶持、主导的模式，而少许有企业参与。政府处主导地位的模式有利于社区的管理和统一的规划，能减少不同主体之间的内耗，方便资源的调度。而国外采取多种模式与企业、公民合作，更为灵活，在资金获取和人才培养等方面都更具备优势。

综合全球智慧社区的案例，对中国智慧社区建设的启示如下：

(1) 坚持需求导向型发展模式，最终目标是人的发展，以人为本。

(2) 选择重点智慧应用领域实现率先突破，选择关系民生并有实际应用效果的重点领域进行突破，如智慧养老、智慧政务和智慧金融等。

(3) 关注系统的包容性和开放性，使基础设施平台和系统的建设能够支撑智慧社区发展的不同阶段，让智慧社区建设走得更远，避免重复建设。

6.2 规划模式和发展趋势

大数据技术在人们工作和生活当中的应用已经有了不俗的成果。在未来社区发展过程中，大数据技术更深层次的应用会是一个必然趋势。

未来的社区也可以称为城市级社区，这是一种具有开放性公共领域的社区，并以满足人们追求美好生活的需求为第一要素。随着技术的不断发展、社区的不断延展和空间设计的不断创新，还有社区的服务设施系统、道路交通系统、公共空间系统与城市的融合，这些条件会促进城市空间公共性的扩张，从而提高城市交通的便捷度、提升街道的经济活力、提升城市公共生活的多样性与质量。

6.2.1 政策发展

2014 年印发的《智慧社区建设指南(试行)》中写道，以大数据为基础，利用一些现代技术，构建智慧社区的综合信息服务平台，整合既有的医疗、教育、养老、文化和物流等社区服务设施资源，实现社区的智慧管理。之后发布的《城乡社区服务体系建设规划(2016—2020 年)》提出，智慧社区就是要建成设施智能、服务便利、环境宜居、管理精准的社区。关于智慧社区的定义国家尚未有相关的标准对其进行标定，这些概念都是依照一些单一的技术进步而提出的，对应社区服务、治理、能源等单一的问题，还不能从总体上对未来的社区做一个相对完整的统筹和谋划。社区规划相关理念见表 6-1。

表 6-1 社区规划相关理念一览表

时　间	政策名称	政策重点	概念重点
2014 年 5 月	《智慧社区建设指南(试行)》(建办科〔2014〕22 号)	首次对智慧社区的评价指标原则、总体框架及支撑平台进行系统性的阐述	智慧社区：综合运用现代科学技术，整合区域人、物、地、情、事、组织和房屋等信息，依托适度领先的基础设施建设，提升社区治理
2015 年 2 月	《低碳社区试点建设指南》(发改办气候〔2015〕362 号)	对低碳社区的选取原则、建设指标、设施建设和运营管理等进行说明	低碳社区：通过构建气候友好的自然环境、房屋建筑、基础设施、生活方式和管理模式，降低能源资源消耗，实现低碳排放的城乡社区
2016 年 2 月	《关于进一步加强城市规划建设管理工作的若干意见》(中发〔2016〕6 号)	新建住宅要推广街区制，原则上不再建设封闭住宅小区，已建成的住宅小区和单位大院要逐步打开	街区制："开放便捷、尺度适宜、配套完善、邻里和谐"的生活街区
2020 年 8 月	《关于开展城市居住社区建设补短板行动的意见》《完整居住社区建设标准》(建科规〔2020〕7 号)	提出 5 项重点任务：合理确定居住社区规模，落实完整居住社区建设标准，因地制宜补齐既有居住社区建设短板，确保新建住宅项目同步配套建设，健全共建、共治、共享机制	完整居住社区：即为群众日常生活提供基本服务和设施的生活单元，也是社区治理的基本单元。通过打造"完整居住社区"，完善社区基础设施和公共服务，健全便民商业服务设施，完备市政配套基础设施，创造宜居的社区空间环境，营造体现地方特色的社区文化，推动建立共建、共治、共享的社区治理体系
2020 年 8 月	《绿色社区创建行动方案》(建城〔2020〕68 号)	以广大城市社区为创建对象，将绿色发展理念贯穿于社区设计、建设、管理和服务等活动的全过程	绿色社区：建立健全社区人居环境建设和整治机制；推进社区基础设施绿色化，营造社区宜居环境；提高社区信息化、智能化水平，推进社区市政基础设施智能化改造和安防系统智能化建设；培育社区绿色文化

6.2.2 街区制社区模式

我国在制定"十三五"规划时提出，"坚持共享发展理念，使人民群众在共建共享中有更多获得感"。2018 年实施的《城市居住区规划设计标准》明确了我国社区必须采用"密路网、小街区"的组织模式，社区结合公共服务设施、社区公园布局，构筑 5 min、10 min、15 min 的生活圈。

观察我国社区模式的发展历程，可以发现居住空间形态变化的背后反映出的是不同时代的不同价值取向。在如今，我国正在向高质量型社会发展转型，城市的发展模式向多元化的可持续发展转变，服务于社会、服务于经济、服务于文化和服务于生态等，为街区制确立了宏观政策基础。《关于进一步加强城市规划建设管理工作的若干意见》(中发〔2016〕6 号)明确了我国社区未来发展的方向是街区制。单位大院、居住区-居住小区、街区制三种城市居住社区空间组织模式如图 6-1 所示。

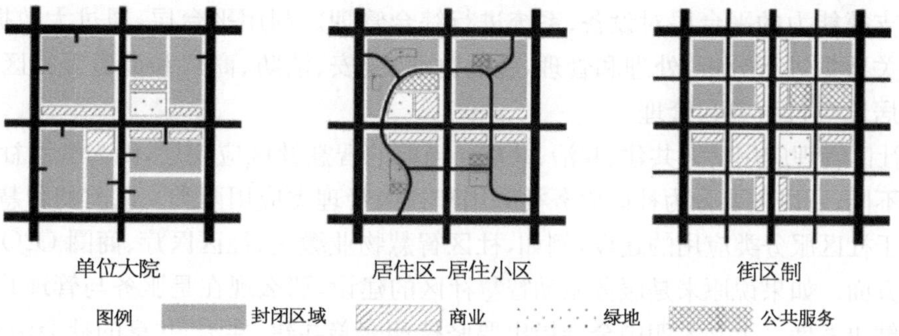

图 6-1 单位大院、居住区-居住小区、街区制三种城市居住社区空间组织模式图

6.2.3 建设机制发展趋势

1) 宜居、低碳

宜居的城市可以持续地增进人类的幸福感。所谓宜居性，最重要的就是人的发展和自然环境的客观发展共同进步，达到人与自然和谐统一，并且协调、良性的发展。

国家发展改革委印发的《2020年新型城镇化建设和城乡融合发展重点任务》中指出，提高国土空间规划水平，顺应城市发展逻辑，落实适用、经济、绿色、美观的新时期建设方针。下面引自浙江省人民政府印发的《浙江省未来社区建设试点工作方案》：

(1) 在宜居方面，通过建设集约高效的公共交通导向开发(TOD)布局模式，来推动地上、地下空间的符合高强度开发。建设泛在化和个性化绿色公共空间，通过社区公园、屋顶化园等行为来提高立体复合绿化率，串联建筑—公园—场所，营造社区“森林”。通过大数据构建社区信息模型平台，实现规划、设计、建设全流程数字化。

(2) 在低碳方面，通过建设协同低碳能源体系，构建社区数字化+综合能源系统，推广趋近于零能耗的建筑，创新能源互联网和微电网技术的利用，优化社区智慧电网、水网、气网和热网的布局，实现低碳能源利用比例增长。建设分类分级资源循环利用系统，打造可以资源化利用雨水和中水的社区。完善社区垃圾分类体系，促进垃圾分类和资源回收体系融合。创新互利共赢模式，引进一体化的投资、开发、建设和运营的综合能源服务商，搭建综合能源智慧服务平台，提高能源转化率，实现经济、生活的高效化和集约化利用。

2) 功能

(1) 智能基础设施与通信网络设施建设是基础。智慧社区的核心设施是通信网络设施与智能基础设施。通信网络设施是十分重要的，没有通信网络的智慧社区就谈不上“智慧”这两字。当前，5G建设和WiFi 6，为智慧社区建设提供了更多的可能性，拓宽了社区智能化设备、家庭智能家居的应用场景，将为智慧社区增添诸多新鲜“血液”，解决部分现存的问题，但是不会起到颠覆性的作用。

(2) 平台层是社区建设的中枢神经。在智慧社区的建设当中，需要有完善的基础设施层进行社区监控和数据收集，同时也应该需要有完善的，并具备数据收集能力、数据处理能力和应用支撑能力的平台层对设备、系统进行综合管理。利用平台层，通过大数据、云计算技术对相关数据进行分析、处理和管理，辅助物业、公安、消防、商户和街道等社区关联的各方对社区居民进行服务和管理。

(3) 社区管理应用助力共建、共治、共享。当前的智慧社区应用层，因为智慧社区建设与运维诉求不同，所以主要分为社区服务类应用和社区管理类应用两类。以前的智慧社区建设更加倾向于社区服务类应用的建设，例如，社区智慧物业缴费、社区医疗、商圈 O2O 应用和社区养老等方面。如果说原来是服务驱动智慧社区的建设，那么现在是服务与管理共同驱动智慧社区的健康发展。十九大四中全会指出要坚持和完善共建、共治、共享的社会治理制度，构建基层社会治理新格局，其中提到要健全社区管理和服务机制，推行网格化管理和服务。

3) 文化

社区的文化塑造是社区建设当中的一项重要环节，是一个社区的特点和灵魂的体现。优良的社区文化可以让居民生活在安定团结和蓬勃向上的文化氛围中，以此对经济、政治产生积极影响。

(1) 先进思想为基础。要以建设和谐社会、打造社会主义精神文明、促进经济发展这三方面为指导，让居民在生活当中耳濡目染，从而得到启迪和教育，加强居民的精神建设。社区文化只有这样才能在正确的道路上不断向前。

(2) 发扬自主性。社区文化建设归根到底是社区居民的事业，只有居民自主地参与社区文化建设当中来，社区文化才能真正地走上健康发展的道路，政府扶持和推动是必要，但是应该充分的重视社区文化的自主性，为广大居民的创新留下空间。

(3) 关注文化设施建设。社区文化是为社区居民生活服务的一种文化，需要通过关注日常文化活动，加强文化设施的建设。鼓励居民积极参与到各种文化建设，包括娱乐、体育、休闲、科学等日常文化活动。

4) 安全

"安全才是立足之本"，未来社区的安全在理念上要继续坚持四个原则"跨界合作、资源整合、全员参与、持续改进"。通过结合基层社区的实际情况，吸纳全国综合示范社区的标准要求，对国际安全社区的一些学术研究取其精华去其糟粕，提高效率，增强实用性和可操作性。社区的安全建设可以分为以下五个部分：

(1) 跨界合作和全员参与。跨界合作和全员参与原则的重点是把社区范围内的单位和居民纳入整个体系中来，建立制度和机制，保证机构的权威和运转。

(2) 安全基础设施。在社区建立没有盲区的安全防护网，围绕社区治安，建设、守点、联户多层防护网。应用无人机、人脸识别、物联网等技术，实现零延时预警和应急救援。

(3) 安全的风险管控。对社区安全风险进行定量、定性分析，找出各类风险点，从人的行为、非每个人所能控制的环境、教育、管理和政策等四个方面提出具体可行的措施并实施。

(4) 应急救援机制。规划社区的应急体系，应急避难场所、建立应急救援队伍、完善应急物资储备、开展应急演练，切实打通应急"最后一公里"。

(5) 持续改进。结合社区实际来建立工作的动态评估机制，坚持定量和定性评估并重，及时发现问题并不断改进。

6.3　服务发展趋势

通过大数据建立一体化社区系统体系，围绕社区生活服务需求，以人为本、生态化、智慧化为价值导向，未来社区除了基本的社区服务和政务服务，还应当包含邻里、创业、健康、教育、交通等五大方面，这五大方面的建设可以实现社区居民享受便捷、安全、贴心舒适的商业和社会服务。对于未来社区的服务趋势，引用2019年《浙江省未来社区建设试点工作方案》的内容。

6.3.1　邻里关系建设

就现状来说，“远亲不如近邻”并没有让人们有深刻的体会。事实上，邻里环境能够为人们的居住、学习、成长、娱乐和休息给予关照和提供资源。邻里关系和社会关系相挂钩，邻里和谐才能保证社会和谐，所以建设社区邻里是必要的。

建设城市文化社区，建设具有标识度的城市文化社区，需要在五个方面下功夫，即拥有多种活力运动、融合各地的风土人情、继承当地历史文脉、注重社区色彩和社区形态的注入。改变社区形态，社区发展为开放形态，利用信用评价体系、人脸识别等现代技术作为社区出入的钥匙，结合低碳、绿色理念建设邻里间的互动公共空间来促进文化的交流和便捷服务等方面的共享。邻里空间应坚持人文多样性、包容性和差异性三点，可以是强身健体、艺术熏陶、文学交流和科学探讨等的休闲空间。也可以是安安静静的学习空间。还可以是党建学习与服务的空间。建设积分激励制度，运用服务换积分、积分换服务的形式。邻里场景思维导图如图6-2所示。

6.3.2　创业

创业一方面可以解决自身的就业问题，从而获得精神和物质上的满足，另一方面由于创造了更多的就业机会，在一定程度上解决了其他人的就业问题，从而起到推动社会发展的作用。

搭建社区“双创”空间结合地方主导产业培育，按照数字经济、文化创意等特色领域创业需求，配置孵化用房、共享办公和家居办公（SOHO）等“双创”空间，配套共享厨房、共享餐厅、共享书吧和共享健身房等生活空间，营造社区创新创业良好生态。激发共享经济潜能。依托社区智慧平台，形成共享服务需求与供给。零距离对接场景，促进社区资源、技能、知识等全面共享。健全特色人才落户机制，推出多类型人才公寓，采用定对象、限价格等方式，建立利于招才引智的房屋出售和出租机制，吸引更多特色人才安家落户打造各类特色人才社区。创业场景思维导图如图6-3所示。

6.3.3　健康

世界卫生组织（WHO）对于“健康”的定义是没有疾病，并且涉及身体、心理和社会适应

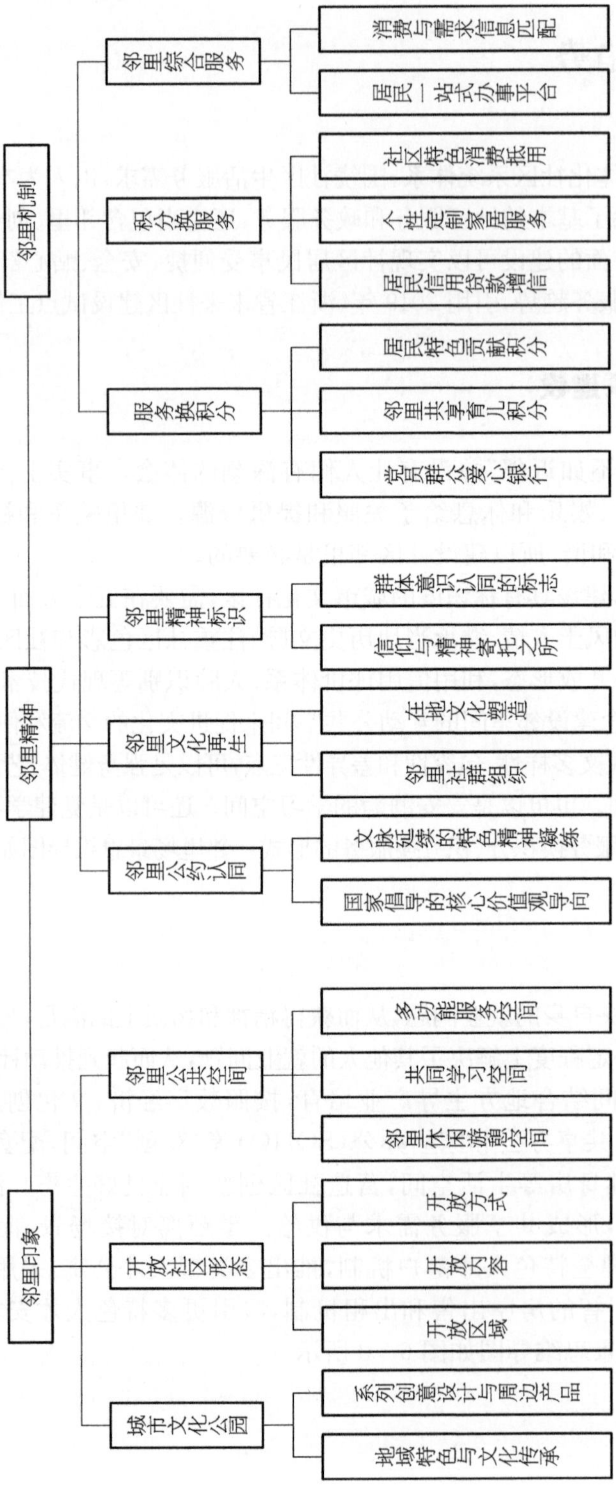

图 6-2 邻里场景思维导图

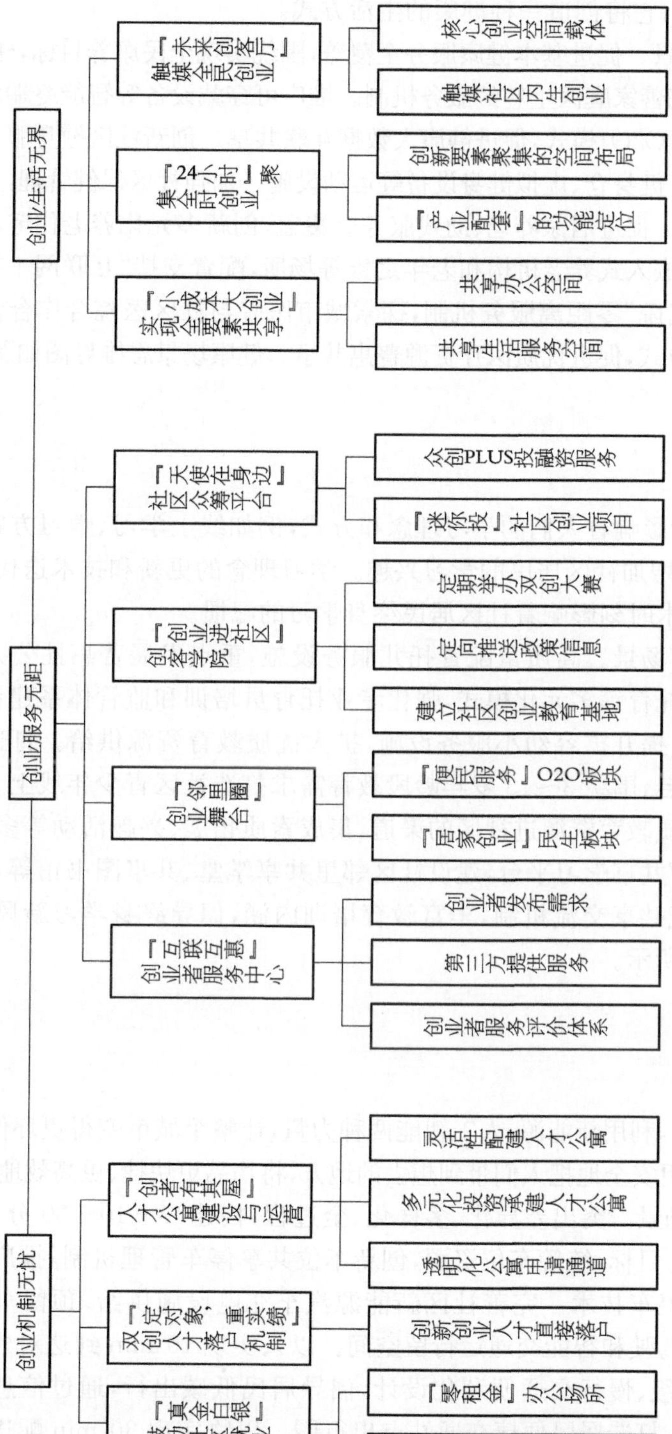

图6-3 创业场景思维导图

的三个方面。未来社区健康场景是一个综合性的美好愿景,包括预防、医疗、家庭三大部分。从某种程度上讲,它将创造一种健康的生活方式。

打造未来健康场景。促进基本健康服务全覆盖,围绕实现全民康养目标,建立全生命周期健康电子档案系统,完善家庭医生签约服务机制。推广可穿戴设备等智能终端应用,探索社区健康管理线上到线下(O2O)模式,促进健康大数据互联共享。创新社区健身服务模式,科学配置智能健身绿道、共享健身仓、虚拟健身设备等运动设施。加强社区保健管理,普及营养膳食、保健理疗等养生知识。促进居家养老、助残服务全覆盖,创新多元化养老住宅、居家养老服务中心、日间照料中心、嵌入式养老机构和老年之家等场所,配置支持"互联网+护理服务"等模式应用。构建"名医名院"零距离服务机制,探索城市医院与社区医院合作合营,通过远程诊疗、人工智能诊断等方式,促进优质医疗资源普惠共享。健康场景思维导图如图 6-4 所示。

6.3.4 教育

新技术正在不断影响着人们的学习理念和方式,例如线上学习、学习方案的智能规划、VR 智能体验等可以增加社区居民的学习兴趣。学习理念的更新和技术迭代已经成为未来学习的新常态,新技术时刻影响着社区居民终身学习的习惯。

打造未来的教育场景。高质量配置托儿服务设施,重点发展普惠性公办托育机构,探索临时看护、家庭式托育等多元化模式,强化专业托育员培训和监管体系建设,实现 3 岁以下幼儿托育全覆盖。提升扩容幼小服务设施,扩大优质教育资源供给。打造"名师名校在身边"青少年教育平台,围绕 3～15 岁年龄段教育需求打造社区青少年线上、线下联动的学习交流平台,打通优质教育资源进社区的渠道,集成素质拓展、兴趣活动等多种类型教育服务。搭建"人人为师"共享学习平台,建设社区邻里共享学堂、共享图书馆等,探索建立社区全民互动的知识技能共享交流机制,丰富教育培训内涵,倡导终身学习新风尚。教育场景思维导图如图 6-5 所示。

6.3.5 交通

低碳出行为方针,利用新能源、人工智能两种力量,让整个城市变得更环保、有智慧,能够让交通工具更有序、更安全地把人们带到想去的地方,将物品更快捷、更高效地送达人们手中。

打造未来交通场景。突出差异化、多样化、全过程,构建"5-10-30 分钟出行圈"。实现 5 分钟取车停车为目标,统筹车位资源,创新车位共享停车管理机制,推广应用自动导引设备(AGV)等智能停车技术。完善社区新能源汽车充电设施供给,预留车路协同建设条件,为 5G 环境自动驾驶和智能交通运行留空间。以人实现 10 min 到达对外交通站点为目标,创新街区道路分级、慢行交通便利化设计,倡导居民低碳出行,通过信息服务实现一键导航、交通无缝衔接,打造居民便捷交通站点出行圈。以物实现 30 min 配送入户为目标运用智慧数据技术,集成社区快递零售及餐饮配送,打造"社区—家庭"智慧物流服务集成系统。交通场景思维导图如图 6-6 所示。

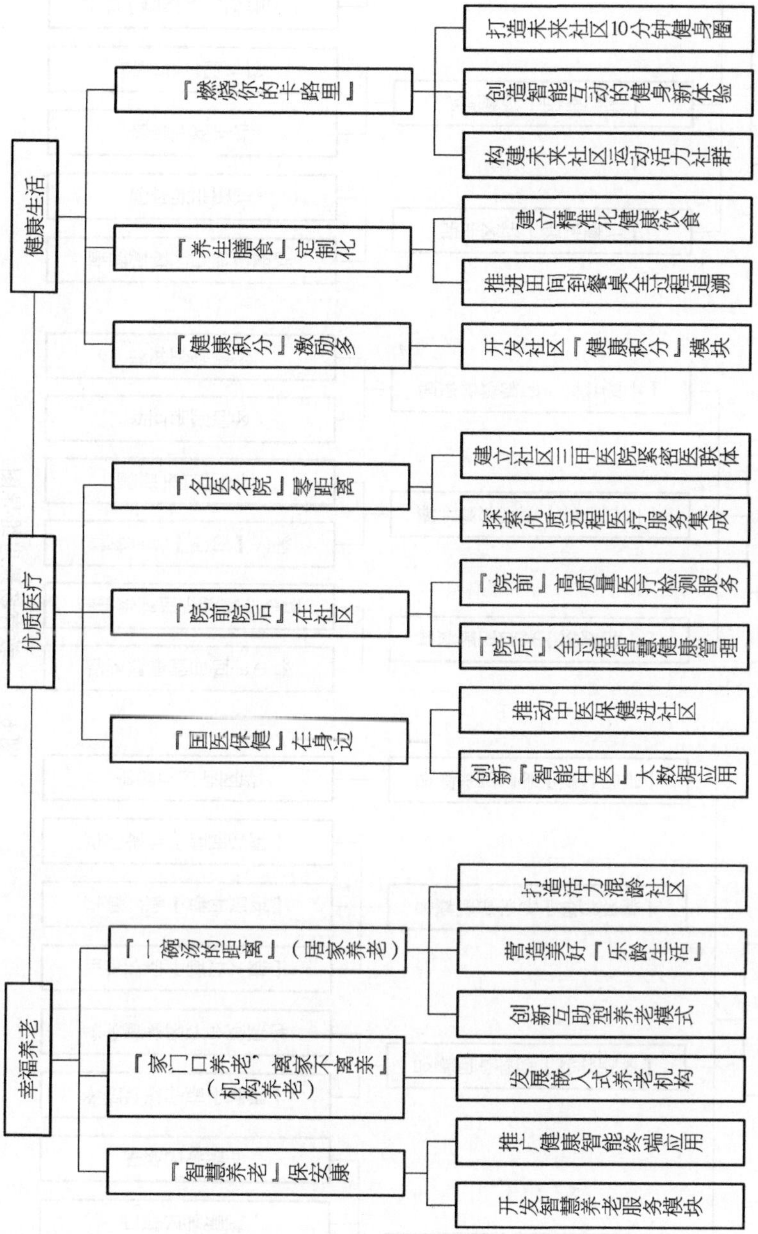

图6-4　健康场景思维导图

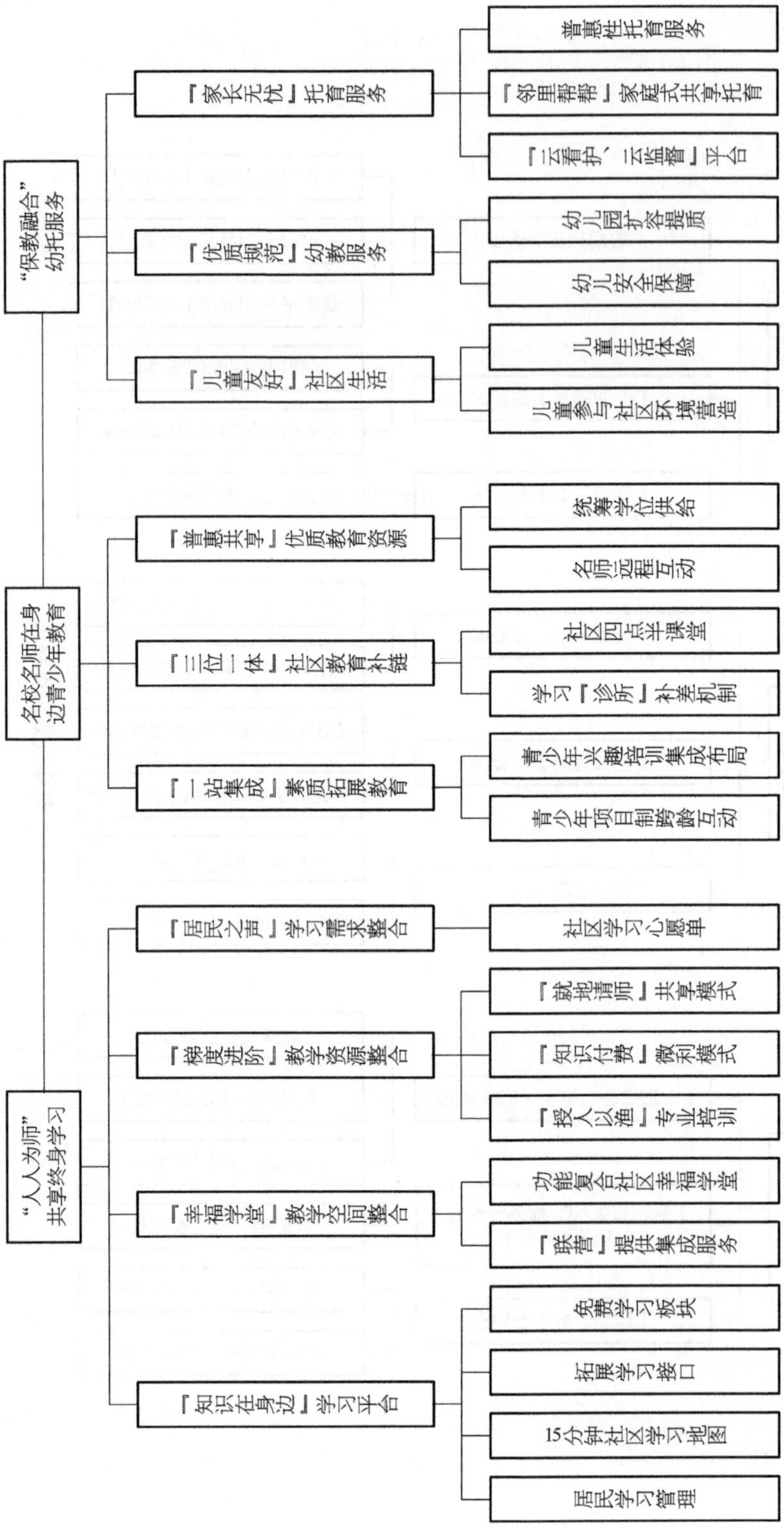

图 6－5　教育场景思维导图

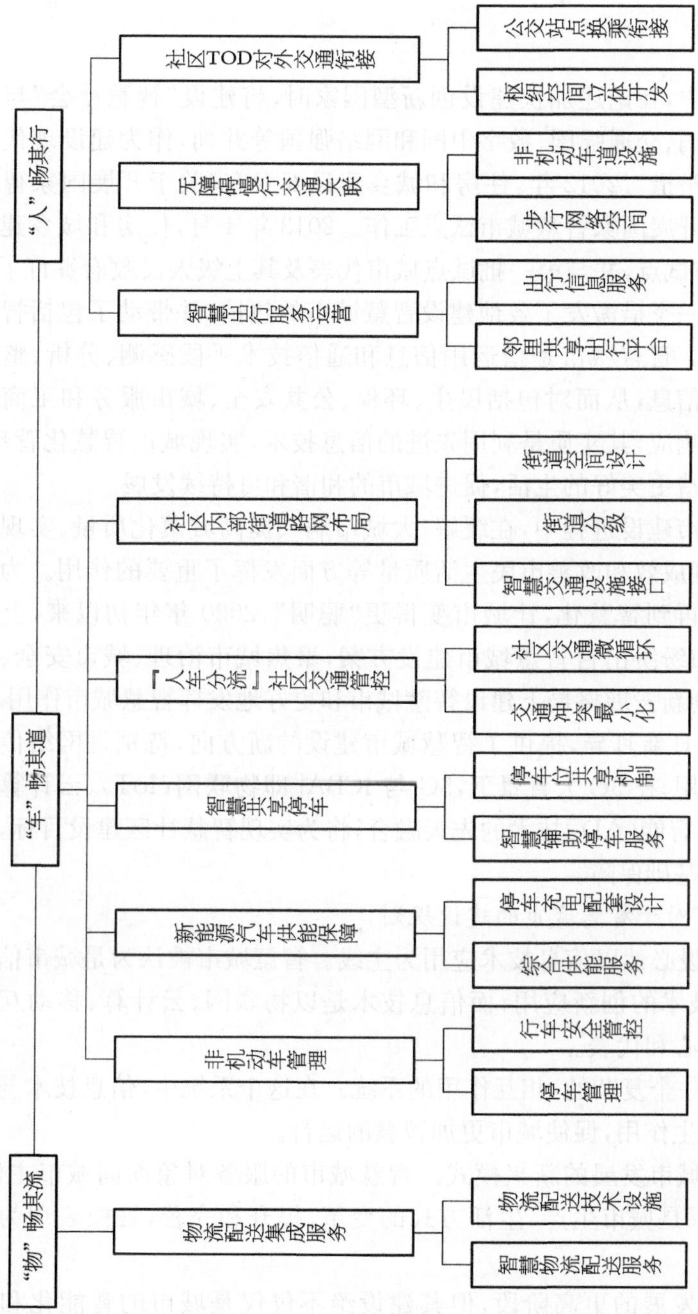

图6-6 交通场景思维导图

6.4 大数据时代智慧社区助力城市规划

党的十九大报告中，在论述加快建设创新型国家时，将建设"智慧社会"与建设科技强国、质量强国、航天强国、交通强国、数字中国和网络强国等并列，作为建设现代化经济体系和创新型国家的重要举措。2012 年，住房和城乡建设部发布《关于开展国家智慧城市试点工作的通知》，在全国开展国家智慧城市试点工作。2013 年 1 月，住房和城乡建设部公布首批 90 个国家智慧城市试点，并与第一批试点城市代表及其上级人民政府签订了共同推进智慧城市创建协议。这一举措激发了各地建设智慧城市的热情，并带动了包括智慧物业在内的智慧产业的大发展。智慧城市是指运用信息和通信技术手段感测、分析、整合城市运行核心系统的各项关键信息，从而对包括民生、环保、公共安全、城市服务和工商业活动在内的各种需求做出智能响应，其实质是利用先进的信息技术，实现城市智慧化管理和运行，进而为城市中的人民创造更美好的生活，促进城市的和谐和可持续发展。

我国多年智慧城市建设进程中，在缓解"大城市病"、提高城镇化质量、实现精细化和动态管理、提升城市管理成效和改善市民生活质量等方面发挥了重要的作用。为推进城市发展从信息化到智能化再到智慧化，让城市变得更"聪明"，2020 年年初以来，上海、青岛、杭州、长沙和成都等城市纷纷出台智慧城市建设方案，聚焦城市治理、城市安全、城市建设和城市更新等内容，谋划新发展格局下建设智慧城市和更好地发挥智慧城市作用。

随着科学技术的日新月异，提供了智慧城市建设的新方向，特别是网络信息技术和人工智能技术的广泛应用，在 5G 大背景下，5G 与 ICBA[即物联网(IoT)、云计算(Cloud)、大数据(Big Data)、人工智能(AI)]技术的先天融合，将为实现智慧社区建设目标，赋能社区智慧化升级提供坚实的基础保障。

1) 大数据时代下对于智慧城市的建设规划

(1) 智慧城市建设必然以信息技术应用为主线。智慧城市被认为是城市信息化的高级阶段，必然涉及信息技术的创新应用，而信息技术是以物联网、云计算、移动互联和大数据等新兴热点技术为核心和代表。

(2) 智慧城市是一个复杂的，相互作用的系统。在这个系统中，信息技术与其他资源要素优化配置并共同发生作用，促使城市更加智慧的运行。

(3) 智慧城市是城市发展的新兴模式。智慧城市的服务对象面向城市主体——政府、企业和个人，它的结果是城市生产、生活方式的变革、提升和完善，终极表现为人类拥有更美好的城市生活。

智慧城市是城市发展的更高阶段，但其建设绝不仅仅是城市的智能化和新技术的覆盖。建设智慧城市的出发点和落脚点都是人，人是生产活动与城市建设中最核心的要素，人的素质高低直接影响城市建设和发展水平。社区是社会治理的"最小细胞"，提升社区治理科学化、精细化，促进社区治理体系和治理能力现代化是城市治理体系和治理能力现代化的重要方面。因此，智慧城市发展离不开智慧社区的建设。

2）打造智慧社区对智慧城市发展的推进作用

（1）通过以社区为单位进行信息化、数字化、智慧化的建设，以“点”带“面”地逐渐实现整个城市的智能化。这是对城市基础设施前瞻性的布局，对先进技术和人才的战略投资，可以创造更多服务岗位和有竞争力的现代信息服务业，从而终将成为城市发展核心竞争力的根本所在。推进城市转型升级，促进城市可持续发展。

（2）通过打造智慧社区推动和谐社会建设，同时可以提升政府执政形象和效率，以社区作为政府政务信息及政策思想传递的新型单位，借助数字化、信息化、互联网的手段发布和传递，可进一步加快电子政务向社区推进，提高政府办事效率和服务能力，充分体现以人为本、服务民生。因此，智慧社区的建设对政府打造信息畅通、管理有序、服务完善、民生与人际关系和谐的现代化社区具有重要意义。

（3）通过智慧社区的建设，智慧社区大数据的应用，将大数据与政务系统对接，可全面提升社区服务，彻底改善民生安全和便捷，提升居民生活质量，减轻政府施政负担。智慧社区是从强调以技术为核心到强调以技术为人服务为核心的一种转变，通过技术使人们的生活更加便捷、更人性化、更加智慧化。“执政为民”，当居民生活的舒适度、归属感和幸福感增强了，居民生活水平提高了，社会就和谐了，民生问题少了，政府职能也就到位了，政务就轻松了。比如通过智慧社区系统中的电梯控制系统与政府安检或质检部门联动起来，将一个个小区的所有电梯运行数据对接到安检部门，把先进的梯控系统制定成一种可行的运行标准在城市各社区推行，这将杜绝随着电梯老化带来的安全事故，做到最有效的安全防范和事后追责监督标准。再比如把小区的对讲和门禁系统及社区一卡通技术中集成的人脸识别技术、身份证识别技术采集的数据与政府的公安系统进行对接，包括小区的监控系统、周界防盗和报警系统进行智能化分析，分级上报对接到政务公安系统，对小区的生命财产安全和社会治安将是一次彻底升级。将智慧社区的居民健康大数据通过智能家居系统（可穿戴、新风与环境检测设施等）、社区养老系统与城市医疗系统、政府医保系统对接，将咨询、保健、就诊、康复和检查等医疗保健资源真正与社区对接，落地到社区里面，将是居民生活水平提高的一个重要指标。在政策和需求的双重刺激下，社区智能化进程不断提速，智慧社区市场规模潜力巨大。根据中国指数研究院数据统计，2013年至今我国百强物业企业智能化投入的资金规模复合增长率超过50%，占营业收入的比例约1%，折算在管面积平均约0.2元/m^2以上，而据《2019年中国智慧社区行业市场前景及投资研究报告》预计，到2022年我国智慧社区市场规模将近万亿元。

参考文献

[1] 王婷婷，苏银星. 全球视角下智慧社区的建设与启示[J]. 电子商务，2017，10(471)：65－66，83.
[2] 王为民. 中国境内外智慧社区建设问题的比较与借鉴[J]. 江西科技师范大学学报，2019(1)：79－84.
[3] 陈劲. 智慧花园城市——新加坡[J]. 信息化建设，2010(3)：12－13.
[4] 中国智慧城市网. 韩国 U－Korea 战略及 U－City[OL]. [2012－07－14]. http://www.cnscn.com.cn/news/show-htm-itemid-1042.html.
[5] 吕康娟，黄俐，霍伟伟，等. 上海智慧社区发展模式与实施对策[J]. 科学发展，2017(2)：77－86.
[6] 沈广和，王梦珂. 基层智慧社区治理的现状、问题与对策思考——基于江苏省的调查研究[J]. 中国市场，2018(34)：13－15.
[7] 袁奇峰，钟碧珠，贾姗，等. 未来社区：城市居住区建设的有益探索[J]. 规划师，2020，36(21)：27－34.
[8] 毕春艳. 浅谈社区文化及其建设[J]. 活力，2011(23)：70.
[9] 浙江省人民政府. 浙江省人民政府关于印发浙江省未来社区建设试点工作方案的通知[OL]. [2021－04－11]. http://www.zj.gov.cn/art/2021/4/21/art_1229514424_2269970.html.
[10] 董西成. 大数据技术体系详解——原理、架构与实践[M]. 北京：机械工业出版社，2018.
[11] 张伟洋. Hadoop 大数据技术开发实践[M]. 北京：清华大学出版社，2019.
[12] 陈明. 大数据核心技术与实用算法[M]. 北京：北京师范大学出版社，2017.